Friedrich Wilkening · Alexandra M. Freund · Mike Martin
Entwicklungspsychologie

Friedrich Wilkening · Alexandra M. Freund · Mike Martin

Entwicklungspsychologie

Workbook

Anschrift der Autoren:

Prof. Dr. Friedrich Wilkening
Universität Zürich
Psychologisches Institut
Allgemeine und Entwicklungspsychologie
Binzmühlestrasse 14/21
CH-8050 Zürich
E-Mail: f.wilkening@psychologie.uzh.ch

Prof. Dr. Alexandra M. Freund
Universität Zürich
Psychologisches Institut
Angewandte Psychologie: Life-Management
Binzmühlestrasse 14/11
CH-8050 Zürich
E-Mail: freund@psychologie.uzh.ch

Prof. Dr. Mike Martin
Universität Zürich
Psychologisches Institut
Gerontopsychologie
Binzmühlestrasse 14/24
CH-8050 Zürich
E-Mail: m.martin@psychologie.uzh.ch

1. Auflage 2008

© Beltz Verlag, Weinheim, Basel 2008
Programm PVU, Psychologie Verlags Union
http://www.beltz.de

Lektorat: Dr. Johannes Kühnle
Herstellung: Julia Lütge
Umschlaggestaltung: Federico Luci, Odenthal
Umschlagbild: Getty Images, München
Satz und Bindung: Druckhaus „Thomas Müntzer", Bad Langensalza
Druck: Druck Partner Rübelmann, Hemsbach

Printed in Germany

ISBN 978-3-621-27644-3

Inhalt

Teil II: Erwachsenenalter

Vorwort

Dieses Workbook bietet einen kurzen Überblick über Themen, Methoden und Erkenntnisse der Entwicklungspsychologie. Es handelt sich um eine Einstiegslektüre, die eine vertiefende Auseinandersetzung mit dem Feld der Entwicklungspsychologie der Lebensspanne erleichtern soll.

Dieses Buch zur Entwicklungspsychologie rückt die gesamte Lebensspanne in den Fokus. Auch wenn die behandelten Lebensphasen von der Kindheit über das Jugendalter, vom jungen zum mittleren und hohen Erwachsenenalter durch spezifische und phasentypische Entwicklungsthemen gekennzeichnet sind, so gingen unsere Bemühungen dahin, lebensspannenübergreifende Aspekte und Zusammenhänge herauszuarbeiten.

Der Versuch, in einem Lehrbuch zur Entwicklungspsychologie das Gebiet aus einer Lebensspannenperspektive zu behandeln, führt zu folgenden strukturellen und formalen Entscheidungen:

▶ Im Einleitungskapitel werden die gemeinsamen methodischen und theoretischen Grundlagen des Fachs behandelt. Der Bezug zur Lebensspannenperspektive wird zu Beginn jedes der drei Teile zu den Bereichen Kindes- und Jugendalter, Erwachsenenalter und Alter hergestellt.

▶ Jeder Teil ist gleich aufgebaut, so dass auch jede Lebensphase für sich behandelt werden kann. Jeder Teil umfasst in jeweils vier Kapiteln insgesamt 12 Abschnitte, von denen jeder als eigenständiges Thema aufgefasst und behandelt werden kann. Jeder Teil beginnt mit einer grundlegenden Einführung, behandelt die forschungsintensiven Themen des jeweiligen Altersbereichs und stellt Entwicklung im Zusammenhang mit Entwicklungskontexten und Entwicklungsaufgaben der jeweiligen Lebensphase dar.

▶ Spezifische Literatur wird äußerst sparsam zitiert. Zusätzlich wird auf weiterführende Literatur verwiesen, die für eine Vertiefung der Themen herangezogen werden kann.

▶ Die Struktur des Buches orientiert sich an Themenbereichen und Altersphasen sowie am aktuellen Forschungsstand.

▶ Das Buch will einen möglichst schnellen und einfachen Überblick über die verschiedenen Themenfelder der Entwicklungspsychologie geben. Dabei behandelt es so umfangreiche Forschungsgebiete, dass eine Auswahl von Themen vorgenommen werden musste. Die inhaltliche Gliederung, das Glossar, der symmetrische Kapitelaufbau, das Layout und die weiterführenden Fragen am Ende jedes Kapitels sollen die Nutzbarkeit des Textes als Begleitung für die Lehre verbessern.

Abschließend sei jenen Personen gedankt, ohne deren Hilfe das Buch in dieser Form nicht entstanden wäre (und auch hier zitieren wir nur sparsam): Tamara Herz, Marion Landis und Manuela Marx sowie den Mitarbeiterinnen und Mitarbeitern unserer Lehrstühle. Unser besonderer Dank gilt Dr. Heike Berger für ihre konstruktiven Ideen zur Konzeption und Gestaltung des Buches sowie Dr. Johannes Kühnle für das professionelle Editieren des Textes.

Zürich, im Frühjahr 2008

Friedrich Wilkening
Alexandra M. Freund
Mike Martin

Einführung:
Begriffliches und Methodisches
in altersübergreifender Perspektive

Was Sie in diesem Kapitel erwartet

Dieses Kapitel bildet die Grundlage für alle drei Teile des Buches: (I) Kindes- und Jugendalter, (II) Erwachsenenalter und (III) Alter. Es behandelt Fragen, die für alle drei Altersbereiche praktisch gleichermaßen von grundsätzlicher Bedeutung sind. Dazu gehören insbesondere Begriffsklärungen, die Brenn- und Streitpunkte der Entwicklungspsychologie sowie die spezifischen methodischen Herausforderungen für das Fach. Besondere Betonung erhält die Lebensspannenperspektive, die das gesamte Buch kennzeichnet. Grundsatzfragen, die in ihrer Relevanz auf die einzelnen Altersbereiche konzentriert sind, werden in den jeweiligen Einführungskapiteln der drei Buchteile behandelt.

Entwicklungspsychologie in der Lebensspannenperspektive

Entwicklungspsychologie, wie sie in diesem Buch verstanden wird, befasst sich mit psychischen Veränderungen von der Geburt bis zum Tod. Früher wurde die Entwicklungspsychologie oft mit Kinderpsychologie gleichgesetzt, manchmal noch unter Einschluss der Jugendpsychologie. Dabei stand die Vorstellung im Hintergrund, dass Entwicklung in psychologischer Sicht das Voranschreiten zu einem „ausgereiften Zustand" ist. Wir vertreten hier eine Lebensspannenperspektive, die über den ersten Altersabschnitt hinausgeht und das ganze Leben von Menschen umfasst. Wenn man dies tut, kommen zwangsläufig auch Veränderungen in den Blickpunkt, die als „Verluste" erscheinen, vor allem im höheren Alter. In der ersten Lebensphase, mit der sich die traditionelle Entwicklungspsychologie beschäftigte, beeindrucken demgegenüber mehr die „Gewinne". Bei näherer Betrachtung aus der Lebensspannenperspektive wird Folgendes deutlich werden: Entwicklung ist über das ganze Leben hinweg ein Zusammenspiel von Gewinnen (Zuwachs) und Verlusten (Abbau). Alle Altersbereiche sind jedoch darüber hinaus durch alterstypische Anforderungen, Ziele und Ressourcen gekennzeichnet. Bereits bei Babys verschwinden beispielsweise am Ende des ersten Lebensjahres Fertigkeiten, über die sie noch Monate zuvor verfügt haben, und selbst bei Hochbetagten kann man noch seelisches „Wachstum" beobachten.

Die Lebensspanne unterteilen wir hier, gängigen Konventionen folgend, in drei große Bereiche: (1) Kindheit und Jugend, (2) Erwachsenenalter und (3) Alter. Dementsprechend gliedert sich dieses Buch in drei Teile. Innerhalb jedes Teils gibt es eine Gliederung nach psychischen Inhalten und Funktionen. Es versteht sich von selbst, dass dabei die Gewichtung der inhaltlichen Themen je nach Lebensabschnitt unterschiedlich ist: Zur frühen Kindheit stellen sich andere Fragen als zum hohen Alter.

Altersbereiche in engerer Aufgliederung

Die Einteilung der Lebensspanne in verschiedene Altersbereiche ist insofern nicht einfach und eindeutig, als es keine eindeutigen Einteilungskriterien gibt. So unterliegt die Auffassung, von wann bis wann die Phase der Kindheit andauert, historischen Veränderungen, und sie variiert je nach Kultur.

Beispiel

Veränderung des wahrgenommenen Alters

Alltagsbeispiel der historischen Veränderung des wahrgenommenen Alters (aus: Netscape PopCulture, 27. März 2005):

Fabulous at 40
Sexy Sarah Jessica Parker is joining Teri Hatcher,
Sandra Bullock and other sexy stars in the "Fab at
40 Club." They're living proof that forty is the new 30,
and over-the-hill is gone.

Zur Bestimmung von Altersphasen wird ein Kriterienbündel verwendet, das jedoch keine eindeutigen und scharfen Grenzziehungen erlaubt:

▶ chronologisches Alter (meist als Monate oder Jahre seit der Geburt)
▶ biologische Faktoren und Ereignisse (z. B. Saugreflex; sexuelle Reifung)
▶ Bewältigung von Entwicklungsaufgaben oder Transitionen (z. B. Beginn oder Ende des Berufslebens)

Zusammen genommen erlaubt dieses Kriterienbündel eine grobe Einteilung der Lebensspanne in die Lebensphasen „Kindes- und Jugendalter", „Erwachsenenalter" und „Alter", die auch der Gliederung dieses Buches entspricht. In jeder dieser drei Phasen kann man noch Unterteilungen vornehmen und besondere Aspekte hervorheben. Dies soll im Folgenden kurz skizziert werden. Wenn wir hier von einzelnen voneinander abtrennbaren Phasen oder Altersbereichen sprechen, geschieht dies aus pragmatischen Gründen, hauptsächlich zur sprachlichen Übereinkunft. Keinesfalls sollte das Missverständnis entstehen, dass wir die Bereiche als „Stufen" der Entwicklung konzipieren. Ebenso wenig sind die Altersangaben als strikte Grenzen zu sehen, sondern nur als grobe Orientierungslinien.

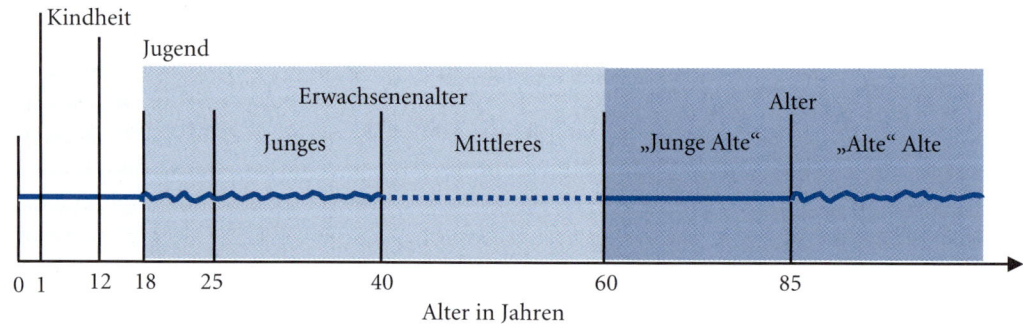

Abbildung 1 Diesem Buch liegt eine Einteilung der Lebensspanne in die Lebensphasen „Kindes- und Jugendalter", „Erwachsenenalter" und „Alter" zugrunde. Diese Phasen sind nicht als „Stufen" einer Entwicklung konzipiert; die Altersangaben dienen lediglich als grobe Orientierungslinien.

Kindes- und Jugendalter. Dieser Lebensabschnitt, der traditionelle Bereich der Entwicklungspsychologie, erstreckt sich von der Geburt bis zum Erreichen des Erwachsenenalters. Wann dieser Übergang erfolgt und damit das Jugendalter als beendet betrachtet werden sollte, ist nicht klar definiert (siehe unten). Innerhalb dieses weiten Bereichs, in dem viele Veränderungen in relativ kurzer Zeit geschehen, gibt es viele feinere Differenzierungen, sowohl in der Alltagssprache als auch im wissenschaftlichen Diskurs. Auch hier gibt es allerdings keine Definitionen, auf die sich alle geeinigt haben, und auch keine strikten Altersabgrenzungen zwischen den einzelnen Phasen.

Säuglingsalter. Die erste größere Phase im Leben eines Kindes wird oft als Säuglingsalter bezeichnet. In der Regel meint man damit das vorsprachliche Alter – wobei aber keine Einigkeit darüber besteht, wann man den Beginn der Sprachverwendung ansetzen sollte. Manche sehen diesen Beginn dann, wenn das Kind erste Wörter spricht (was mit etwa einem Jahr der Fall ist), andere dann, wenn es erste Sätze produziert (was meistens erst mit zwei Jahren geschieht). Auch das Sprachverstehen, das der Fähigkeit zur Sprachproduktion vorausgeht, wäre bei einer solchen Festlegung zu berücksichtigen. Der Sprachaspekt ist auch für forschungstaktische Überlegungen wichtig: Solange ein Kind nicht über ausreichende sprachliche Fähigkeiten verfügt, werden andere Untersuchungstechniken benötigt als jene, die man üblicherweise bei älteren Kindern verwendet. Im englischen Sprachraum gibt es einen inzwischen feststehenden Begriff für diese Altersphase: *infancy*. Meistens sind damit etwa die ersten zwei Lebensjahre gemeint, manchmal aber nur das erste Jahr oder etwas darüber hinaus, bis zum erstmaligen Gehen. Wenn man diese Grenze zieht, die sich mehr an der Motorik als an der Sprache orientiert, spricht man danach statt vom *infant* vom *toddler* – bildlich bezogen auf den noch unsicheren, torkelnden Gang, der sich oft bis in das dritte Lebensjahr hinein behauptet.

Kindesalter. Auch bezüglich der Verwendung des Begriffs des Kindesalters besteht keine Einigkeit in der Wissenschaft. Dies wird besonders deutlich am Begriff der „frühen Kindheit". Für manche sind es die ersten Monate nach der Geburt oder auch die ersten beiden Lebensjahre, dann etwa gleichbedeutend mit *infancy*, für andere sind es die beiden Jahre danach, und für wieder andere ist es das Alter zwischen 4 und 6 Jahren. Letzteres ist besonders in der englischen Fachliteratur gemeint, wenn von *early childhood* gesprochen wird. Sicher und zur Übereinstimmung wohl aller zählt die Grundschulzeit zum Kindesalter im engeren Sinne. Auch im Englischen meint man meistens Kinder im Alter zwischen 6 und 10 Jahren, wenn man den Begriff *school age* verwendet. Aber mit anderen Einteilungen wird es zwischen den Sprachkulturen schon wieder schwierig: In der angloamerikanischen Welt sind die *preschoolers* jünger als die *kindergarteners* (da die Institutionen so aufeinander folgen), während man im deutschsprachigen Bereich unter der Vorschulzeit meistens eine Phase versteht, die der Kindergartenzeit folgt.

Jugendalter. Über die Frage, wann die Kindheit aufhört und das Jugendalter beginnt, gibt es bekanntlich viele Diskussionen. Die Wissenschaft der Entwicklungspsychologie hat hierfür keine Festlegung. Der Begriff der Jugend und somit auch der des Jugendalters hat viele Bedeutungsfacetten. Viel mehr als beim Begriff der Kindheit spielen hier auch Klischees hinein, die sich auf soziale Rollen beziehen. Das Jugendalter wird oft mit der Adoleszenz gleichgesetzt. Bezüglich der zeitlichen Erstreckung scheint es eine kleine Nuancierung zu geben, was das Ende betrifft: Dieses wird bei der Adoleszenz eher bei 21 Jahren gesehen, beim Jugendalter eher bei 18 Jahren. Der Beginn wird bei beiden Begriffen bei etwa 11 bis 12 Jahren angesetzt. Ein wichtiger biologischer Einschnitt in dieser Phase ist die Pubertät. Dementsprechend spricht man von einer Phase der Vorpubertät, die der Jugendzeit im engeren Sinne vorausgeht und sich bis zum Auftreten der ersten sekundären Geschlechtsmerkmale erstreckt. Was man am anderen Ende dieser Phase, zwischen etwa 18 und 25 Jahren, als späte Adoleszenz oder als frühes Erwachsenenalter bezeichnet, erscheint aus psychologischer Sicht relativ beliebig; die Übergänge sind fließend. Natürlich benötigt man in manchen Kontexten klarere Abgrenzungen, vor allem aus juristischen Gründen. Aber auch diese Abgrenzungen können sich unter historischen Einflüssen verändern: Man denke an die Verschiebung der „Volljährigkeit" von 21 auf 18 Jahre. Andere Gründe haben in Europa und der westlichen Welt im letzten Jahrhundert bekanntlich zu einer Vorverschiebung eines anderen, biologischen (und auch psychisch relevanten) Einschnitts geführt: der Pubertät. Auch hierin zeigt sich, dass starre Altersangaben zur Umschreibung der einzelnen Entwicklungsphasen nicht sinnvoll sind. Die wissenschaftliche Forschung in der Entwicklungspsychologie der Kindheit und Jugend kann gut mit den unscharfen Begriffen für die einzelnen Phasen leben; für sie ist das genaue Auftretensalter einer psychischen Veränderung nicht von primärem Interesse. Sie interessiert sich für die Veränderungen an sich.

Erwachsenenalter. Das Erwachsenenalter ist biologisch nicht klar umgrenzt und stärker aufgrund sozialer Konventionen und Transitionen definiert.

Volljährigkeit. Aufgrund der Volljährigkeit mit 18 Jahren (in den USA mit 21 Jahren) wird häufig dieses Alter als Beginn des Erwachsenenalters aufgefasst. Aber selbst diese Grenze ist nicht eindeutig, da 18-jährige Straftäter bis zum 21. Lebensjahr als „Heranwachsende" angesehen werden und damit dem Jugendstrafrecht unterstellt sind.

Unabhängigkeit und Eintritt ins Berufsleben. Ein anderes Kriterium für den Eintritt ins Erwachsenenalter stellt die Bewältigung der Entwicklungsaufgabe dar, eine relativ große emotionale und auch materielle Unabhängigkeit von den eigenen Eltern zu erreichen, selbständig wohnen und leben zu können, sowie Verantwortung für seine Entscheidungen und sein Verhalten zu übernehmen. Dies ist eng mit dem Eintritt ins Berufsleben verknüpft, da oft erst dadurch eine materielle Basis für eine Unabhängigkeit erreicht werden kann. Aus diesem Grund wird der Eintritt ins Berufsleben oft als eine wichtige Transitionsdemarkation für das Erwachsenenalter angesehen.

Emerging Adulthood. Um die Zeit zwischen der Jugend und dem jungen Erwachsenenalter zu beschreiben, in der die Ausbildung zu einer verlängerten Jugend und die emotionale Unabhängigkeit von den Eltern und das selbstständige Wohnen zum beginnenden Erwachsenenalter gezählt werden können, wird diese Lebensphase häufig als *emerging adulthood* bezeichnet (Arnett, 2000).

Berufliche und familiäre Etablierung. Die zentralen Aufgaben des jungen Erwachsenenalters bestehen in der beruflichen Etablierung und der Gründung einer eigenen Familie. Die Geburt des ersten Kindes stellt große Anforderungen an die Eltern, die die einschneidenden Veränderungen infolge die Elternschaft hinsichtlich ihrer Rollenverteilung und der Vereinbarkeit von Beruf und Familie zu bewältigen haben.

Mittleres Erwachsenenalter. Um den Übergang in das mittlere Erwachsenenalter zu charakterisieren, könnte die Umkehrung der subjektiven Konzeptualisierung des eigenen Lebens nicht mehr primär als Zeit seit der Geburt sondern als noch verbleibende Lebenszeit angesehen werden. Im Lichte dieser Umkehrung der Zeitperspektive kommt es nach dem weit verbreiteten Bild des mittleren Erwachsenenalters, der Midlife-Crisis zu einer Bilanzierung des bisher Erreichten und der noch (und vor allem: nicht mehr) erreichbaren Ziele. Obwohl empirische Evidenz gegen die Existenz einer Krise im mittleren Erwachsenenalter spricht, hält sich diese Sicht auf das mittlere Erwachsenenalter hartnäckig. Tatsächlich scheint diese Altersphase aber eher eine Zeit hohen subjektiven Wohlbefindens darzustellen.

Anforderungen im mittleren Erwachsenenalter. Auch im mittleren Erwachsenenalter betreffen die zentralen Anforderungen die Lebensbereiche Beruf und Familie. Im Gegensatz zum jüngeren Erwachsenenalter geht es jedoch eher um eine Stabilisierung. Aufgrund der in diesem Alter verstärkt einsetzenden Ressourcenverluste (z. B. im kognitiven oder gesundheitlichen Bereich), müssen mehr und mehr Ressourcen in die Aufrechterhaltung und weniger in die Optimierung des bestehenden Funktionsniveaus eingesetzt werden. Dies stellt eine wesentliche motivationale Veränderung des mittleren Erwachsenenalters dar. Als ein möglicher Endpunkt des Erwachsenenalters kann – spiegelbildlich zum Eintritt ins Berufsleben als unterer Demarkation für das Erwachsenenalter – die Pensionierung angesehen werden, da sich durch diese Transition die Lebenssituation von Individuen noch einmal stark verändert.

Alter. Erst die neuere Entwicklungspsychologie der Lebensspanne betont, dass Entwicklung im Alter überhaupt stattfindet und erhebliche Entwicklungspotenziale bietet. Seitdem wird mit dem Begriff der Multidimensionalität betont, dass sich im Alter Entwicklungsverläufe zwischen verschiedenen Verhaltens- und Ressourcenbereichen (z. B. soziale Beziehungen und Kognition) enorm unterschieden können und Altern somit kein genereller Abbauprozess über alle Lebensbereiche hinweg ist. Ferner wird mit dem Begriff der Multidirektionalität betont, dass diese Entwicklungsverläufe über die Lebensspanne in verschiedene qualitative Richtungen gehen können (z. B. Zu-, Abnahme oder Stabilität von Ressourcen). Insbesondere die differenziellen Alternsprozesse weisen darauf hin, dass Lebensstilfaktoren im mittleren Alter sich bis ins höchste Alter auswirken und dass die Veränderbarkeit von Entwicklungsverläufen keine Altersgrenze kennt, auch wenn die biologischen Grenzen der Veränderbarkeit und Plastizität deutlich hervortreten.

Eine Herausforderung der entwicklungspsychologischen Erforschung des Alters liegt in dessen einzigartiger Veränderung durch die demografischen Verschiebungen der kommenden Jahre und Jahrzehnte: Durch die große Zahl von Personen, die in Kürze das Alter erreichen, ist mit erheblichen Veränderungen der Bedeutung und der Konsequenzen eines hohen Alters zu rechnen. Die Verbesserung des Wissens über dieses „neue Alter" hat durch seine Vorhersehbarkeit gleichzeitig Konsequenzen für die Lebensgestaltung im jungen und mittleren Alter.

Anforderungen im Alter. Eine weitere Herausforderung bei der Untersuchung von Entwicklung im Alter liegt darin, dass nicht nur nach Veränderungen gefragt wird, sondern ebenso als erklärungsbedürftig angesehen wird, welche Faktoren zur Stabilität von Erleben, Verhalten und Fähigkeiten und somit zum Erhalt von Fähigkeiten führen. Schließlich sind die einzigartigen Entwicklungsaufgaben des Alters, beispielsweise der nachberuflichen Lebensgestaltung, der Großelternschaft und des Umgangs mit Tod und Sterben, wichtige Transitionen. Neu ist in der aktuellen Entwicklungspsychologie des Alters, dass alternde Individuen zunehmend als aktive Manager ihrer persönlichen Ziel- und Wohlbefindensregulierung betrachtet werden und weniger als Opfer von Verlusten einzelner Fähigkeiten.

Entwicklung: Definitionen, Formen, Fragen und Thesen
Innerhalb der Entwicklungspsychologie hat es viele Versuche der Definition dafür gegeben, was unter „Entwicklung" verstanden werden soll. Über viele Versuche konnte man sich nicht eini-

gen, vor allem deshalb nicht, weil sie einen überfrachteten Entwicklungsbegriff enthielten. Soll man zum Beispiel von Entwicklung nur dann sprechen dürfen, wenn der Endzustand gegenüber dem Ausgangszustand „höherwertig" ist? Was ist dann „höherwertig"? Soll es sich um qualitative Veränderungen handeln, nicht nur um quantitative? Soll die Abfolge der Schritte unidirektional sein, nicht umkehrbar? Über Fragen dieser Art ist in der Wissenschaft der Entwicklungspsychologie kein Konsens zu erreichen.

Eine neutralere (und weniger ambitionierte) Definition dürfte relativ unstrittig sein:

Definition

Entwicklungspsychologie beschäftigt sich mit intraindividuellen Veränderungen des Verhaltens und Erlebens über die menschliche Lebensspanne (von der Geburt bis zum Tod) sowie mit interindividuellen Unterschieden der intraindividuellen Veränderungen.

Formen des Wandels. Hilfreich für das Verständnis von Veränderungsreihen in der Entwicklung ist es, wenn man dabei nicht nur eine Zunahme oder Akkumulation im Auge hat. Es gibt verschiedene Formen des Wandels. Hierauf hat John Flavell hingewiesen, ein prominenter Vertreter der kognitiven Entwicklungspsychologie. Wenn auch seine Aufstellung in erster Linie für die kognitive Entwicklung von Kindern konzipiert war, so hat sie doch darüber hinaus allgemeine Bedeutung erlangt.

Die wichtigsten Prozesse, aus denen Entwicklungsveränderungen bestehen oder durch die sie zustande kommen können, sind:

▶ **Addition.** Bereits Existierendem wird Neues hinzugefügt (Beispiel: Erweiterung des Wortschatzes im frühkindlichen Spracherwerb, Hinzukommen sekundärer Emotionen wie Scham zu primären wie Freude im Verlauf der emotionalen Entwicklung)

▶ **Substitution.** Etwas Vorhandenes wird durch Neues ersetzt (Beispiele: Gehen statt Krabbeln im Verlauf der motorischen Entwicklung, mentales Addieren statt Abzählen an Fingern beim Erlernen des Rechnens)

▶ **Modifikation.** Etwas Bestehendes wird verändert, umgewandelt in etwas Neues (Beispiel: Freuds Konzept der Sublimierung; ursprünglich sexuelle Energie wird umgelenkt in geistige Aktivität, in künstlerisches Schaffen)

▶ **Differenzierung.** Etwas Bestehendes verfeinert sich, spezialisiert sich, teilt sich in mehrere Fertigkeiten auf (Beispiel: Entwicklung des Greifens, Verwendung des Worts „Hund" nur noch für Hunde statt für alle Vierbeiner)

▶ **Integration.** Entstehung von etwas Neuem durch Zusammenfügen vorhandener Konzepte oder Fertigkeiten; dabei kann es zum Phänomen der Emergenz kommen, wobei Neues nicht in den einzelnen Komponenten enthalten ist. (Beispiele: Kombination von Wörtern in der Sprachproduktion, Verbindung zunächst einzeln gelernter motorischer Komponenten im Sport).

Plastizität. Durch die Erweiterung der Entwicklungspsychologie auf die gesamte Lebensspanne ist der Begriff der Plastizität stärker in den Vordergrund gerückt, der ursprünglich die Veränderbarkeit von Hirnstrukturen bei entsprechender Anregung bezeichnete.

Definition

Unter **Plastizität** wird heute ganz generell die Fähigkeit zur Veränderung von Fähigkeiten, Erleben und Verhalten verstanden, die sich bis ins Alter von über 100 Jahren nachweisen lässt.

Im Einzelnen werden drei Arten von Plastizität unterschieden:

► Ausgangsleistung (das ohne Training erzielbare Leistungsniveau)
► Ausgangskapazitätsreserve (die obere Grenze des durch Aktivierung und Übung erzielbaren Leistungsniveaus)
► Entwicklungskapazitätsreserve (das durch gezieltes Training und Intervention erreichbare maximale Leistungsniveau).

Fragen und Thesen. Durch die Geschichte der Entwicklungspsychologie zieht sich ein Bündel grundsätzlicher, übergreifender Fragen. Zum Teil spiegeln sich in den Fragen wissenschaftliche Kontroversen wider. An manchen Antwortpolen lassen sich wissenschaftliche Schulen ansiedeln. Ein Großteil der entwicklungspsychologischen Forschungsaktivitäten der vergangenen 100 Jahre lässt sich so verstehen, dass sie Antworten auf diese allgemeinen Fragen suchten. Obwohl sich Extrempositionen nicht mehr so häufig finden wie früher, sind die Fragen auch heute noch Grund für wissenschaftliche Debatten. Dies werden wir in den einzelnen inhaltlich orientierten Kapiteln an vielen Stellen sehen. Folgende Komplexe sind an dieser Stelle zu nennen:

► **Anlage versus Umwelt** (*nature versus nurture*): In welchem Ausmaß ist Entwicklung durch angeborene, von der Natur mitgegebene Faktoren bestimmt, und welchen Anteil haben Faktoren der Umwelt und damit die nach der Geburt gemachten Erfahrungen? Hierzu gab es (und gibt es vereinzelt immer noch) Extrempositionen, nativistische und empiristische. Die meisten heutigen Theorien gehen von einer Interaktion von Anlage und Umwelt in einem oft komplexen Zusammenspiel aus.

Kontexteinflüsse über die Lebensspanne

Oft stellt man sich in der Entwicklungspsychologie die Frage, welche langfristigen Folgen frühe Umwelteinflüsse aus der Kindheit auf die weitere Entwicklung haben. Tatsächlich zeigt sich über die gesamte Lebensspanne in jedem Altersbereich ein Zusammenspiel von

► altersabhängigen Einflüssen (z. B. Menarche), die alle Personen im gleichen Alter betreffen,
► historischen Einflüssen (z. B. Naturkatastrophen, Bestehen von staatlichen Versorgungssystemen), die alle Personen zum gleichen Zeitpunkt betreffen und
► nicht-normativen Einflüssen (z. B. Autounfall oder Erkrankung), die zwar mit einer bestimmten Wahrscheinlichkeit in einer Altersgruppe vorkommen, aber im Einzelfall nicht vorhersehbar sind.

Die relative Wichtigkeit oder Einflussstärke dieser Faktoren auf die Entwicklung verändert sich über die Lebensspanne (s. Abbildung 2). Entwicklung geschieht also stets bezogen auf einen Kontext.

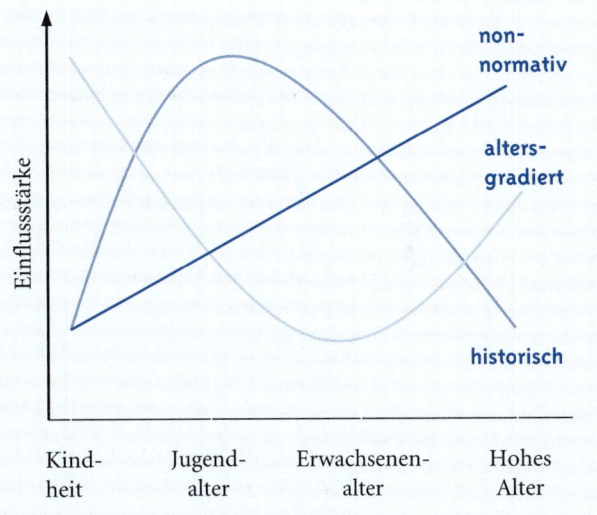

Abbildung 2 Die Wichtigkeit non-normativer, altersgradierter und historischer Einflussfaktoren auf die kontextbezogene Entwicklung variiert nach Baltes et al. (1980) über die Lebensspanne.

▶ **Kontinuierliche versus diskontinuierliche Entwicklung.** Verläuft Entwicklung graduell, allmählich, ohne abrupte Sprünge, oder verläuft sie in Stufen? Wenn Letzteres der Fall ist: Gibt es Kriterien, nach denen die Komplexität der Prozesse in wenige Kategorien eingeteilt werden kann, und wie und warum erfolgt der qualitative Wandel? In der Biologie kennt man beide Möglichkeiten: kontinuierliche und stufenförmige Entwicklung (s. Abb. 3). Wie ist es in der Ontogenese, in der menschlichen Entwicklung? Stufenkonzeptionen scheinen dem mitteleuropäischen Denken näher zu liegen; kontinuierliche Konzeptionen mehr dem angelsächsischen – wie wir später sehen werden.

▶ **Normative (nomothetische) versus idiographische Ansätze.** Soll sich die Entwicklungspsychologie auf die Erforschung von möglichst allgemeinen, für alle Personen ähnlichen Gesetzen und Prinzipien konzentrieren oder auf die Einzelfallbetrachtung und auf die Unterschiede zwischen den Personen?

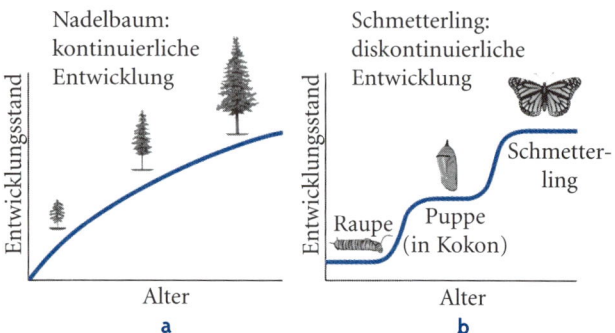

Abbildung 3 Kontinuierliche und diskontinuierliche Entwicklung in der Biologie nach Siegler et al. (2003): Als Paradigmen für die unterschiedlichen Entwicklungskonzeptionen in der Biologie können das Baumwachstum (**a**) als stetig fortschreitender Prozess und die Metamorphose des Schmetterlings (**b**) als ein Vorgang mit plötzlichen dramatischen Änderungen gelten. Beide Sichtweisen können auch bestimmte Aspekte kindlicher Entwicklung erhellen.

▶ **Bereichsübergreifende versus bereichsspezifische Entwicklung.** Soll vorrangig nach solchen Phänomenen, Gesetzen und Prinzipien gesucht werden, die genereller Natur sind, also für mehrere Bereiche in gleicher Weise gelten, oder ist die Erforschung und Beschreibung einzelner, spezifischer Bereiche (Domänen) von mindestens ebenso großer wissenschaftlicher Bedeutung?

▶ **Universelle versus kulturspezifische Entwicklung.** Inwiefern gelten Phänomene und Gesetzmäßigkeiten der menschlichen Entwicklung universell, d. h. in allen Kulturen der Welt, und inwiefern sind sie nur für bestimmte Kulturen spezifisch? Für viele Bereiche, so für die Sprachentwicklung, die kognitive, emotionale und auch für die sozial-moralische Entwicklung hat es prominente Versuche gegeben, universell geltende Theorien aufzustellen. Die Plausibilität universeller Theorien ist schon vorderhand verschieden je nach Inhaltsbereich. So würde man sich wenig wundern zu hören, dass für die Entwicklung basaler Wahrnehmungsfunktionen wie dem Farbensehen universelle Gesetze gelten. Überraschender wären Befunde, die nahelegen, dass das Denken über moralische Kategorien sich überall auf der Welt in gleicher Weise entwickelt. Über beide Bereiche sowie über das inhaltliche Spektrum dazwischen werden wir später in diesem Buch mehr erfahren.

Versuchspläne zur Veränderungsmessung

Wie bereits in der oben genannten allgemeinen Definition gesagt, interessiert sich die Entwicklungspsychologie für Veränderungen (im psychischen Bereich) über das Lebensalter von Individuen hinweg. Die beobachteten Veränderungen möchte man gern auf das Lebensalter zurückführen. In methodologischer Terminologie heißt das: Eigentlich hätte man das Lebensalter von

Individuen gern als eine unabhängige Variable, die als ursächlich für die festzustellenden Verhaltensänderungen angesehen werden kann. Die Verhaltensänderungen bildeten dann die abhängige Variable – eben abhängig von der unabhängigen Variablen.

Auf der Seite der abhängigen Variablen haben wir methodologisch kein grundsätzliches Problem. Ein fundamentales, vielleicht sogar unlösbares Problem stellt sich aber auf der Seite der unabhängigen Variablen. Dieses Problem ist so groß, dass es – vom Grundprinzip her – die Entwicklungspsychologie zu dem wohl methodisch anspruchsvollsten Teilgebiet der Psychologie macht. Man kann an diesem Punkt in Pessimismus verfallen und ernsthaft die Meinung vertreten: Wenn das Problem nicht befriedigend gelöst werden kann, ist die Entwicklungspsychologie nicht in der Lage, ihren vermutlich wichtigsten Auftrag zu erfüllen: nämlich die Verhaltens- und Erlebensänderungen, die sich im Verlauf der Entwicklung abspielen, zu erklären.

Das Problem besteht in Folgendem: Das Lebensalter ist untrennbar verbunden mit anderen Faktoren, die ebenfalls die beobachteten Veränderungen bewirken und erklären könnten. So ist eine Person, die bei einer Untersuchung im Jahr 2010 ein Lebensalter von 20 Jahren hat, 1990 geboren, und eine Person, die zum gleichen Zeitpunkt das Alter von 30 Jahren hat, ist 1980 geboren. Daran lässt sich nichts ändern. Wenn man nun einen Unterschied zwischen beiden Personen – oder auch zwischen ganzen Personengruppen des jeweiligen Alters – auf einer abhängigen Variablen (z. B. der liberalen Einstellung) findet, kann man prinzipiell nicht wissen, worauf der Unterschied zurückzuführen ist: auf das Lebensalter oder auf die Tatsache, dass die 1980 geborenen einer anderen Kohorte angehören, die möglicherweise anderen Lebensbedingungen in einer anderen historischen Zeit ausgesetzt war und zu Beginn des Lebens andere Erfahrungen gemacht hat als die Kohorte der im Jahr 1990 Geborenen. Kann man schließen, dass diese Personen sich 10 Jahre später so verhalten werden wie die 30-Jährigen im Jahr 2010? Dieser Schluss ist, streng genommen, nicht erlaubt.

Alternativ könnte man, um das angesprochene Kohortenproblem zu vermeiden, auf die 1980 Geborenen verzichten und nur eine Kohorte nehmen: die 1990 Geborenen. Man würde sie erstmals 2010 untersuchen, als 20-Jährige, dann ein zweites Mal 2020 nach einer Wartezeit von 10 Jahren, wenn die Personen 30 Jahre alt geworden sind. Dies wären dann natürlich dieselben Personen. Wenn sich die dann 30-Jährigen anders verhalten als 10 Jahre zuvor mit 20 Jahren, liegt es nahe, die Veränderungen auf das Lebensalter zurückzuführen. Es könnte aber auch sein, dass nur die Bedingungen zum Messzeitpunkt ausschlaggebend sind – dass z. B. gerade zum Zeitpunkt der Untersuchung eine andere politische Stimmung herrscht als es zum Zeitpunkt der Untersuchung 10 Jahre zuvor war. Dann hätten die 30-Jährigen nicht deshalb mehr (oder weniger) „liberale" Antworten gegeben, weil sie älter geworden sind, sondern weil sie nun anders auf messzeitspezifische Umstände reagiert haben – so wie sie es 10 Jahre zuvor möglicherweise auch getan hätten.

Die beiden hier skizzierten Untersuchungsalternativen stehen für die beiden Grundverfahren zur Veränderungsmessung in der Entwicklungspsychologie: Querschnitt und Längsschnitt.

Definition

Bei der **Querschnittmethode** werden im gleichen Zeitraum mehrere Gruppen von Personen verschiedenen Alters untersucht und bezüglich eines oder mehrerer Merkmale verglichen.

Bei der **Längsschnittmethode** wird eine Gruppe von Personen gleichen Alters (oder auch nur eine Person) mehrmals nacheinander und meistens über mehrere Jahre hinweg untersucht und bezüglich eines oder mehrerer Merkmale verglichen.

Keine der beiden Methoden bietet den Königsweg. Mit beiden Verfahren sind Vor- und Nachteile verbunden, die noch systematisch aufgelistet werden. Bevor wir dazu kommen, soll an einem Beispiel erläutert werden, zu welchen Fehlschlüssen man aufgrund einer Querschnittstudie kommen kann. Das Beispiel ist aus didaktischen Gründen fiktiv, entbehrt aber nicht einer gewissen Plausibilität. Zur Wahrung der Symmetrie könnte man sich ein analoges Beispiel für eine Längsschnittstudie ausdenken.

Beispiel

Querschnitt versus Längsschnitt

Ein fiktives Beispiel zur Intelligenzentwicklung: Es ist viel darüber spekuliert und geforscht worden, wie sich die „Intelligenz" über das Lebensalter entwickelt. Dabei sind nicht selten Daten berichtet worden, die der durchgezogenen Kurve in Abbildung 4 entsprechen. Sie legt folgende Interpretation nahe: Die Intelligenz steigt in den ersten Lebensjahren rapide an, erreicht einen Höhepunkt mit etwa 20 bis 30 Jahren und geht danach stetig zurück. Wir wollen hier nicht auf die Problematik eingehen, ob es so etwas wie Intelligenz überhaupt gibt und ob man sie valide messen kann, z. B. mit Intelligenztests. Wir wollen der Einfachheit halber einmal voraussetzen, dass diese Probleme gelöst sind. Das Problem, um das es uns geht, bleibt immer noch bestehen.

Unser Gedankenexperiment geht folgendermaßen: Wir nehmen an, dass die Daten der durchgezogenen Kurve in Abbildung 4 aus einer Querschnittuntersuchung resultieren, die im Jahr 2010 an 10-, 20-, 30-, 40- 50- und 60-Jährigen durchgeführt wird. Die anderen, nicht durchgezogenen Kurven zeigen fiktive, mögliche Daten aus einer Längsschnittuntersuchung für die gleichen Altersgruppen. Für die 60-Jährigen können diese Daten natürlich nachträglich nicht mehr erhoben werden, sie sind rein hypothetisch. Auch für die 10-Jährigen sind die Daten hypothetisch – mit dem Unterschied, dass man noch eine Chance hätte, sie zu erhalten, wenn man die Untersuchung bis 2060 ausdehnen würde.

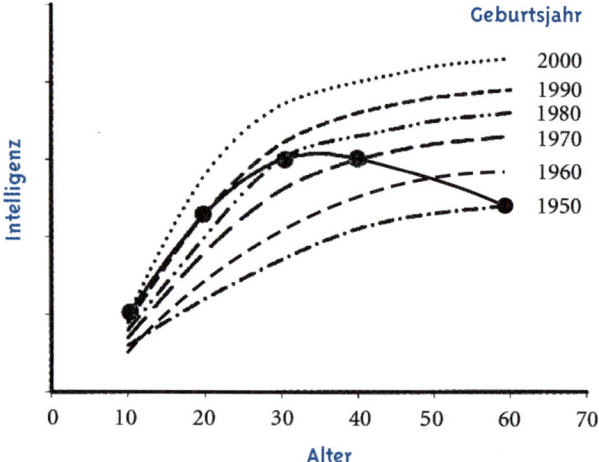

Abbildung 4 Fiktive Daten zur Veränderung der Intelligenz über das Lebensalter. Die durchgezogene Kurve stellt die Daten einer fiktiven, im Jahr 2010 durchgeführten Querschnittuntersuchung dar. Sie würde ein stark verfälschtes Bild der Intelligenzentwicklung wiedergeben, wenn diese in den einzelnen Kohorten längsschnittlich untersucht dem Verlauf der nicht durchgezogenen Kurven folgen würde. (Bei den Intelligenzwerten hat man sich den Gruppendurchschnitt eines absoluten Maßes vorzustellen, nicht eines relativen wie des IQ; dessen Durchschnitt müsste immer bei 100 liegen und damit gleich sein, weil er für jedes Alter so normiert ist.)

Folgendes wird deutlich: Wenn die hypothetischen Daten, die hier für mögliche Resultate aus Längsschnittstudien eingesetzt wurden, der Wirklichkeit entsprechen sollten, würde man bei der Interpretation der Daten aus der Querschnittstudie zu eklatanten Fehlschlüssen kommen. Man würde schließen, dass die Intelligenz ab dem Erwachsenenalter markant abnimmt – obwohl es für keine einzige der untersuchten Altersgruppen zutrifft. Die Längsschnittstudien würden einen ganz anderen Schluss nahelegen – einen vermutlich sympathischeren, was die Aussichten auf das eigene Altern betrifft.

Aus dem hier Dargestellten könnte man die Konsequenz ziehen und die Forderung aufstellen, dass nur noch Längsschnittstudien durchgeführt werden sollten. Leider würde dies die Problematik nicht auflösen, sondern nur verändern.

Tabelle 1 Die methodologische Grundentscheidung für Querschnitt- *oder* Längsschnittstudien sieht sich mit erheblichen Vor- und Nachteilen für beide Verfahrensweisen konfrontiert.

Querschnitt versus Längsschnitt
Ein Vergleich der Vor- und Nachteile

	Querschnitt	Längsschnitt
Vorteile	in kurzer Zeit durchführbar	kann die Unterschiedlichkeit individueller Entwicklungsverläufe aufzeigen
	erbringt nützliche Daten über Unterschiede zwischen Altersgruppen	ist auch für Einzelfallstudien einsetzbar, nicht nur für Gruppen von Personen
Nachteile	Alter und Kohorte sind konfundiert, nicht trennbar	Alter und Testzeit sind konfundiert, nicht trennbar
		Testeffekte: Datenverzerrungen durch wiederholte Testungen (Testerfahrung etc.)
	Intraindividuelle Entwicklungsverläufe können nicht erhoben werden; daher auch keine Aussagen zur individuellen Stabilität und Variabilität über die Zeit möglich	Selektive Mortalität: Reduktion der Anzahl von Personen im Verlauf der Studie; besonders kritisch, wenn der Grund des Wegbleibens mit dem Merkmal zusammenhängt, das untersucht werden soll
		Dauer der Untersuchung kann die Grenzen des praktisch Machbaren übersteigen

Sequenz-Studien

Eine gute Möglichkeit, die Vorteile der beiden Grundverfahren des Quer- und Längsschnitts zu kombinieren und deren Nachteile zu minimieren, bieten Studien auf der Basis von Sequenzplänen. Der typische Fall ist ein sogenannter Kohortensequenzplan. Er ist einfach im Grundprinzip – wenn auch nicht gleichermaßen einfach in der Durchführung: Am Anfang steht eine Querschnittuntersuchung mit verschiedenen Altersgruppen (Kohorten). Für jede Altersgruppe ist dies der erste von mehreren Messzeitpunkten, also der Beginn einer Längsschnittuntersuchung. Das heißt: Jede Gruppe wird in den gleichen Abständen wie die anderen Gruppen wiederholt getestet, zum jeweils gleichen Messzeitpunkt. Abbildung 5 zeigt das Schema eines solchen Untersuchungsplans für einen einfachen Fall von nur zwei Kohorten und drei Messzeitpunkten, hier am Beispiel einer Untersuchung mit Kindern zwischen 6 und 12 Jahren.

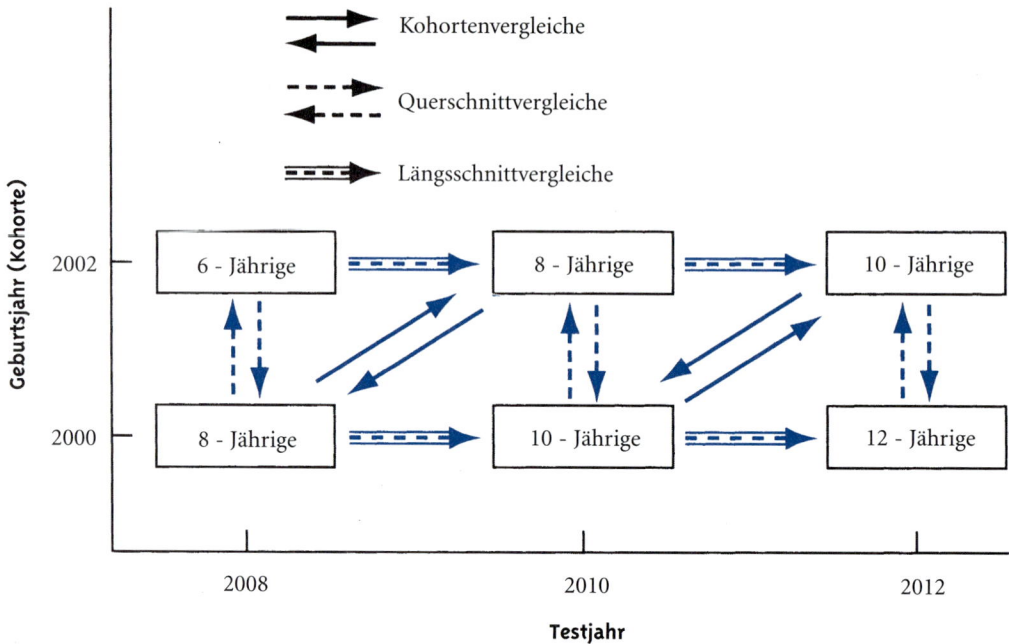

Abbildung 5 Beispiel eines Versuchsplans für eine Sequenzstudie. Zwei Gruppen (Kohorten) von Kindern, 2000 und 2002 geboren, werden längsschnittlich untersucht in Abständen von 2 Jahren über einen Gesamtzeitraum von 4 Jahren. Dieser Plan erlaubt den Vergleich von Kindern gleichen Alters mit unterschiedlichem Geburtsjahr und damit die Feststellung etwaiger Kohorteneffekte.

Wie die Abbildung zeigt, macht eine solche Sequenzstudie eine Reihe von Vergleichen möglich. Wie in den schon behandelten Grundverfahren können Quer- und Längsschnitt-Vergleiche durchgeführt werden. Neu kommt eine wichtige Kontrolle hinzu: Der Plan erlaubt den Vergleich von Gruppen gleichen Alters aus verschiedenen Kohorten, untersucht zum gleichen Messzeitpunkt (in der Abbildung als Kohortenvergleich bezeichnet).

Wenn sich in der Sequenzstudie herausstellen sollte, dass sich die Daten der beiden verschiedenen Gruppen der 8-Jährigen (und/oder die der beiden verschiedenen Gruppen der 10-Jährigen) zwischen den beiden verschiedenen Testzeitpunkten unterscheiden, ist die Wahrscheinlichkeit hoch, dass entweder Kohorteneffekte (ein Problem der Querschnittstudien) oder Testeffekte (eines der Probleme der Längsschnittstudien) aufgetreten sind oder auch beide Effektgruppen zusammen. Auch andere der oben aufgeführten Faktoren, beispielsweise die selektiven Ausfälle, könnten die Unterschiede bewirkt haben. Eine solche Situation ist Anlass für eine vorsichtige Dateninterpretation.

Wenn aber die Daten aus den Kohortenvergleichen, d. h. aus den verschiedenen Gruppen gleichen Alters, sehr ähnlich sind, kann man ein relativ großes Vertrauen bezüglich ihrer Validität haben. Dann ist es eher unwahrscheinlich, dass die Problemfaktoren der Quer- und Längsschnittverfahren die Daten in unerwünschter Weise beeinflusst haben. Ganz sicher kann man

Einführung: Begriffliches und Methodisches in altersübergreifender Perspektive sich allerdings auch in diesem Fall nicht sein. Denn es ist denkbar, dass die unerwünschten Effekte sich gegenseitig zu Null ausgleichen und im Zusammenspiel zum selben Ergebnis führen, als wenn es sie gar nicht gegeben hätte.

Es wird deutlich, dass die Sequenzmodelle zwar eine gute Möglichkeit bieten, den unerwünschten Einfluss von Störfaktoren zu kontrollieren. Eliminieren kann man die Nachteile der Quer und Längsschnittstudien in den Sequenzstudien allerdings nicht – entgegen einem relativ weit verbreiteten Missverständnis.

Die Ausführungen in diesem einleitenden Abschnitt hatten das Ziel, eine methodische Sensibilität für die kommenden inhaltlichen Teile zu wecken. Es sollte auch deutlich geworden sein, dass das Fach der Entwicklungspsychologie mit spezifischen methodischen Herausforderungen konfrontiert ist, die es in dieser Form in keinem anderen Teilgebiet der Psychologie gibt. Der Hauptgrund für die Schwierigkeiten liegt darin, dass sich die Entwicklungspsychologie für Veränderungen in langen Zeiträumen interessiert. Je länger die Zeiträume sind, desto behutsamer sollte man bei der Interpretation der Daten sein.

Zusammenfassung

Die Lebensspanne kann aufgrund eines Kriterienbündels von chronologischem Alter sowie biologischen und sozialen Faktoren grob in die drei Altersphasen Kindheit und Jugend, Erwachsenenalter und Alter eingeteilt werden. Aus der Perspektive eines Lebensspannenansatzes der Entwicklung sind alle Altersbereiche für eine erfolgreiche Entwicklungsregulation gleich bedeutsam, jedoch stehen in jedem Altersbereich unterschiedliche Fähigkeitsbereiche und Lebensereignisse für die entwicklungspsychologische Forschung im Fokus.

Die wissenschaftliche Untersuchung der Entwicklung über die Lebensspanne konzentriert sich auf die Beschreibung und Erklärung einer Vielzahl von Formen des Wandels. So geht es nicht nur darum, für alle Personen geltende Altersnormen psychischer Entwicklung zu finden, sondern auch die Ursachen für die interindividuellen Unterschiede in intraindividuellen Veränderungen – im Alter auch in der Stabilität – in verschiedenen Dimensionen psychischer Fähigkeiten herauszufinden und daraus Aussagen zur Entwicklungsprognose abzuleiten.

Die besondere methodische Schwierigkeit der Entwicklungspsychologie liegt in der Veränderungsmessung. Nur durch die geschickte Kombination von Längsschnittuntersuchungen mit Sequenzen von Querschnittuntersuchungen und experimentellen Studien lassen sich Altersveränderungen von Einzelpersonen und Populationen erfassen und ihre Ursachen analysieren.

Übungsaufgaben

▶ Welche Entwicklungsziele, Entwicklungskontexte und Lebensereignisse sind typisch für die in der Entwicklungspsychologie der Lebensspanne untersuchten Altersbereiche?

▶ Wie kann die Entwicklung von Personen im Kindesalter, mittleren Alter und Alter miteinander verglichen werden, wenn jede Lebensphase durch alterstypische Ereignisse, Fähigkeitsverläufe und Umwelteinflüsse gekennzeichnet ist?

▶ Wie kann man vorhersagen, wie sich die Fähigkeiten einer einzelnen Person über die Lebensspanne – also in der Zukunft – entwickeln werden?

Weiterführende Literatur

▶ Baltes, P.B. (1987). Theoretical propositions of life-span developmental psychology: On the dynamics between growth and decline. Developmental Psychology, 23, 611–626.

▶ Baltes, P.B. (1968). Longitudinal and cross-sectional sequences in the study of age and generation effects. Human Development, 11, 145–171.

Teil I

Kindes- und Jugendalter

1 Das Besondere der Kindheit: Historisches und Biologisches

Was Sie in diesem Kapitel erwartet

Dieses Kapitel bildet die Grundlage für die drei folgenden inhaltlich orientierten Kapitel zur Entwicklung im Kindes- und Jugendalter. Im ersten Teil wird deutlich gemacht, was aus einer Lebensspannenbetrachtung heraus das Besondere an der Phase der Kindheit ist. Ein Blick auf die Geschichte wird zeigen, dass unsere heutige Sichtweise keine Selbstverständlichkeit ist. Das Bild vom Wesen der Kinder in den Augen Erwachsener hat im Verlauf der Geschichte und ihrer Epochen einen enormen Wandel erfahren; erst vor gut 100 Jahren war die Zeit reif für eine wissenschaftliche Erforschung der Kindheit aus psychologischer Sicht. Im zweiten Teil des Kapitels fragen wir nach biologischen und körperlichen Voraussetzungen für Entwicklung, wobei dem frühkindlichen Erwerb motorischer Fertigkeiten besondere Aufmerksamkeit zukommt.

1.1 Die Sicht auf die Kindheit im Wandel der Zeit

Der erste Teil dieses Buches, etwa ein Drittel, befasst sich mit der Kindheit – und in Ausschnitten mit der Entwicklung bis ins Jugendalter hinein. Quantitativ gesehen, übersteigt dieser Anteil am Gesamttext bei weitem den Anteil, den diese Phase durchschnittlich im Leben eines Menschen ausmacht. Gemessen an der heutigen Lebenserwartung in unserer Kultur nimmt die Kindheit bis zum Schulalter weniger als ein Zehntel und die Phase bis zur Pubertät etwa nur ein Sechstel ein. Trotzdem scheint die hier vorgenommene Gewichtung gerechtfertigt. Dies würden selbst die vehementesten Verfechter der Lebensspannenperspektive in der Entwicklungspsychologie zugestehen. Auch heute noch ziehen die ersten Lebensjahre von Kindern wesentlich mehr Forschung auf sich als alle anderen Abschnitte gleicher Länge im menschlichen Lebenslauf.

Das Besondere der Kindheit

Was macht gerade die Entwicklung in der Kindheit so interessant? Hierauf gibt es ein ganzes Bündel von Antworten. In Anlehnung an Vasta et al. (2003) können wir mindestens fünf Gründe anführen:

▶ **Schnelle Veränderungen.** Wenn man sich, wie es die Entwicklungspsychologie per definitionem tut, für Veränderungen interessiert, macht es Sinn, jene Phase des menschlichen Lebenslaufs in den Blickpunkt zu nehmen, in der Veränderungen am ehesten zu erwarten sind. Man muss nicht lange suchen, um auf eine solche Phase zu kommen. Schon die Alltagserfahrung lehrt uns, dass es die Kindheit ist, insbesondere in ihren frühen Jahren. Dies gilt für so gut wie alle Bereiche: die körperliche, die sozial-emotionale, die sprachlich-kommunikative und die kognitive Entwicklung, sowohl im engeren als auch im weiteren Sinne. In keinem anderen Lebensabschnitt verändert sich so viel in so kurzer Zeit.

▶ **Langfristige Auswirkungen.** Die Effekte der Entwicklung in der Kindheit sind nachhaltig; in ihr wird der Grundstein für das ganze Leben gelegt. Dies hat Implikationen sowohl in positiver als auch in negativer Richtung: Auf der einen Seite können frühe Erfahrungen segensreich für immer sein; auf der anderen Seite können frühe Versäumnisse vielleicht nie wieder gut gemacht werden. Hierzu gibt es schon in der Alltagspsychologie viele Sinnsprüche – wie den des englischen Dichters William Wordsworth „The child is the father of man" oder das deutsche Sprichwort „Was Hänschen nicht lernt, lernt Hans nimmermehr". Praktisch alle wissenschaftlichen Theorien in der Entwicklungspsychologie enthalten in dieser Hinsicht die gleiche Annahme: dass das, was aus einer Person wird, zu einem großen Teil durch Faktoren ihrer Kindheit mitbestimmt wird.

▶ **Besseres Verstehen des Endzustands.** In vielen Wissenschaften wäre es undenkbar, den Endzustand oder den Status quo eines Systems erklären zu wollen, ohne rückwärts auf seine Geschichte zu schauen – also darauf, wie es sich entwickelt hat. Dies gilt besonders für biologische und soziale Systeme. So wäre man ziemlich verloren, wenn man z.B. Besonderheiten im politischen System einzelner Staaten unter totaler Außerachtlassung historischer Aspekte erklären müsste. In der Psychologie, speziell der Allgemeinen Psychologie des Erwachsenenalters, war eine solche „Geschichtslosigkeit" jahrzehntelang relativ weit verbreitet. Inzwischen setzt sich mehr und mehr die Erkenntnis durch, dass die Übernahme einer Entwicklungsperspektive, insbesondere das Studium psychischer Prozesse bei Kindern, oft helfen kann, die „ausgereiften" Systeme im Erwachsenenalter besser zu verstehen (wobei man dann aus Entwicklungssicht natürlich nicht von einem Endzustand sprechen sollte).

▶ **Fragen aus der Praxis und dem Lebensalltag.** Auch die Fragen, die aus der Praxis heraus an die Entwicklungspsychologie gestellt werden, beziehen sich überproportional oft auf die Kindheitsjahre. Dies mag zwei Gründe allgemeinerer Art haben: Zum einen haben auch Praktiker oft keinen guten Zugriff auf die Erfahrungen aus der eigenen Kindheit – auf diejenigen der drei, vier ersten Jahre in der Regel wegen der *infantilen Amnesie* gar nicht. Zum anderen scheint die Meinung zu bestehen, dass die Kindheit die Phase ist, in der Veränderungen – wenn sie denn gewünscht sind – am leichtesten zu erzielen sind.

▶ **Kinder als Wunder.** Last but not least: Kinder erwecken besonderes Interesse, weil sie etwas Faszinierendes an sich sind. Wenn man ins Staunen kommen möchte, tut man gut daran, sich Kindern zuzuwenden. Und dann erscheint es oft fast paradox: Bei näherem Hinsehen wird das Staunen umso größer, je weniger weit die Entwicklung vorangeschritten ist. Der Eindruck, dass wir mit dem Menschen ein Wunder vor uns haben, drängt sich schon sehr bald nach der Geburt eines Kindes auf. Bei manchen Erwachsenen ist dieser Eindruck so überwältigend, dass sie nicht so recht daran glauben mögen, dass es sich nur um ein Zufallsprodukt der Evolution handelt.

Kindheit in historischer Perspektive

Unser heutiges Bild von der Kindheit als einer besonderen Phase in der menschlichen Entwicklung ist relativ neu. Es gab lange Zeiträume in der Geschichte, in denen man offenbar nicht der Überzeugung war, dass Kinder besonderer Aufmerksamkeit und Zuwendung bedürfen. Diese Einstellung schlug sich auch in der Erforschung der Kindheit nieder: Sie war über Jahrhunderte hinweg praktisch nicht existent. Das gilt zumindest für die westlichen Kulturen, in denen die Entwicklungspsychologie, wie sie sich uns heute präsentiert, entstand. Um diesen Prozess besser zu verstehen, wollen wir deshalb im Folgenden einen kurzen Blick auf den Wandel der Konzeptionen von Kindheit im Verlauf der Geschichte werfen.

Antike. Die großen griechischen Denker der vorchristlichen Zeit, Aristoteles und besonders Plato, schrieben Beachtliches über die Bedeutung der Erziehung von Kindern. Im Allgemeinen bestanden jedoch nur vage Vorstellungen über das Wesen der Kindheit. Der Status der Kinder zu dieser Zeit war nicht beneidenswert. Strenge Züchtigungen waren Normalität und wurden selbst von den Philosophen als die Erziehungsmaßnahme der Wahl verteidigt. Das Töten von Kindern, die ungesund oder aus irgendwelchen Gründen ungewünscht waren, wurde als angemessene Methode zur Lösung von Problemen, die sie für die Eltern bereiteten, angesehen. Die Römer übernahmen im Wesentlichen die griechische Konzeption, entwickelten ein etwas größeres Bewusstsein für die Eigenart des Kindes und entwarfen im vierten Jahrhundert erstmals ein Gesetz, das die Kindestötung unter Strafe stellte.

Mittelalter. Nach dem Zusammenbruch des Römischen Reiches bemühte sich die Kirche, das Leben der Kinder zu verbessern. Sie propagierte das Bild des reinen, unschuldigen kindlichen Wesens und sprach sich entschieden gegen die Kindstötung aus. Anstatt kranke und ungewollte Kinder auf diese Weise loszuwerden, konnten sie in kirchlich geführte Heime oder Klöster geschickt werden. Trotz dieser Verbesserungen war das Mittelalter für Kinder alles andere als ein Paradies. Missbrauch und Ausnutzung, vor allem als Arbeitskraft im Haus oder auf dem Feld, blieben die Regel. Kinder wurden wie Erwachsene an den Pranger gestellt und sogar gehenkt. Sobald sie von den Eltern nicht mehr biologisch abhängig waren, sich selbst fortbewegen und sich über Sprache verständlich machen konnten, schien ihr Alter für Erwachsene keine große Rolle mehr zu spielen. Sie wurden betrachtet wie Erwachsene, die nur noch nicht die Geschlechtsreife und endgültige Körpergröße erreicht hatten. Diese Sichtweise auf die Kindheit kommt in mittelalterlichen Gemälden zum Ausdruck, in denen Kinder in Körperproportionen und Kleidern dargestellt werden, die sich nicht von denjenigen der Erwachsenen unterscheiden (Ariès, 1975).

Reformation. Durch den Einfluss der kirchlichen Reformbewegungen im sechzehnten Jahrhundert änderte sich das Bild des Kindes deutlich. Dies gilt besonders für die calvinistische Variante des Protestantismus, die ihren Ursprung in der Schweiz hatte und von dort aus auf den angelsächsischen Raum übersprang, wo sie ihre wohl nachhaltigste Wirkung entfaltete. Die Anhänger dieses Glaubens, die auch als Puritaner bezeichnet wurden, hatten eine neue Doktrin in Bezug auf das Wesen des Kindes: Es wurde nicht mehr als rein und unschuldig gesehen, sondern von Natur aus mit Sünde belegt, fragil und dem Bösen zugewandt. Man sprach den Kindern aber große Lernfähigkeiten zu. Daher sei es die vordringliche Aufgabe der Eltern, die Kinder auf einen rechten Weg zu bringen, sie vor dem Bösen zu schützen und ihnen beizubringen, den Versuchungen des Lebens zu widerstehen. Dementsprechend legten die Puritaner großen Wert auf Erziehung und entwarfen die bis dahin vielleicht erste einigermaßen umfassende Vorstellung von der Kindheit als einer besonderen Phase der menschlichen Entwicklung.

Aufklärung. Im Zeitalter der Aufklärung, im siebzehnten und achtzehnten Jahrhundert, traten philosophische Richtungen hervor, die mit starren Vorstellungen der Vergangenheit brachen. Die Rolle der Vernunft rückte stark in den Fokus. Dies hatte das Aufkommen humanerer Konzeptionen der Kindheit zur Folge. Zwei Philosophen dieser Epoche hatten einen entscheidenden Einfluss auf die Entwicklungspsychologie, wie sie sich heute darstellt. Sie können als die Begründer zweier Denktraditionen des Fachs gesehen werden, der empiristischen und der nativistischen.

► Der erste ist John Locke, ein Hauptvertreter des englischen **Empirismus**. Nach seiner Theorie sind alle Menschen bei der Geburt wie ein unbeschriebenes Blatt Papier – eine tabula rasa. Alles, was wir wissen, ist durch unsere Sinne zu uns gelangt. Demnach gibt es keine angeborenen Ideen, und Kinder sind von Natur aus weder gut noch schlecht. Die Umwelt und die Erfahrungen bestimmen, was ein Kind ist und wie es sich entwickelt. Theoretisch kann alles aus ihm werden; nichts ist prinzipiell unmöglich. Diese Ideen waren seinerzeit nicht nur von immenser politischer Bedeutung, sie waren auch Vorläufer für den Behaviorismus, eine der dominanten Schulen der Psychologie des zwanzigsten Jahrhunderts.

► Ein Gegenpol war Jean-Jacques Rousseau, ein in der Schweiz geborener und den größten Teils seines Lebens in Frankreich wirkender Philosoph. Er verkörpert die Sichtweise des **Nativismus**. In seinem Erziehungsroman „Émile" erreichte der Entwicklungsgedanke einen ersten Höhepunkt. Dieses Werk wurde sehr populär und hatte eine starke Wirkung auf die Pädagogik – auch auf berühmt gewordene Größen wie Pestalozzi, Fröbel und Montessori. Im Gegensatz zu Locke war Rousseau der Überzeugung, dass Kinder mit angeborenem Wissen und einem elementaren Sinn dafür, was richtig und was falsch ist, auf die Welt kommen. Rousseau kehrte zu der Idee zurück, dass Kinder von Natur aus gut sind. Ferner schreibt er ihnen einen inneren Plan zu, der von sich heraus eine gesunde Entwicklung ermöglicht. Diese entfaltet sich in vier Stufen von der Geburt bis ins Jugendalter. Die Triebfeder ist die natürliche kindliche Neugier. Besondere Interventionen und Erziehungsanstrengungen vonseiten der Erwachsenen sind nicht nötig. Das Beste, was sie in Rousseaus Sichtweise tun können, ist, sich einfühlsam für die Bedürfnisse des Kindes zurückzuhalten und dessen natürliche Entwicklung nicht zu stören.

Impulse der Evolutionstheorie. Ab dem neunzehnten Jahrhundert revolutionierte Darwins Evolutionstheorie den Blick auf den Menschen in mehrfacher Hinsicht. Obwohl sich die Theorie nicht direkt auf Fragen der kindlichen Entwicklung bezog, hatte sie einen nicht zu unterschätzenden indirekten Einfluss auf die Entstehung der Entwicklungspsychologie als wissenschaftlicher Disziplin. Die Evolutionstheorie förderte eine vergleichende Orientierung und schärfte den Blick für Prozesse der Adaptation in der menschlichen Entwicklung. Nur zwei inhaltliche Gebiete, in denen der Evolutionsgedanke eine große Rolle spielt und auf die in späteren Kapiteln genauer eingegangen wird, seien hier beispielhaft erwähnt: die Forschung zur frühkindlichen Bindung (s. 4.2) und die von Piagets Theorie inspirierten Untersuchungen zur kognitiven Entwicklung (s. 3.1., 3.4).

Als Ableitung aus Darwins Theorie formulierte Ernst Haeckel (1866), ein Zoologe aus Jena, das „biogenetische Grundgesetz", das vor allem im englischen Sprachraum auch Rekapitulationstheorie genannt wird. Danach wiederholt sich in der Keimesentwicklung eines Individuums, also der Ontogenese, in gedrängter und verkürzter Form die Stammesgeschichte der gesamten Spezies, also die Phylogenese. Stanley Hall (1904), einer der Väter der amerikanischen Entwicklungspsychologie, entwarf in Analogie zu Haeckels Prinzip eine „psychogenetische Rekapitulationstheorie", nach der sich in der menschlichen Individualentwicklung beim Kind die kulturelle Geschichte seit Entstehung der Menschheit wiederhole.

Tagebuch-Beobachtungen als wissenschaftlicher Start. Aufgrund fortschreitender biologischer Erkenntnisse der damaligen Zeit wurde schnell klar, dass eine einfache Rekapitulationstheorie nicht besonders dienlich ist für die Erklärung menschlicher Entwicklung. Trotzdem hatte die seinerzeitige Auseinandersetzung mit den Evolutionsideen noch eine weitere wichtige Auswirkung auf die Entstehung der Entwicklungspsychologie. Die Behauptung, dass es Parallelen zwischen der kindlichen Entwicklung und der Menschheitsgeschichte geben könne, forderte viele Forscher dazu heraus, das Verhalten von Kindern – meistens ihren eigenen – akribisch aufzuzeichnen. Dies hatte schon Darwin selbst getan. Noch weit systematischer ging Wilhelm Preyer (1882) vor, wie Haeckel ein Biologe aus Jena. Er notierte äußerst detailliert Tag für Tag die Beobachtungen aus den ersten drei Lebensjahren seines Sohns Axel. Mit dem daraus entstandenen Buch „Die Seele des Kindes" wird heute oft der Beginn der wissenschaftlichen Entwicklungspsychologie als wissenschaftliche Disziplin verbunden. Wenngleich die Tagebuchbeschreibung von Kindern heute nicht mehr zu den verbreiteten Methoden des Fachs gehört, sind die hohen Standards, die Preyer für seine Arbeit setzte – Objektivität und vorurteilsfreie Beobachtung – als Leitlinien in der aktuellen entwicklungspsychologischen Forschung erhalten geblieben.

1.2 Körperliche Entwicklung

Die nach der Geburt eines Kindes augenfälligsten Anzeichen für die voranschreitende Entwicklung sind die körperlichen Veränderungen und die rapide Erweiterung seiner motorischen Fertigkeiten. Mit diesen Fortschritten zieht das Kind die Aufmerksamkeit der Umwelt auf sich, besonders auch die der Eltern. In einer entwicklungspsychologischen Betrachtung sollte die körperliche Entwicklung nicht isoliert gesehen werden. Sie ist in vielfältiger Weise mit psychischen Entwicklungsveränderungen verflochten, sowohl im kognitiv-mentalen als auch im sozial-emotionalen Bereich. Körperliche Veränderungen bieten die Voraussetzungen und immer neue Möglichkeiten für die Erkundung der Welt, zunächst im Nahraum, nach dem Krabbeln auch darüber hinaus. Damit eröffnen sich nicht nur geistig neue Horizonte. Die Fortschritte der motorischen Fertigkeiten heben sichtbar das Selbstwertgefühl und erfüllen das Kind mit Stolz. Aber auch neue Ängste tun sich auf bei den neuen Gefahren, die durch die eigene Fortbewegung entstehen. Diese weitreichende Bedeutung der körperlichen Entwicklung für das Gesamtsystem sollte nicht aus den Augen verloren werden, wenn wir uns im Folgenden einigen Fakten im Detail zuwenden.

Gehirnentwicklung

Die wohl frappierendste Entwicklung im kindlichen Körper spielt sich für den normalen Betrachter von außen fast unsichtbar ab: Es ist das Wachstum des Gehirns. Die neuen Methoden der Neurowissenschaften haben hierzu Erstaunliches an den Tag gebracht: Kein anderes Organ des Menschen entwickelt sich zu Beginn des Lebens so schnell wie das Gehirn. Bei der Geburt hat sein Gewicht schon 25 Prozent des Werts des erwachsenen Gewichts, in krassem Gegensatz zum Gesamtgewicht des Körpers, das beim Neugeborenen nur etwa 5 Prozent dessen ausmacht, was im Erwachsenenalter erreicht wird. Bei einem 3-Jährigen hat das Gehirn schon 80 Prozent des endgültigen Gewichts erreicht, während das Körpergewicht noch bei 20 Prozent liegt, also noch auf das 5-Fache zunehmen wird.

Nicht weniger erstaunlich sind andere Fakten: Beim Fötus verläuft die Zellproduktion im Gehirn etwa ab der vierten Woche nach der Empfängnis und in den nächsten vier Monaten danach mit rasender Geschwindigkeit. Man hat ausgerechnet, dass in diesem Zeitraum in jeder Minute etwa eine Viertelmillion Gehirnzellen neu gebildet werden – insgesamt mehr, als im Erwachsenenalter je gebraucht werden. Ähnliches gilt für die Produktion von Synapsen in der Zeit nach der Geburt: Ihre Anzahl erreicht mit Hunderten von Milliarden schon bei 6 Monate alten Kindern einen Höhepunkt im visuellen Kortex und bei 4-Jährigen den Höhepunkt im präfrontalen Kortex. Offenbar sind dies Nervenverbindungen im Überfluss; ein beträchtlicher Teil wird im weiteren Verlauf der Entwicklung wieder eliminiert. Dafür gibt es eine Zunahme bei der Myelinisierung, d. h. der isolierenden Ummantelung der Nervenfasern. Relativ schnell verläuft sie in den Bereichen, die für die Feinmotorik zuständig sind, wo dieser Prozess schon etwa bei 4 Jahren weitgehend abgeschlossen ist. In Gehirnbereichen, die höhere Denkprozesse steuern, dauert die Myelinisierung dagegen noch bis ins Pubertätsalter an.

Wach- und Schlafzeiten

Das, was ein Kind von der umgebenden Welt aufnehmen kann, hängt entscheidend von seinem Aufmerksamkeitszustand ab. Beim Neugeborenen sind die Zeiten höchster Aufnahmebereitschaft gering; bekanntlich schläft es die meiste Zeit. Abbildung 1.1 zeigt den Verlauf der durchschnittlichen Schlaf- und Wachzeiten über die Lebensspanne. Hierbei wird unterschieden zwischen zwei Arten des Schlafs: REM- und Nicht-REM-Schlaf – wobei REM für *rapid eye movements* steht. REM-Schlaf ist eine relativ aktive Form, gekennzeichnet durch schnelle Augenbewegungen bei geschlossenen Lidern, teilweise heftigen Körperbewegungen und ungleichmäßigem Atmen, häufig assoziiert mit Träumen. All dies ist bei Nicht-REM-Schlaf nicht zu beobachten; in ihm erscheint die Person ruhig und passiv.

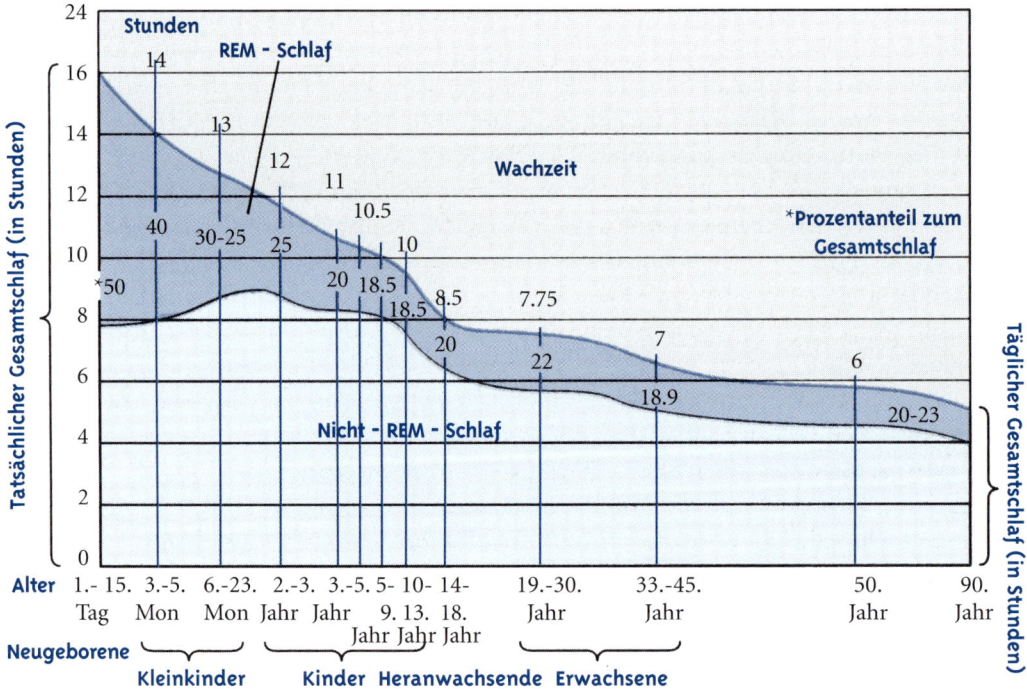

Abbildung 1.1 Durchschnittliche Dauer (in Stunden) des Gesamtschlafs, REM-Schlafs und Nicht-REM-Schlafs über die Lebensspanne nach Roffwarg et al. (1966). Während die Dauer des ruhigen Nicht-REM-Schlafs von den ersten Lebenswochen bis zum Alter von 5 Jahren praktisch konstant bleibt, nimmt der Anteil des REM-Schlafs von 50 Prozent auf unter 20 Prozent drastisch ab. Die Wachzeit erhöht sich im gleichen Zeitraum von 8 auf fast 14 Stunden.

Im Kontext dieses Kapitels sind zwei Aspekte der Daten in Abbildung 1.1 interessant:

► Von der Geburt bis etwa zur Pubertät reduziert sich der Gesamtschlaf auf die Hälfte; die Zeit der Wachheit am Tag erhöht sich von einem auf zwei Drittel.

► Dieser Effekt bezieht sich fast ausschließlich auf den REM-Schlaf; der Nicht-REM-Schlaf bleibt über die ganze Kindheit hinweg in seiner Dauer praktisch konstant.

Dies hat zu einigen Spekulationen über die Funktion des REM-Schlafs Anlass gegeben. Der Grundgedanke ist, dass die dort ablaufenden internen Aktivitäten eine Kompensation für die fehlende Stimulation von außen sind und helfen, das visuelle System durch innere Stimulation in Gang zu halten und weiterzuentwickeln. Seitens der Forschung gibt es inzwischen einige Anhaltspunkte, die für diese Theorie der *Autostimulation* sprechen.

Motorische Entwicklung

Reflexe. Neugeborene sind mit einer Reihe stereotypisierter Verhaltensmuster ausgestattet, die als Reaktion auf spezifische Reizung automatisch in Gang gesetzt werden. Diese Reflexe stellen nicht nur die Grundbausteine der motorischen Entwicklung dar; sie werden in einer gewichtigen allgemeinen Theorie, auf die wir später zu sprechen kommen werden (s. 3.1), auch als Ausgangspunkt der gesamten kognitiven Entwicklung angesehen. Manche Reflexe haben eine Überlebensfunktion für das Kind und damit einen klaren adaptiven Wert, bei anderen kann man dies nicht erkennen. Einige Reflexe wie das Husten oder der Lidschlag bleiben das ganze Leben lang erhalten, andere verschwinden schon im ersten Lebensjahr. Letztere sind aus Entwicklungssicht von größerem Interesse, weil ihr zeitgerechter Rückgang als ein Indikator für einen Fortschritt der Hirnfunktion gesehen werden kann. Tabelle 1.1 gibt einen Überblick über wichtige Reflexe.

Meilensteine der posturalen Kontrolle und Lokomotion. Abbildung 1.2 zeigt die normale Sequenz der motorischen Entwicklung unter dem Aspekt der Lokomotion – bis hin zu dem wohl einschneidendsten Ereignis überhaupt: dem Erlernen des Gehens. Dabei ist zu beachten: Die Altersangaben in der Abbildung sind als grobe Orientierung zu sehen; sie beziehen sich auf normal entwickelte Kinder in der westlichen Welt. Es kann erhebliche Unterschiede zwischen verschiedenen Kulturen geben, je nachdem, in welchem Ausmaß sie Kinder ermutigen, sich früh zu bewegen oder ob sie ihre Eigenaktivität zu bremsen versuchen. Ebenso gibt es beträchtliche interindividuelle Unterschiede innerhalb jeder Kultur. Diese sind übrigens, solange die Abweichungen von der Norm im Rahmen bleiben, weit weniger aussagekräftig für die spätere motorische Entwicklung, z. B. für Leistungen im Sport, als meistens angenommen wird. Interessant ist auch, dass manche Kinder nicht die vollständige Sequenz durchlaufen, sondern einige der gezeigten Meilensteine überspringen. So gibt es einen kleinen Prozentsatz von Babys, die eines Tages auf zwei Beinen stehen, ohne sich jemals kriechend fortbewegt zu haben.

In der in Abbildung 1.2 gezeigten Abfolge lassen sich zwei übergeordnete Prinzipien erkennen. Die motorische Entwicklung verläuft in zwei Richtungen: Zuerst erlangt das Kind die Kontrolle über den Kopf, dann über die Arme und den Rumpf und schließlich über die Beine. Dieses Fortschreiten „von Kopf bis Fuß" bezeichnet man als den *cephalocaudalen Trend*. Praktisch gleichzeitig verläuft die Entwicklung „von innen nach außen": Die Körperteile, die näher am Zentrum des Körpers liegen, gelangen eher unter motorische Kontrolle als die weiter außen liegenden – so die Arme eher als die Mittelhände und diese eher als die Finger. Dies bezeichnet man als den *proximodistalen Trend*.

Tabelle 1.1 Einige Reflexe in den ersten Lebensmonaten von Babys

Reflexname	Reizung	Reaktion	Entwicklungsverlauf	Funktion
Saugen	Finger in den Mund stecken	Rhythmisches Saugen am Finger setzt ein	Geburt bis 4–6 Monate, danach durch freies Saugen ersetzt	Aufnahme von Nahrung
Blinzeln	Licht in die Nähe des Auges bringen	Schnelles Schließen beider Augen	permanent	Schutz vor starker Reizung
Suchen (rooting)	Wange nahe am Mundwinkel streicheln	Kopf dreht sich zur Quelle der Stimulation, Mund öffnet sich	Geburt bis etwa 4 Monate	Hilft dem Baby, die Brustwarze zu finden
Schwimmen	Baby mit Gesicht nach unten ins Wasser legen	Schwimmbewegungen, Anhalten des Atmens	Geburt bis 4–6 Monate	möglicherweise kurzzeitige Überlebensfunktion
Tonischer Hals	Baby in Rückenlage, Kopf wird um 90 Grad gedreht	Arm auf Gesichtsseite (vor den Augen) ist ausgestreckt, anderer Arm ist gebeugt	geht im 4. Monat zurück	Vorbereitung für Erreichen von Gegenständen
Schreiten (stepping)	Baby aufrecht unter den Armen festhalten, Füße den Boden berühren lassen und nach vorne bewegen	Baby macht rhythmische Gehbewegungen, hebt einen Fuß nach dem anderen	verschwindet mit 3–4 Monaten	Vorbereitung auf Gehen
Babinski	Streicheln der Fußsohle von der Zehe zur Ferse	Zehen fächern sich bei Krümmung des großen Zehs, Fuß dreht sich	verschwindet gegen Ende des ersten Jahrs	unbekannt

Greifen. Eine kleine Revolution in der Entwicklung eines Kindes ist das erste erfolgreiche Greifen. Dieses scheinbar einfache Verhalten ist von fundamentaler Bedeutung für die kognitive und soziale Entwicklung. Das Kind muss nun nicht mehr warten, bis die Welt auf es zukommt, sondern kann selbst mit ihr in Interaktion treten. Die Fähigkeit zum Greifen, also zur *manuellen Kontrolle*, ist nicht auf einen Schlag da, sondern entwickelt sich im ersten Lebensjahr in mehreren Etappen über Monate hinweg. Dabei ist zu beachten, dass das deutsche Wort „Greifen" meistens zwei verschiedene Komponenten der Handlung umfasst, für die es im Englischen auch verschiedene Wörter gibt: *reaching* und *grasping*. Ersteres bezieht sich in erster Linie auf die Bewegung der Arme, letzteres auf die der Finger.

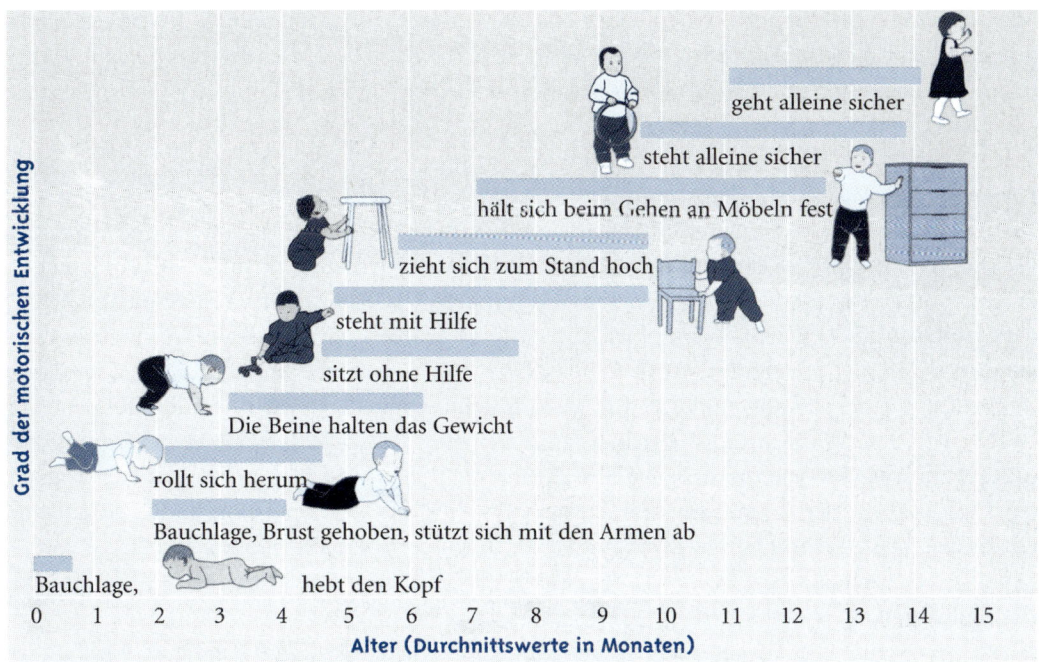

Abbildung 1.2 Meilensteine der motorischen Entwicklung bis zum Gehen nach Santrock (2007). Gezeigt werden das durchschnittliche Alter und die Schwankungsbreite für 90 % der Kinder (Länge der Balken) bei Aneignung der jeweiligen motorischen Fertigkeit in westlichen Kulturen.

Eine Vorstufe zum Greifen lässt sich schon in den ersten Lebensmonaten eines Babys beobachten. Die Bewegungen gehen manchmal nur grob in die Richtung eines Objekts, sind aber noch unkoordiniert und wirken unbeholfen. Etwa mit 3 Monaten erscheinen die Bewegungen willkürlich kontrolliert; das Ausstrecken des Arms und das ansatzweise Schließen der Hand erfolgen in sinnvoller Sequenz. Die Koordinationen verfeinern sich bis zum Pinzettengriff, der etwa mit 9 Monaten möglich wird (siehe Abbildung 1.3). In diesem Alter scheinen die Kinder ihr Greifen oft mit nur einem Blick steuern zu können. Die Bewegungen sind flüssig und integriert, selbst dann, wenn das zu ergreifende Objekt in Bewegung ist und das Baby Ort und Zeitpunkt des Kontakts antizipieren muss (von Hofsten, 1980).

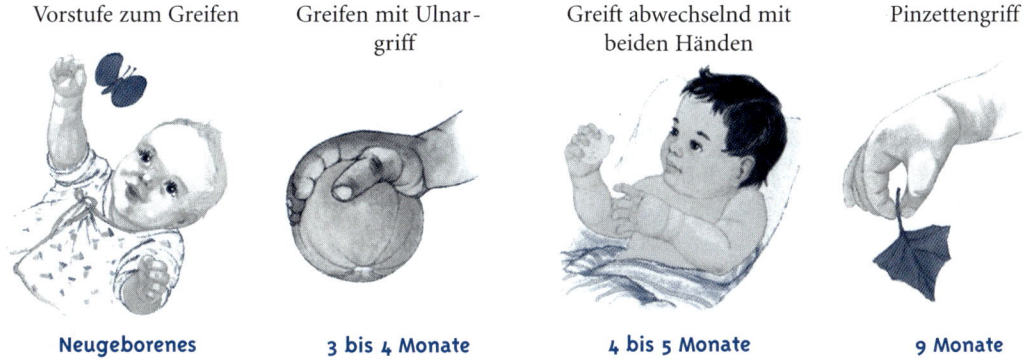

Abbildung 1.3 Einige Meilensteine in der Entwicklung des Greifens mit Angabe des durchschnittlichen Alters beim Erwerb der jeweiligen Fertigkeit.

Mit dem visuell gesteuerten Greifen haben wir ein eindrucksvolles Phänomen der frühen Koordination von Auge und Hand vor uns. Es bildet eine Schnittstelle zwischen Motorik und Wahrnehmung. Dies führt uns fast nahtlos in das nächste Gebiet: die Entwicklung der Wahrnehmung beim Kind.

Zusammenfassung

Unsere heutige Sichtweise der Kindheit ist, geschichtlich betrachtet, relativ neu. Erst mit der Philosophie im Zeitalter der Aufklärung kam der Durchbruch zur Erkenntnis, dass die ersten Jahre im Leben der Menschen eine Phase sind, die besondere Aufmerksamkeit verdient, auch in wissenschaftlicher Hinsicht. Weitere wichtige Impulse kamen von der Evolutionstheorie Darwins. In ihrer Folge entstanden vor über 100 Jahren erste empirische Ansätze, die als Grundsteine für die Entwicklungspsychologie, wie sie sich heute darstellt, gesehen werden können. Ein zweiter Teil dieses Einführungskapitels befasste sich mit der körperlichen Entwicklung, insbesondere mit dem Erwerb motorischer Fertigkeiten im ersten Lebensjahr. Viele dieser Fertigkeiten sind eng mit der kognitiven und sozialen Entwicklung verwoben; sie bilden somit eine Grundlage für Betrachtungen zu psychologischen Inhalten in den folgenden Kapiteln.

Übungsaufgaben

▶ Welche Argumente könnte man für die Behauptung anführen, dass Kinder in psychischer Hinsicht qualitativ anders als Erwachsene sind?

▶ Welcher der beiden philosophischen Standpunkte, Empirismus oder Nativismus, ist Ihrer Meinung nach die größere Herausforderung für die Pädagogik oder für Erziehungsbemühungen im Allgemeinen?

▶ Was könnte gegen Rekapitulationstheorien sprechen, insbesondere gegen deren psychogenetische Varianten?

▶ Welchen Einfluss könnte die motorische Entwicklung auf die soziale Entwicklung haben?

▶ Warum verschwinden manche Reflexe des Neugeborenen im weiteren Verlauf der Entwicklung und warum bleiben andere erhalten?

▶ Wieso sind Fertigkeiten des Greifens besonders wichtig für psychische Prozesse im Zusammenhang mit dem Erkennen der Welt?

Weiterführende Literatur

▶ Adolph, K.E. & Berger, S.A. (2006). Motor development. In W. Damon & R. Lerner (Series Eds.) & D. Kuhn & R.S. Siegler (Vol. Eds.), Handbook of child psychology: Vol 2: Cognition, perception, and language (6th ed., pp. 161–213). New York: Wiley.

▶ Ariès, P. (1975). Geschichte der Kindheit. München: Hanser.

▶ Postman, N. (1982). The disappearance of childhood. New York: Delacorte.

▶ Sanes, D., Reh, T. & Harris, T. (2005). Development of the nervous system (2nd ed.). New York: Academic Press.

2 Wahrnehmungs- und Sprachentwicklung

Was Sie in diesem Kapitel erwartet

Lebens, die so kurz und früh war, dass wir uns an sie nicht mehr erinnern können. Welche Entwicklung haben wir damals durchlaufen? Wie kann man die Entwicklung erklären? Das sind die zentralen Fragen dieses Kapitels. Unüblich ist, dass wir hier Wahrnehmung und Sprache zusammenbringen – zwei Bereiche, die meistens separiert betrachtet und erforscht werden. Wir werden sehen, dass es eine Klammer gibt, aus der sich eine natürliche Zusammenführung der beiden Gebiete ergibt.

Zu Beginn seines Lebens ist jeder Mensch mit zwei großen Herausforderungen konfrontiert: Die erste ist, die Welt adäquat wahrzunehmen, und zwar möglichst so, dass er Wesentliches von Unwesentlichem unterscheiden und sich gefahrlos in ihr bewegen kann. Die zweite Herausforderung ist, die Sprache zu erlernen, sowohl unter dem Aspekt des Verstehens als auch unter dem des Produzierens. Die Herausforderungen in beiden Bereichen haben wir offenbar gemeistert, scheinbar mühelos – und dies in einer Zeit unseres

Sind uns Menschen die wichtigsten Fähigkeiten, die Welt wahrzunehmen, von der Natur mitgegeben? Sind sie gleich bei der Geburt vorhanden oder entwickeln sie sich erst allmählich aufgrund von Erfahrung? Kann ein Neugeborenes die gleichen Farben sehen wie ein Erwachsener? Kann es sofort und spontan einen dreidimensionalen Raum sehen, oder ist er eine Konstruktion des Geistes, zu der es erst im späteren Verlauf der Entwicklung kommt?

Solche Fragen sind nicht nur von großer praktischer Bedeutung im täglichen Umgang mit Kindern; sie haben auch die Philosophen seit 2.000 Jahren in zwei Lager gespalten: Auf der einen Seite standen die Nativisten, die angeborene Fähigkeiten annahmen, auf der anderen Seite die Empiristen, die den Menschen bei der Geburt als tabula rasa betrachteten, der erst durch Anhäufung von Lernerfahrungen zu einer adäquaten Wahrnehmung der Welt gelangen kann.

Erst seit Kurzem wissen wir, was ein Baby gleich nach der Geburt tatsächlich sieht, hört, riecht, schmeckt und fühlt. Da die Kommunikation mit Babys über ihre Wahrnehmungen nicht auf sprachlichem Weg möglich ist, mussten diese Daten durch einfallsreiche entwicklungspsychologische Versuchstechniken gewonnen werden.

2.1 Entwicklung der visuellen Wahrnehmung

Bevor wir uns diesen Versuchstechniken zuwenden, befassen wir uns mit der visuellen Wahrnehmung: dem Sehen. Dem Gesichtssinn, der als die am ausführlichsten erforschte Sinnesmodalität gilt, kommt innerhalb der menschlichen Wahrnehmung eine überragende Bedeutung zu. Unsere Betrachtung konzentriert sich auf das erste Lebensjahr, in dem die Entwicklung außergewöhnlich schnell verläuft: Spätestens im achten Lebensmonat ist die visuelle Wahrnehmung von Kindern in den meisten Funktionen so ausgereift, dass sie sich kaum mehr von derjenigen eines Erwachsenen unterscheidet.

Sehschärfe

Eine Voraussetzung für die effiziente visuelle Wahrnehmung der Welt ist eine gut ausgebildete Sehschärfe.

▶ Wie ist sie bei Kleinkindern entwickelt?

▶ Ab wann können sie Details im optischen Feld erkennen?

Die Untersuchung dieser Fragen hat seit den Pionierarbeiten von Robert Fantz Anfang der 1960er Jahre entscheidende Fortschritte gemacht. Er hatte etwas anscheinend Triviales entdeckt: Neugeborene scheinen – wie ältere Kinder und Erwachsene auch – jede Art konturierter Muster (abstrakte Streifenanordnungen, Gesichtszeichnungen, sogar Ausschnitte aus Zeitungsseiten) interessanter zu finden als eine homogene graue Fläche mit gleichem Gesamthelligkeitsgrad. Genauer gesagt: Wenn konturiertes Muster und grauhomogene Fläche nebeneinander dargeboten wurden, schauten die Babys signifikant länger auf das Muster. Sie erkannten also einen Unterschied und schienen dabei jede Art von Konturiertem dem Nicht-Konturierten vorzuziehen. Diese einfache Methode, *preferential looking paradigm* genannt, wird heute auch in vielen anderen Kontexten der Säuglingsforschung angewandt.

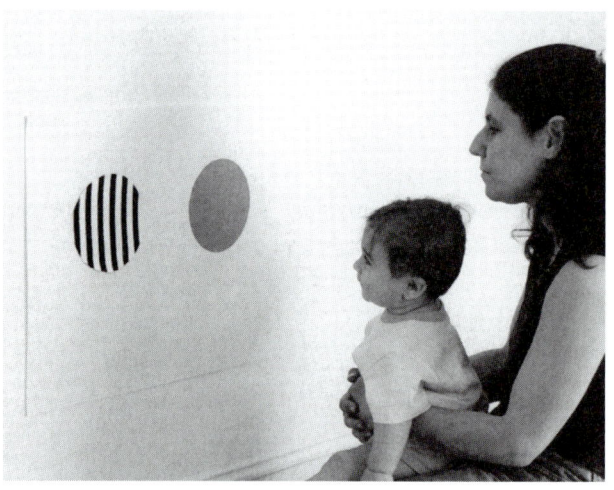

Abbildung 2.1 Bestimmung der Sehschärfe mithilfe der Präferenzmethode: Kann das Baby die Streifenverteilung in Schwarz und Weiß sehen? Wenn ja, wird es länger auf das linke Muster schauen. Wenn nein, wird es keinen signifikanten Unterschied in der jeweiligen Betrachtungsdauer geben.

Präferenzmethode. Zur Untersuchung der Sehschärfe kann man dieses Prinzip wie folgt einsetzen: Man zeigt dem Baby (s. Abb. 2.1) auf der einen Seite seines Blickfelds ein Streifenmuster, auf der anderen Seite eine Fläche mit insgesamt gleichem Grauanteil. Dabei werden für die konturierten Muster jeweils verschiedene Feinheitsgrade in Form schmalerer und breiterer Streifen verwandt. Beim Muster mit dem größten Feinheitsgrad (mit den schmalsten Streifen), das das Baby im Prinzip gleich lange wie die homogene Graufläche anschaut, kann man schließen, dass die Sehschärfe nicht ausreicht, um die Konturen zu erkennen. Mithilfe dieser Vorgehensweise hat man herausgefunden, dass die Sehschärfe in den ersten beiden Lebensmonaten relativ schwach ausgeprägt ist, dass sie sich bis etwa zum achten Lebensmonat um das 40- bis 50-fache verbessert und dann fast schon das Niveau des Erwachsenenalters erreicht.

Habituationsmethode. Ein anderes Untersuchungsprinzip, das sich zur Untersuchung der Sehschärfe eignet, ergibt sich aus der Habituationsmethode. Dabei präsentiert man jeweils nur einen Reiz und macht sich die Tatsache zunutze, dass Babys unter bestimmten Voraussetzungen schnell ihr Interesse an einem Reiz verlieren. Beginnt man beispielsweise mit einem sehr feinen

Streifenmuster und lässt dies allmählich breiter werden, so werden Babys dies als die immer gleiche homogene Graufläche wahrnehmen. Sie scheinen sich an den Reiz zu gewöhnen (sie „habituieren"), und ihr ohnehin nicht großes Interesse wird sich im Verlauf der einzelnen Präsentationen abschwächen, was sich an der Abnahme der Betrachtungszeit zeigt. Steigt diese dann zu einem bestimmten Zeitpunkt sprunghaft an, kann man schließen, dass dieser Reiz als etwas Neues wahrgenommen wird – nämlich dank der nunmehr ausreichenden Sehschärfe nicht mehr als eine homogene Fläche, sondern als strukturiertes Muster.

Kontrastsensitivität und Farbensehen

Die Wahrnehmungsfähigkeit von Babys ist in den ersten beiden Lebensmonaten auch hinsichtlich der Kontrastsensitivität eingeschränkt: nämlich dann, wenn es um „weichere" Helligkeitsabstufungen geht als bei extremen Schwarz-Weiß-Verteilungen. Im weiteren Entwicklungsverlauf zeigen die Daten hier ein ähnliches Bild wie bei der Sehschärfe: Innerhalb nur weniger Monate nimmt die Kontrastsensitivität ungefähr um das 50-fache und damit praktisch bis zur Perfektion zu. Andere Defizite bestehen anfangs, bis in den zweiten Lebensmonat hinein, auch in der Farbwahrnehmung; die vorherrschende Grauempfindung lässt nur wenige Ausnahmen zu. Aber schon mit drei Monaten scheint, wie neuere Daten belegen, die Welt für Babys die gleiche Reichhaltigkeit an Farben zu haben wie für Erwachsene.

Tiefenwahrnehmung

Die Fähigkeit, einen dreidimensionalen Raum wahrzunehmen, ist eine der auffälligsten Leistungen unseres visuellen Systems. Sie ermöglicht uns, die Distanzrelationen zwischen uns selbst und anderen Personen und Objekten der umgebenden Welt adäquat einzuschätzen und in ihr gefahrlos zu navigieren. Da das interne Abbild dieser Welt auf der Netzhaut unseres Auges zweidimensional ist, stellt sich die Frage, wie wir dieses flächige Bild in eine räumliche Struktur übertragen. Stellt unser Wahrnehmungssystem hierfür angeborene Mechanismen zur Verfügung oder konstruieren wir die dritte Dimension aufgrund der Erfahrungen, die wir im Verlauf der Entwicklung sammeln? Dies berührt wieder die Nativismus-Empirismus-Debatte und macht die Fragen, wie und ab wann die Tiefe des Raumes wahrgenommen werden kann, besonders interessant.

Die klassische Versuchsanordnung ist hier die visuelle Klippe (*visual cliff*). Sie wurde von Gibson und Walk (1960) entwickelt und war Grundbestandteil eines der ersten systematischen Experimente zur Wahrnehmungsentwicklung überhaupt. Wesentliches Element der Apparatur ist eine dicke, nicht spiegelnde Glasplatte, stabil genug, um ein darauf platziertes Baby zu halten. Wie Abbildung 2.2 zeigt, ist der Untergrund zweigeteilt: Die eine Hälfte der Glasplatte liegt direkt auf einem großen Brett mit einem Schachbrettmuster auf. Unter der anderen Hälfte liegt ein identisches Brett, allerdings einen knappen Meter tiefer – sodass für eine Person mit Tiefenwahrnehmung der Eindruck eines Abgrundes entsteht. Gibson und Walk fanden, dass sich Babys im Krabbelalter, zwischen etwa 6 und 12 Monaten, furchtlos auf der „hohen" Seite der Klippe bewegten. Sie zögerten aber an der Grenze zur „tiefen" Seite und weigerten sich, diese zu überqueren, selbst wenn sie von ihrer Mutter angespornt wurden, dies zu tun. Offensichtlich waren sie unsicher und nicht bereit, das Risiko einzugehen – ein klares Zeichen dafür, dass sie über Tiefenwahrnehmung verfügten.

Leider sagen diese Daten nichts über die Wahrnehmungsfähigkeiten noch jüngerer Kinder aus, die sich nicht selbstständig fortbewegen können. In weiterführenden Experimenten setzte man

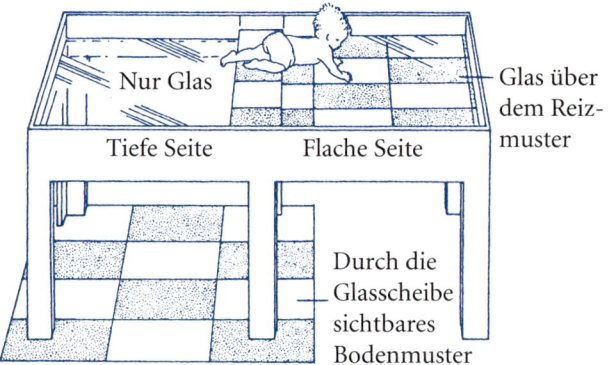

Nur Glas

Glas über
dem Reiz-
muster

Tiefe Seite   Flache Seite

Durch die
Glasscheibe
sichtbares
Bodenmuster

Abbildung 2.2 Die visuelle Klippe. Wird das Baby ohne Bedenken zur Mutter krabbeln (über die nicht wahrnehmbare Glasplatte), oder wird es zögern, weil es den Abgrund sieht?

daher solche Kinder entweder auf die eine oder andere Seite der gleichen Apparatur und registrierte ihre Herzfrequenz. Bis hinunter zum Alter von anderthalb Monaten zeigte sich ein signifikanter Unterschied. Weitere Hinweise dafür, dass Babys schon zu Beginn des zweiten Lebensmonats über Tiefenwahrnehmung verfügen, wurden mit einer anderen Technik erhoben, dem *looming*. Dabei expandiert sich ein visueller Reiz (z. B. ein Quadrat) im Gesichtsfeld, was unter bestimmten Bedingungen bei Erwachsenen den bedrohlichen Eindruck entstehen lässt, dass sich das Objekt auf einen zu bewegt. Der gleiche Eindruck lässt sich offenbar schon bei 1 Monat alten Kindern erzeugen: Sie reagieren auf die scheinbare Annäherung des Objekts mit Abwehrverhalten wie Zusammenpressen der Augenlider oder Zurücknehmen des Kopfes. Hinweisreize (*cues*), die Bewegung signalisieren, scheinen also für die Tiefenwahrnehmung bereits früh nach der Geburt besonders wirksam zu sein, wohl auch deshalb, weil sie keine große Sehschärfe voraussetzen. Dies ist anders bei den sogenannten *binokularen Cues*, die distanzrelevante Informationen beim beidäugigen Sehen liefern. So ist das Netzhautabbild der äußeren Welt in unseren beiden Augen durch die verschiedenen Blickwinkel nie ganz identisch – und umso unterschiedlicher, je näher die fokussierten Objekte sind. Durch den Prozess der Stereopsie werden die beiden Bilder im Gehirn verschmolzen, was den Tiefeneindruck hervorruft. Dies setzt natürlich voraus, dass Einzelheiten scharf gesehen werden können. Daher ist es nicht verwunderlich, dass diese Form der Tiefenwahrnehmung erst bei Babys ab etwa 4 Monaten gefunden wurde.

Spätestens ab etwa 6 Monaten sind Kinder auch für statische Distanzhinweisreize sensitiv, insbesondere für solche, die auch beim nur einäugigen Sehen funktionieren (*monokulare Cues*). Diese sind wahrscheinlich eher erfahrungsbasiert und werden auch *Bildcues* genannt, da sie genutzt werden, um in Bildern Hinweise auf die Tiefendimension zu liefern und so einen Raumeindruck entstehen zu lassen. Ein besonders einfacher *cue* ist die Interposition: Entferntere Objekte werden oft von näheren verdeckt, zumindest teilweise. So hat man in Experimenten mit entsprechend arrangierten zweidimensionalen Reizvorlagen gefunden, dass Babys ab etwa 6 Monaten mehr nach den nicht verdeckten Mustern griffen als nach den teilweise verdeckten – offenbar in der Annahme, dass diese näher und daher leichter zu erreichen wären.

Form- und Objektwahrnehmung

Eine gute, funktional sinnvolle Wahrnehmung der Welt verlangt vom Individuum sowohl Analyse als auch Organisation und Integration. Was gehört zusammen? Wo hört ein Objekt auf, und wo beginnt ein anderes? Was ist Figur, was ist (Hinter-)Grund? Erwachsenen gelingen solche – oft unbewussten – Entscheidungen in der Regel in Sekundenbruchteilen und mühelos. Aufwendige technische Systeme zur Computerwahrnehmung sind dagegen bei solchen Aufgaben meistens hoffnungslos überfordert, wenn es um reale Szenen geht – vielleicht, weil ihnen nicht genug relevante „Erfahrung" einprogrammiert werden konnte. Wie steht es bei jungen Kindern mit diesen Wahrnehmungsleistungen?

Subjektive Konturen. Ein besonders schlagender Beweis zur frühen Wahrnehmungsorganisation bezieht sich auf das Phänomen der sogenannten subjektiven Konturen. Dabei wurden Babys

Muster wie in Abbildung 2.3 dargeboten. Mit einfallsreichen Techniken, die auf der Habituationsmethode beruhten, konnte nachgewiesen werden, dass bereits 7 Monate alte Babys hier das Gleiche sehen wie Erwachsene: nicht nur vier isolierte Elemente, sondern ein Quadrat mit Konturen dort, wo objektiv gar keine gegeben sind. Dies ist gewissermaßen ein Extrembeispiel für Organisationstendenzen in der kindlichen Formwahrnehmung schon zu Beginn der zweiten Hälfte des ersten Lebensjahres. Die jüngere Forschung hat viele weitere, auch weniger spektakuläre Nachweise hierfür erbracht.

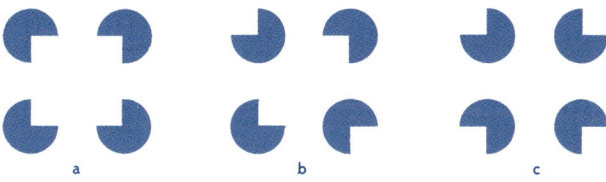

Abbildung 2.3 Subjektive Konturen: Wann wundern sich Babys, die mehrfach hintereinander das Muster in der Mitte (**b**) gesehen haben, mehr: bei Wechsel auf das Muster links (**a**) oder bei Wechsel auf das Muster rechts (**c**)? In beiden Fällen werden zwei der vier Elemente verändert, aber (**a**) bietet etwas subjektiv Neues: ein Quadrat, das objektiv nicht existiert.

Konstanzen. Wahrnehmungskonstanzen tragen viel zur Stabilität der Wahrnehmung bei. Für uns Erwachsene bleibt beispielsweise die Größe einer auf uns zukommenden Person konstant, trotz der enormen Vergrößerung ihres Abbilds auf unserer Netzhaut (Größenkonstanz). Analoges gilt für die Form einer sich öffnenden Tür, die für uns rechteckig bleibt trotz der vielen, sich ständig ändernden trapezförmigen Abbildungen in unserem Auge (Formkonstanz) sowie für die Helligkeit eines Blattes Papier unter verschiedenen Lichtbedingungen (Helligkeitskonstanz). Diese Wahrnehmungskonstanzen scheinen, wie mehrere Experimente gezeigt haben, schon im ersten Lebensmonat, also früh nach der Geburt, vorhanden zu sein. Somit können sich für diesen Fähigkeitsbereich nativistische Positionen gestützt fühlen.

Objektsegregation. Wenn zwischen zwei Gegenständen ein erkennbarer Abstand besteht, werden sie schon von Babys mit 3 Monaten als voneinander getrennt wahrgenommen. Schwieriger wird es, wenn Gegenstände aneinandergrenzen, sich berühren (oder zu berühren scheinen). Dann kann Bewegung einen wichtigen Aufschluss geben. Dies war das Thema eines klassischen Experiments von Kellman und Spelke (1983), das seitdem in vielen Varianten untersucht worden ist. Abbildung 2.4 zeigt die grundlegende Versuchsanordnung, die bei Erwachsenen die Wahrnehmung eines sich hinter einem Bauklotz hin- und herbewegenden Stabs erzeugt. Hierauf wurden 4 Monate alte Babys zunächst habituiert. Dann wurde ihnen in der Testphase die untere Konfiguration in der Abbildung gezeigt: der durchgehende und zwei getrennte Stäbe im gleichen Abstand, wie in der Habituierungsphase präsentiert. Die Babys schauten länger auf die beiden kleineren, getrennten Stäbe – offenbar deshalb, weil ihnen der längere schon aus der Habituierungsphase vertraut erschien. Die gemeinsame und völlig gleichförmige Bewegung der beiden sichtbaren Stabsegmente hatte zu der Wahrnehmung geführt, dass es sich hier um ein einziges durchgehendes Objekt handelt.

2.2 Hören und Sprachwahrnehmung

Das Hören ist für den Menschen nach dem Sehen die wohl wichtigste Sinnesmodalität für die Wahrnehmung der Umgebung und die Orientierung in ihr. Zudem ist es von überragender Bedeutung für die Informationsaufnahme über die Sprache, beginnend mit ihren elementarsten

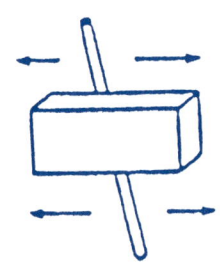

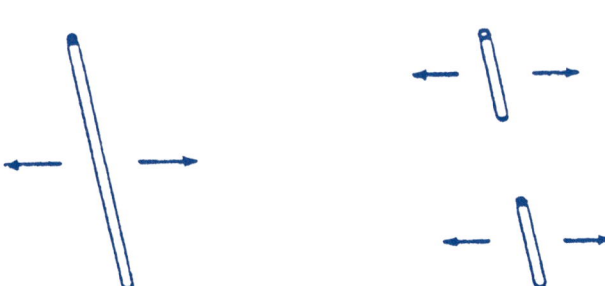

Abbildung 2.4 Versuch zur Objektsegregation. Babys sehen in der Bewegungsbedingung die obere Konfiguration als zwei Objekte: einen Klotz und einen sich dahinter bewegenden Stab. Wenn sie gleich danach die untere Konfiguration in statischer Darbietung sehen, betrachten sie die beiden kleinen Stäbe länger, wahrscheinlich deshalb, weil ihnen diese neu vorkommen, im Gegensatz zum durchgehenden Stab.

Bestandteilen: den Lauten. Entsprechend gliedert sich das folgende Unterkapitel in zwei Bereiche:

▶ die Entwicklung der basalen Hörfunktionen
▶ und die phonologische Entwicklung als Grundlage des Spracherwerbs.

Was den Altersbereich betrifft, erfolgt wieder eine Konzentration auf das erste Lebensjahr – aus analogen Gründen wie bei der Darstellung der Entwicklung der visuellen Wahrnehmung.

Auditive Wahrnehmung

Pränatales Hören. Kinder können nicht erst ab der Geburt hören, sondern schon im Mutterleib. Spätestens im sechsten Schwangerschaftsmonat reagieren sie auf akustische Reize verschiedener Art: auf einfache Töne und Geräusche, auf Musik und vor allem auch auf die Sprache der Mutter. Hierfür gibt es mehrere Indikatoren: Lidschlagreaktionen, Einsetzen von Körperbewegungen und Veränderungen der Herzfrequenz beim Fötus.

Saugfrequenz als Indikator

Noch bemerkenswerter sind Befunde, die ab den 80er Jahren des letzten Jahrhunderts in der Forschungsgruppe um Anthony DeCasper und William Fifer erhoben wurden. Dort wurde eine einfallsreiche Versuchstechnik entwickelt und mehrfach erfolgreich eingesetzt: Neugeborene lernten schon kurz nach der Geburt, durch die Veränderung ihrer Saugfrequenz an einem Schnuller, der mit einem Computer verbunden war, eine Tonbandaufnahme an- und auszustellen – also selbst zu bestimmen, was sie hören wollten. Vor der Geburt dieser Kinder hatte ihre Mutter ihnen wiederholt eine Geschichte vorgelesen, zweimal täglich in den letzten sechs Wochen der Schwangerschaft. Nach ihrer Geburt zeigten die Babys durch die Wahl der entsprechenden Saugfrequenz eine klare Präferenz für die ihnen aus dem Mutterleib bekannte Geschichte gegenüber mehreren neuen, die sie bei einer anderen Frequenz hörten. Sie bevorzugten die ihnen von der Mutter vertraute Geschichte sogar, wenn sie nach der Geburt von einer anderen Person auf dem Tonband vorgelesen wurde. Dies lässt darauf schließen, dass Babys vor der

Geburt nicht nur die menschliche Stimme hören können, sondern sogar unabhängig von der spezifischen Stimme der Mutter sensitiv sind für akustische Muster der Sprache über die einfache Lautebene hinaus (DeCasper & Fifer, 1980).

Hörschwellen und Geräuschdiskriminierung. Die elementare Hörfähigkeit von Babys nach der Geburt ist besser, als man lange Zeit gedacht hatte. Bei tiefen und hohen Tönen benötigen sie, wie Erwachsene auch, einen höheren Schalldruck, um sie wahrzunehmen. Am sensitivsten sind sie für Töne im mittleren Frequenzbereich. Allerdings zeigen die jüngeren Babys Reaktionen erst auf solche Töne, die ein Mehrfaches an Schalldruck haben wie diejenigen, die Erwachsene knapp schon hören können (s. Abbildung 2.5); bei Neugeborenen ist dies mehr als das 4-Fache. Bereits mit 6 Monaten hat sich jedoch die allgemeine auditive Differenzierungsfähigkeit von Babys derjenigen von Erwachsenen weitgehend angeglichen. Im gleichen Alter, also etwa in der Hälfte des ersten Lebensjahres, scheinen Kinder nicht nur für relativ feine Unterschiede verschiedener Geräusche, sondern unter anderem auch schon für elementare Charakteristika von Musik sensitiv zu sein – wie z. B. für Rhythmus und Kontur.

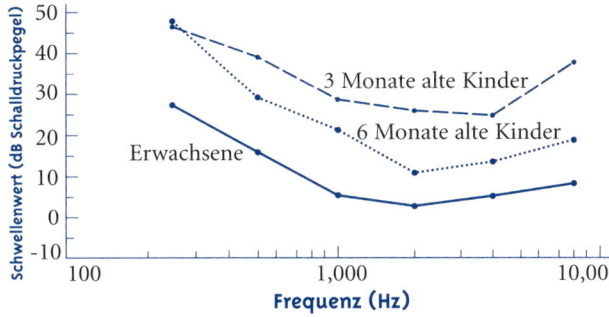

Abbildung 2.5 Hörschwellen für 3 und 6 Monate alte Babys in verschiedenen Frequenzbereichen (Tonhöhen) im Vergleich zu den Hörschwellen Erwachsener.

Schalllokalisation. Im täglichen Leben ist es in vielen Situationen sehr wichtig einzuschätzen, woher ein Schallereignis kommt. Wenn keine zusätzlichen – z. B. visuellen – Informationen über die Verursachung des Geräuschs vorliegen, erfolgt die Einschätzung zum Großteil unbewusst aufgrund der Zeitdifferenz (im Millisekundenbereich), mit der der Schall auf das linke und rechte Ohr trifft. Dies gelingt Erwachsenen, wie die Alltagserfahrung zeigt, meistens erstaunlich gut. Wie entwickelt sich diese Fähigkeit?

Rekalibrierung. Bekanntlich ist der Ohrenabstand bei Neugeborenen erheblich geringer als bei Erwachsenen. Ein und dieselbe Zeitdifferenz signalisiert also im Verlauf der Entwicklung einen anderen Winkel zur Quelle, von der der Schall kommt. Anders ausgedrückt: Um einen bestimmten Winkel im Verlauf der Entwicklung als denselben zu erkennen, müssen wir die Zeitinformation rekalibrieren, d. h. an den wachstumsbedingt zunehmenden Abstand zwischen unseren Ohren kontinuierlich anpassen und diesen mit in Rechnung stellen. Wie die Daten zeigen, gelingt dies im Verlauf der kindlichen Entwicklung mit bemerkenswerter Präzision. Schon mit 6 Monaten können Babys Abweichungen von etwa 15 Winkelgraden von der Gesichtsfeldmitte registrieren. Ein Jahr später ist die Genauigkeit schon 3- bis 4-mal höher – und sie verändert sich dann nur noch geringfügig bis hin zum Erwachsenenalter. Analoge Rekalibrierungen infolge des Körperwachstums sind auch in vielen anderen Systemen im Entwicklungsverlauf notwendig, so z. B. beim räumlichen Sehen mittels Stereopsie, bei Augenbewegungen, beim Greifen, Gehen und nahezu im gesamten motorischen Bereich. Wir wissen aufgrund unserer

Alltagsbeobachtung von Kindern, dass diese Rekalibrierungen anscheinend mühelos gelingen; aber es ist nicht gut erforscht, welche Mechanismen diesen Leistungen zugrunde liegen.

Sprachwahrnehmung: Phonologische Entwicklung

Wenn man eine Sprache verstehen und aktiv anwenden möchte, ist es sinnvoll zu lernen, aus welchen Bestandteilen sie sich zusammensetzt. Dieser Analyseprozess setzt nicht erst, wie oft vermutet, auf der Ebene von Wörtern ein, sondern beginnt noch weit darunter: auf der Ebene von Lauten oder, linguistisch exakter ausgedrückt, auf der Ebene einzelner Phoneme. Ein Phonem kann betrachtet werden als eine Kategorie von Lauten, die physikalisch gesehen ähnlich, aber nicht identisch sein müssen. Trotz einer möglichen (leichten) Verschiedenheit signalisieren die Laute der Kategorie die gleiche Bedeutung, und ein Überschreiten der Kategoriengrenze verändert die Bedeutung des Lautes.

Ein typischer und oft untersuchter Fall – sowohl in der englischen als auch in der deutschen Sprache – ist der Konsonant /b/, wie im Wort „Bank". Bei alldem, was wir als ein /b/ hören, kann es sich, physikalisch gesehen, um recht unterschiedliche Klangereignisse handeln. Auf der anderen Seite sind manche Laute, die wir als ein /b/ hören, physikalisch dem näher, was wir als ein /p/ hören. Ein gehörtes /b/ unterscheidet sich von einem gehörten /p/ nur in der sogenannten *voice onset time* (VOT). Das ist in diesem Fall die Zeit (im Millisekundenbereich) zwischen dem Freigeben der Luft durch Öffnen der Lippen und dem beginnenden Vibrieren der Stimmbänder.

Diese VOT kann man mit modernen Sprachproduktionsgeräten experimentell variieren und darbieten. Wenn man dies bei Erwachsenen tut und sie jeweils fragt, ob sie ein /b/ oder ein /p/ gehört haben, erhält man typischerweise ein Datenmuster, wie in Abbildung 2.6 gezeigt. Dort sieht man Folgendes: Über einen sehr weiten Variationsbereich hinweg werden die verschiedenen Laute als ein /b/ wahrgenommen. In einem relativ eng begrenzten Bereich (bei einer VOT zwischen 10 und 30 ms) gibt es einen abrupten Sprung zur Wahrnehmung eines /p/, diese dann wieder über einen weiten Variationsbereich hinweg. Es drängt sich der Vergleich mit dem analogen Phänomen beim Farbensehen auf, wo wir bei einer kontinuierlichen Veränderung der physikalischen Wellenlänge kein Kontinuum sehen, sondern Kategorien wie „grün" oder „gelb". Im gleichen Sinne scheint es bei der Lautwahrnehmung eine spontane Kategorienbildung zu geben. Im oben angedeuteten Experiment wäre also ab einem bestimmten Punkt der kontinuierlichen VOT-Variation die Wahrnehmung des deutschen Worts „Bank" wahrscheinlich in die des englischen Worts „punk" übergegangen.

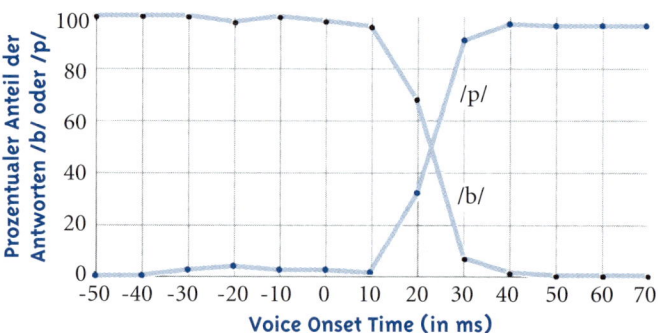

Abbildung 2.6 Kategoriale Wahrnehmung von Lauten: Bei kontinuierlicher Variation der *voice onset time* (Zeit bis zur Freigabe der Stimmbänder nach Öffnen der Lippen) im Millisekundenbereich gibt es nach Wood (1976) an einer bestimmten Stelle einen abrupten Sprung, von dem an statt einem /b/ ein /p/ gehört wird. Gezeigt sind Daten von Erwachsenen.

Kategoriale Wahrnehmung. Das Interessante aus entwicklungspsychologischer Sicht ist nun, dass die kategoriale Lautwahrnehmung schon für den ersten Lebensmonat von Kindern nachgewiesen wurde. Dieser Nachweis gelang mit der Habituationsmethode, wieder mit Variation der VOT: Solange sie unter der kritischen Schwelle blieb, habituierten die Babys, d. h. sie verloren ihr Interesse an mehreren Darbietungen. Für die Babys schien das also ein und derselbe Laut zu sein. Sobald jedoch die kritische Schwelle, die sich auch bei Erwachsenen gezeigt hatte, überschritten wurde, zeigte sich ein abrupter Anstieg der Zuwendungsreaktionen, offenbar weil sie jetzt einen neuen Laut hörten (s. Abb. 2.7).

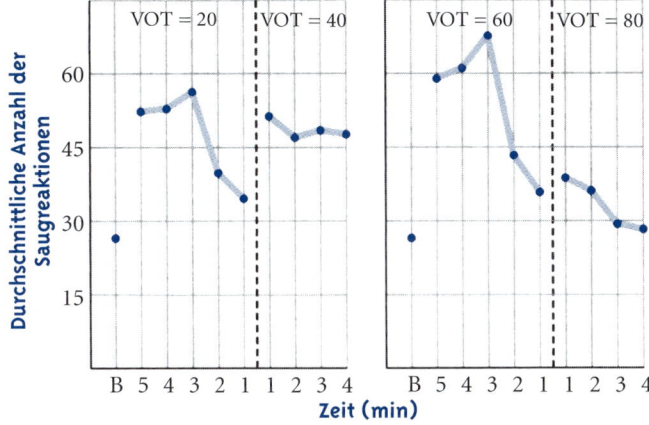

Abbildung 2.7 Kategoriale Lautwahrnehmung bei Babys nach Eimas et al. (1971): Beim Wechsel der *voice onset time* (VOT) um 20 ms im kritischen Bereich (s. Abb. 2.6) dishabituierten die Babys, d. h. sie hörten offenbar etwas Neues. Beim Wechsel um den gleichen Millisekundenbetrag im nicht-kritischen Bereich erfolgte keine Dishabituation, d. h. die Babys hörten offenbar nichts Neues.

Entwicklungsveränderungen in der Lautwahrnehmung. Die Fähigkeit nur 1 Monat alter Kinder zur kategorialen Lautwahrnehmung – also die Fähigkeit, zwischen Lauten zu diskriminieren, die ein und dasselbe Phonem, und solchen, die verschiedene Phoneme repräsentieren – ist für eine Vielfalt von Lauten nachgewiesen worden. In der Tat scheinen Babys in ihren ersten Lebensmonaten diese kategoriale Diskriminierungsfähigkeit auch für Laute zu haben, die nur in Sprachen vorkommen, die sie noch gar nicht gehört haben. So ist z. B. für japanische Babys gezeigt worden, dass sie die Konsonanten /r/ und /l/ diskriminieren können – eine Unterscheidung, die in der Sprache der Eltern weder in der Produktion noch in der Wahrnehmung gemacht wird. Bis zum sechsten Monat nach der Geburt scheinen Kinder in allen Sprachkulturen zwischen sämtlichen Lauten, die es in allen Sprachen der Welt gibt, differenzieren zu können. Solche Befunde legen die Annahme nahe, dass die Fähigkeit zur kategorialen Lautwahrnehmung angeboren ist.

Bei dieser Grundausstattung scheint es aber nicht zu bleiben. Im weiteren Verlauf der Entwicklung zeigt sich ein bemerkenswertes Zusammenspiel von Anlage und Umwelt: Je mehr ein Kind mit der Muttersprache konfrontiert wird,

▶ desto besser werden seine Wahrnehmungsdiskriminierungen für Laute dieser Sprache

▶ und desto mehr verlieren sich jene Diskriminierungsfähigkeiten, die in der Muttersprache nicht gebraucht werden.

Diese Entwicklung findet bereits gegen Ende des ersten Lebensjahrs ihren Abschluss; von nun an unterscheidet sich die Lautwahrnehmung von Kindern praktisch nicht mehr von der ihrer Eltern. Man kann die Einengung dieser kindlichen Fähigkeiten im Bereich der Lautwahrnehmung bedauern; man kann sie aber auch unter Effizienzgesichtspunkten positiv sehen. Wahrscheinlich hilft sie den Kindern bei der Bewältigung der enormen Aufgaben, mit denen sie in diesem Lebensabschnitt konfrontiert sind: dem Erkennen von größeren Einheiten im Fluss der Sprache sowie der Produktion eigener erster Wörter.

2.3 Entwicklung der Sprache: Vom ersten Wort zur komplexen Kommunikation

Das Spezifische und das zu Erklärende

Bei vielen Spezies des Tierreichs gibt es Symbolsysteme, mittels derer die Individuen untereinander kommunizieren können. Die Bienensprache ist ein bekanntes Beispiel. So faszinierend diese bei anderen Lebewesen zu beobachtenden „Sprachen" auch sein mögen, sie erreichen bei weitem nicht die Komplexität und kommunikative Kraft der menschlichen Sprache. Zu ihr scheint es einen qualitativen Sprung zu geben. Dieser ist für viele Fachleute so gewaltig, dass ein gradueller Evolutionsprozess als Erklärungsmöglichkeit ausgeschlossen werden muss. Oft hört man dazu in psychologischen Diskussionen: Wenn es eines gibt, was den Menschen fundamental von anderen Lebewesen unterscheidet, dann ist es die Sprache.

Merkmale menschlicher Sprache. Was ist das Besondere an der menschlichen Sprache? Drei Merkmale seien hier genannt:

▶ Das wohl Wichtigste ist die **Produktivität**: Aus einer begrenzten Menge sprachlicher Einheiten, z. B. Wörtern, können wir eine unbegrenzte Anzahl von Sätzen bilden. Täglich produzieren und verstehen wir Wortkombinationen, die wir noch nie gehört haben; Ähnliches ist schon bei jungen Kindern zu beobachten.

▶ Eine zweite Eigenschaft ist die **Beliebigkeit**, wie sie sich in der Verschiedenartigkeit der Tausenden von Sprachen der Welt ausdrückt: Ein und das gleiche Objekt kann mit nahezu unendlich vielen Lautkombinationen bezeichnet werden, und auch die grammatikalischen Regeln, nach denen die Wörter kombiniert werden dürfen, variieren in scheinbar willkürlicher Weise von Sprache zu Sprache.

▶ Ein drittes Merkmal bezieht sich auf die **Erlernbarkeit**: Ein Mensch erwirbt nach seiner Geburt die Sprache, mit der er in seiner Umwelt konfrontiert ist. Diese ist in der Regel identisch mit der Sprache der Eltern. Wir wissen aber von wenigen Ausnahmefällen, dass es anders sein kann: Wenn ein Kind gleich nach seiner Geburt von seinen Eltern getrennt wird und in einer anderen Sprachumwelt aufwächst, wird es diese Sprache erwerben. Diejenige der biologischen Eltern wird im weiteren Verlauf der Entwicklung nie spontan auftreten, wenn das Kind nicht damit konfrontiert wird. Dies schließt die mögliche Annahme aus, dass beim Menschen die spezifische Sprache seiner Vorfahren auf genetischem Weg übertragen wird.

Aus entwicklungspsychologischer Sicht ist interessant: Wie kann man erklären, dass ein Kind innerhalb kurzer Zeit die Sprache seiner Umwelt erlernt? Spätestens mit 5 Jahren scheinen Kinder überall auf der Welt das komplexe Regelwerk ihrer Sprache verinnerlicht zu haben. Offenbar erfordert dies keine formale Instruktion. Die Mühelosigkeit dieses Spracherwerbs ist erstaunlich; dies wird besonders deutlich beim Vergleich mit Aufwand und Ergebnis des schulischen Erlernens einer Zweitsprache in fortgeschrittenem Alter.

Für die Erklärung dieses Phänomens sind verschiedene Theorien vorgeschlagen worden. Sie unterscheiden sich darin, welchen Anteil sie der Umwelt und welchen Anteil sie inneren, angeborenen Strukturen für den Spracherwerb zuschreiben und wie sie die Interaktion dieser Komponenten konzipieren. Der einseitige Versuch, Sprachentwicklung strikt lerntheoretisch zu erklären, mittels des behavioristischen Prinzips des operanten Konditionierens (Skinner, 1957), versank schnell in der Bedeutungslosigkeit. Maßgeblich beteiligt hieran war der Linguist Chomsky (1959), der für viele überzeugend – in Entgegnung auf Skinner – argumentierte, dass ein normaler Spracherwerb beim Menschen nur möglich ist, wenn er von der Natur aus mit einer Menge unbewusster Regeln ausgestattet ist, einer sogenannten Universalgrammatik, die allen Sprachen zugrunde liegt. Chomskys nativistische Theorie und die sich daraus ableitenden Hypothesen dominierten für Jahrzehnte die entwicklungspsychologische Forschung zum Spracherwerb. Seit einiger Zeit haben interaktionistische Sichtweisen stark an Bedeutung zugenommen (z. B. Bloom, 1991). In ihnen wird die kommunikative Funktion von Sprache in Interaktionen mit anderen Personen hervorgehoben. Eine aktuell stark diskutierte Variante dieser Theorien schlägt vor, dass der kindliche Spracherwerb am besten verstanden werden kann, wenn Sprache als eine im Wesentlichen soziale Fähigkeit gesehen wird (Tomasello, 1995). Hinweise auf vertiefende Literatur zu den einzelnen Theorien finden sich am Schluss dieses Kapitels.

Anfänge der Sprachproduktion im ersten Lebensjahr

Gurren. Bevor Babys ihre ersten Wörter sprechen, üben sie offenbar die dafür notwendigen Voraussetzungen ein: die Produktion einzelner Laute. Die Abfolge erscheint nicht zufällig; das präverbale Entwicklungsmuster ist in groben Zügen voraussagbar. Mit etwa 2 Monaten beginnen Babys, vokalähnliche Laute wie „ah" und „oh" zu produzieren, manchmal schon in Verbindung mit einem Konsonanten, wie „gu" oder „ba". Diese einsilbigen Äußerungen, die eher mit angenehmen Emotionen verbunden zu sein scheinen, werden auch Gurren (*cooing*) genannt. Die Babys erkennen zunehmend, dass diese Äußerungen positive Reaktionen bei anderen Personen hervorrufen, was sie anzuspornen scheint, ihre Vokalisationen zu erweitern und zu verfeinern.

Lallen. Mit etwa 6 Monaten beginnt die Reduplizierung der Silben, das einfache Lallen (*babbling*). Man hört z. B. „gege", „wowo", oder auch „mama". Dies ist ein Phänomen, das in allen Sprachumwelten beobachtet wurde, und bis zu diesem Punkt scheint die Entwicklung unter dem Aspekt der Sprachproduktion universell zu sein. Deutlich vor dem Ende des ersten Lebensjahrs verliert sich die Tendenz zur Reduplizierung der Silben; das Lallen erhält fast Sprachcharakter (*speechiness*). Man hört dann zweisilbige Äußerungen wie „maga" oder „dagu", die meistens in der eigenen Sprache keine Wörter sind, es aber sein könnten und in anderen Sprachen auch tatsächlich sind.

Dies nicht-duplizierte Lallen verlagert innerhalb weniger Monate sein Schwergewicht immer mehr auf die Sprache, die das Kind hört, insbesondere was die Häufigkeit betrifft, mit der die verschiedenen Laute in der gehörten Sprache vorkommen. Dieses Phänomen wird *babbling drift* genannt. Manche Forscher vertreten die Ansicht, dass sich Sprache im eigentlichen Sinn unabhängig von den frühen Lautproduktionsübungen der Babys herausbildet. Die Beobachtungen zum *babbling drift* sprechen gegen diese Annahme. Der Entwicklungsverlauf von den ersten Lauten bis zu ersten Wörtern scheint ein weitgehend kontinuierlicher Prozess zu sein.

Semantik: Die ersten Wörter

Um den ersten Geburtstag herum gibt es einen markanten Schritt in der Sprachentwicklung von Kindern: Sie beginnen, Lautkombinationen zu produzieren, die von Erwachsenen als Wörter eingestuft werden. Um einige Monate vorausgegangen sind zwei andere große Leistungen der Kinder:

▶ das Erkennen von Wörtern im kontinuierlichen Fluss der Erwachsenensprache und
▶ das Verstehen der Bedeutung der Wörter, zumindest in groben Zügen.

Damit stellt sich erstmals das Problem der Semantik, auf das wir in diesem Abschnitt besonders zu sprechen kommen werden.

Frühe lexikalische Entwicklung. Mit 1 Jahr spricht ein Kind in der Regel einige Wörter, ein halbes Jahr später sind 50 Wörter nicht ungewöhnlich. Etwa dann setzt das ein, was oft als Benennungsexplosion bezeichnet wird. Kinder scheinen ein großes Bedürfnis zu verspüren, alles, was sie erkennen, mit einem Wort zu belegen. Dies kann dazu führen, dass sie schon mit 6 Jahren über ein Vokabular von 10.000 Wörtern verfügen; das bedeutet, dass sie in dieser Zeitspanne jeden Tag im Durchschnitt etwa 7 Wörter ihrem aktiven Wortschatz (Lexikon) hinzufügen. Der passive Wortschatz, d. h. die Anzahl von Wörtern, die die Kinder verstehen, übersteigt zu jedem Zeitpunkt dieser Entwicklung das aktive Lexikon um etwa das Doppelte.

Welcher Art sind die Wörter, die zuerst produziert werden? Am häufigsten kommen im frühen Lexikon Objektwörter vor, d. h. Bezeichnungen für Dinge oder Personen. Es folgen Aktionswörter, z. B. „ab" (herunter), „mehr" (haben wollen) und Zustandswörter wie „rot" oder „weg" (nicht mehr vorhanden sein). Eine Schwierigkeit bei solchen Einstufungen seitens Erwachsener ist, dass sie erkennen müssen, was ein Kind mit seiner Wortäußerung wirklich meint. Diese Schwierigkeit wird dadurch verstärkt, dass Kinder im frühen Stadium Laute, deren Produktion ihnen schwer fällt, weglassen oder verändern. So kann „mi" Milch bedeuten, „wawa" Wasser oder wauwau – je nachdem, ob es auf der ersten oder zweiten Silbe betont wird – und „minimi" kann für Vitaminbonbon stehen.

Holophrastische Phase. Hinzu kommt, dass ein Kind in dieser Phase mit einem Wort nicht nur etwa ein Objekt bezeichnen will, sondern einen ganzen Satz zum Ausdruck bringen will. So kann die Einwortäußerung „Schuh" je nach Kontext meinen: „Ich habe neue Schuhe" oder „Ich möchte meine Schuhe anziehen". Wenn man Anhaltspunkte dafür hat, dass mit einer Einwortäußerung ein ganzer Satz gemeint ist, nennt man diese eine Holophrase. In diesem Sinne spricht man auch von einer holophrastischen Phase.

Über- und Unterextension. Der beschränkte Wortschatz zu Beginn der Sprachentwicklung führt zu Überextensionen, d. h. zum Gebrauch von Wörtern für zu weite Bereiche. Ein typisches Beispiel ist die Verwendung von „Hund" (oder auch „wauwau") nicht nur für Hunde, sondern alle vierbeinigen Lebewesen – also auch für Katzen, Kühe, Schafe usw. Das Gegenteil, eine Unterextension, kommt auch vor, allerdings wesentlich seltener. Ein solcher Fall wäre gegeben, wenn das Kind das Wort Hund nur auf den eigenen Hund in der Familie beziehen würde und nicht bereit wäre, andere Exemplare dieser Kategorie ebenfalls als Hunde zu bezeichnen.

Das Referenzproblem. Damit ist das wichtige Problem der Referenz angesprochen: Wie bringt ein Kind ein gehörtes Wort mit dessen Bedeutung zusammen? Was kann ein Erwachsener meinen, wenn er auf einen bellenden Hund zeigt und „Hund" sagt: dieses eine Tier, sein Fell, das Bellen oder das eine Tier als ein Beispiel für viele ähnliche Tiere? Viele weitere Interpretationen der einen Wortäußerung wären möglich und als Hypothese sinnvoll, wenn man nicht weiß, was das Wort bedeutet. Wie kann das Kind die richtige Bedeutung erschließen?

Für diese überragende Frage der semantischen Entwicklung gibt es mehrere Antworten. Die meisten beziehen sich auf die Frage, wie Kinder lernen, Objektkategorien zu bilden und sie adäquat zu bezeichnen.

▶ Einer der ersten Vorschläge war die **semantische Merkmalstheorie** von Clark (1973). Danach bilden Kinder die Kategorien aufgrund der an den Objekten wahrgenommenen Merkmale. Beim Hund könnten dies z. B. zunächst die Vierbeinigkeit und das Fell sein. Wenn es dabei bliebe, käme es unweigerlich zu Überextensionen. Es müssen noch andere relevante Merkmale hinzukommen, z. B. das Bellen, der Schwanz und das Fehlen von Hörnern. Die adäquate Abgrenzung der Kategorie „Hund" wäre dann erreicht, wenn die Liste der Merkmale vollständig ist. Beim Sehen eines neuen Exemplars, also eines Tiers, das ein Hund sein könnte, müsste das Kind aus seiner Liste der Reihe nach abfragen, ob jedes Merkmal gegeben ist.

▶ Gegen diese Hypothese spricht die **Prototypentheorie** von Rosch. Danach fällt das Kind seine Entscheidung, ob ein neues Exemplar in eine Kategorie gehört, aufgrund der Ähnlichkeit dieses Exemplars mit einem gespeicherten prototypischen Exemplar oder einem generellen Modell. Ein Spatz ist z. B. für die meisten Menschen dem Prototypen eines Vogels ähnlicher als ein Storch oder gar ein Pinguin. Daher sollte man, wenn neue Exemplare dieser Kategorie gezeigt werden, auch schneller beim Spatz als beim Pinguin entscheiden, dass es ein Vogel ist. Nach der semantischen Merkmalstheorie wäre ein solcher Unterschied nicht zu erwarten. Die in solchen Experimenten erhobenen Daten sprechen für die Prototypentheorie.

Neuere Erklärungsansätze sind spezifischer. Sie postulieren, dass der Prozess der Wortbedeutungsentwicklung durch bestimmte Annahmen von Kindern geleitet wird, was ein Wort bezeichnen könnte. Diese Annahmen werden manchmal auch Prinzipien, *constraints* oder *biases* genannt. Eine Annahme bezieht sich auf das Kontrastprinzip: Wenn ein bekanntes und ein unbekanntes Objekt gezeigt werden und dabei ein neues Wort fällt, wird sich das neue Wort auf das bisher unbekannte Objekt beziehen. Dabei nimmt das Kind an, dass ein Objekt nur einen Namen hat. Das hier wirksame Prinzip ist also der gegenseitige Ausschluss (*mutual exclusivity*). Ein weiteres Beispiel ist der *whole-object constraint*: Dies ist die Annahme des Kindes, dass ein neu gehörtes Wort im Zweifelsfall ein ganzes Objekt benennt, nicht nur einen Teil von ihm – so z. B. das Wort „Bagger" das ganze Fahrzeug und nicht nur etwa seinen Greifarm.

Grammatik: Das Erkennen von Regeln

Gegen Ende des zweiten Lebensjahres hört man von Kindern nicht mehr nur Einwortäußerungen. Wörter werden miteinander kombiniert; und manche Kombination hat schon Satzcharakter. Allerdings sind diese Sätze aus Erwachsenensicht meistens lückenhaft und unvollständig. Dieses Phänomen ist als *telegraphische Sprache* bezeichnet worden. Wörter, die zum Verständnis nicht unbedingt erforderlich sind, werden weggelassen. Außerdem sind typische Fehler, besonders bei der Flexion von Verben und der Pluralbildung, zu beobachten. „Mehr Milch", „Hose weg", „Oma bringte" sind Beispiele für kindliche Äußerungen in dieser Phase.

Die Forschung hat sich für die Frage interessiert, ob in diesen ersten Sätzen Regeln erkennbar sind – eine Grammatik, die sich die Kinder sozusagen selbst geben. Wie bei der Grammatik der meisten Sprachen kann man auch hier drei Arten von Regeln unterscheiden: Regeln

▶ der Anordnung von Wörtern, auch **Syntax** genannt,
▶ der **Flexion** und
▶ der **Intonation**.

Pivot-Grammatik. In den Anfängen der Entwicklungspsycholinguistik sind Aspekte der Syntax besonders intensiv untersucht worden, auch infolge von Chomskys nativistischen Ideen zu einer Universalgrammatik. Dabei interessierte zunächst der einfachste Fall einer Wortanordnung, der Zweiwortsatz. Bei Analysen in verschiedenen Sprachen fand man eine spezifische syntaktische Struktur, die man als Pivot-Grammatik bezeichnete. Offenbar ist für die Kinder die Wortanordnung nicht beliebig: Es gibt Wörter (*pivots*), die nur an einer bestimmten Stelle stehen können (manche nur an der ersten, andere nur an der zweiten), und es gibt andere, sogenannte offene Wörter, die beide Stellen im Satz einnehmen können. So primitiv dieses Phänomen auch erscheinen mag – es deutet darauf hin, dass die Kinder einer selbst gesetzten grammatikalischen Regel folgen, die ihnen niemand beigebracht hat.

Überregulationen. Gleiches kann man für eine Eigenart der kindlichen Flexion von Verben sagen, die aus Erwachsenensicht als Fehler erscheint: Für einen gewissen Zeitraum tendieren Kinder zu Überregulationen, insbesondere bei der Beugung unregelmäßiger Verben. So sagen sie z. B. „springte" statt „sprang". Interessant ist, dass dieser Fehler eintritt, nachdem das Kind die richtige, unregelmäßige Flexion schon mehrfach geäußert hatte. Dies ist eines der markantesten Beispiele für U-förmige Entwicklung (da ja der Fehler wieder verschwindet). Wichtig ist, dass der Fehler der regelmäßigen Flexion positiv interpretiert werden kann – als Folge des Erkennens einer Sprachregel und des Versuchs ihrer Anwendung.

Natürlich enthält die Grammatik unserer Sprache weit komplexere Regeln als die hier diskutierten. Das aus entwicklungspsychologischer Sicht Faszinierende ist, dass Kinder innerhalb nur weniger Jahre auch die komplexeren Regeln praktisch perfekt zu beherrschen lernen, und dies ohne jede formale Instruktion.

Weitere Entwicklungen: Pragmatik

Meistens noch vor Schuleintritt scheinen die meisten Kinder ein implizites Wissen über das komplette Regelwerk der Grammatik zu erwerben. Danach bleibt noch viel Raum für die weitere Verfeinerung der Sprache, insbesondere unter Aspekten der Pragmatik. Kinder beginnen, mit der Sprache spielen zu lernen, sie auch als Mittel der Beeinflussung im sozialen Kontext einzusetzen. Die Möglichkeiten der Sprache in Bereichen wie Humor, Ironie und Ästhetik werden interessant und zu nutzen versucht – und ihre Verflechtungen mit der Kognition werden immer komplexer. Der Entwicklung der Kognition werden wir uns im Folgenden zuwenden.

Zusammenfassung

Betrachtet man die Wahrnehmungs- und Sprachentwicklung, so stellt sich uns das Bild eines äußerst kompetenten Kleinkinds dar. Was die Wahrnehmung betrifft, muss man Abschied nehmen von der Vorstellung des Neugeborenen als „blooming, buzzing confusion". Die mit neuen Versuchstechniken gewonnenen Daten zeigen, dass ein Kind bei der Geburt zwar noch nicht alles, aber schon einige Monate danach vieles fast wie ein Erwachsener wahrnehmen kann. Auch im Bereich der Sprache verläuft die Entwicklung mit einer derartigen Geschwindigkeit und Effizienz, dass einfache Lernprozesse als Erklärung nicht ausreichen. In Anbetracht der Datenlage erscheint die Annahme angeborener Komponenten angebracht. Dies betrifft die Laut-, Wort- und Satzebene, also die Phonologie, Semantik und Syntax.

Übungsaufgaben

▶ Unterscheiden sich die Wahrnehmungsfähigkeiten von Babys in den ersten Lebensmonaten qualitativ von denen Erwachsener, oder sind die Unterschiede nur quantitativer Natur?

▶ Können Sie Spekulationen darüber anstellen, ob und wie die über Habituationsverfahren gewonnenen Einsichten über Wahrnehmungsprozesse bei Babys spätere Intelligenzleistungen voraussagen könnten?

▶ Inwiefern sind Präferenz- und Habituationsmethoden in ihrer Aussagekraft limitiert?

▶ Was versteht man unter kategorialer Lautwahrnehmung, und warum geht man davon aus, dass diese Fähigkeit angeboren ist?

▶ Worin unterscheidet sich menschliche Sprache von tierischer Kommunikation?

▶ Was versteht man unter dem Referenzproblem bei Lernen von Wortbedeutungen, und wie lösen Kinder dieses Problem nach gängigen Annahmen?

▶ Wann und warum kommt es im Verlauf des kindlichen Spracherwerbs zu Überregulationen?

Weiterführende Literatur

▶ Clark, E. (2003). First language acquisition. Cambridge, UK: Cambridge University Press.

▶ Kellman, P.J., & Arterberry, M.E. (1998). The cradle of knowledge: Development of perception in infancy. Cambridge, MA: MIT Press.

▶ Pinker, S. (1996). Der Sprachinstinkt: Wie der Geist die Sprache bildet. München: Kindler

▶ Schwarzer, G. (2006). Visuelle Wahrnehmung. In W. Schneider & B. Sodian (Hrsg.), Enzyklopädie der Psychologie. Serie Entwicklungspsychologie, Band 2: Kognitive Entwicklung (S. 109–150). Göttingen: Hogrefe.

▶ Wilkening, F. & Krist, H. (2008). Entwicklung der Wahrnehmung und Psychomotorik. In R. Oerter & L. Montada (Hrsg.), Entwicklungspsychologie (6. Aufl., S. 413–435). Weinheim: Beltz.

3 Kognitive Entwicklung

Was Sie in diesem Kapitel erwartet

Jede Person, die mit der Erziehung von Kindern zu tun hat, ob in der Schule oder im Elternhaus, hat gewisse Vorstellungen darüber, was Kinder in einem bestimmten Alter denken, wissen und lernen können. Diese Vorstellungen entspringen aus dem Alltagswissen oder festen, über Generationen hinweg tradierten Überzeugungen. Stimmen sie mit den jetzt vorliegenden wissenschaftlichen Erkenntnissen überein? Dieses Kapitel möchte Antworten hierzu geben. Angesprochen werden zentrale Themen der kognitiven Entwicklung. Sozusagen als Referenzpunkt wird die Theorie Jean Piagets vorangestellt, die die Forschung auf diesem Gebiet entscheidend in Gang gesetzt und vorangetrieben hat. Im Anschluss daran werden drei andere Ansätze mit neueren Sichtweisen auf die kognitive Entwicklung vorgestellt. Alle drei versuchen, der neuen Datenlage gerecht zu werden, die sich infolge des Aufgreifens und der Überprüfung der ursprünglichen Ideen aus Piagets Theorie ergeben hat. Wohl zu keinem anderen Gebiet der Entwicklungspsychologie gibt es eine solche Fülle von Daten und eine vergleichbare Vielfalt origineller, experimenteller Zugänge zu den jeweiligen Fragestellungen.

Will man Kinder verstehen, so muss man verstehen, wie sie die Welt verstehen – von den elementaren und feststehenden Naturgesetzen bis zu den komplexen und veränderbaren Regeln in sozialen Systemen. Dies ist das Thema der kognitiven Entwicklungspsychologie. Sie befasst sich, wie der Name sagt, mit Kognitionen. Unter dem Begriff Kognition werden alle geistigen oder mentalen Aktivitäten und alle Denkprozesse zusammengefasst, die im Dienste des Gewinns von Erkenntnis und des Erwerbs von Wissen stehen. Denken Kinder fundamental anders als Erwachsene? Woraus entsteht unser Wissen über die Welt, und wie – und wodurch – verändert es sich im Verlauf der Entwicklung?

Diese Fragen haben die Wissenschaft seit Langem bewegt, und sie stehen auch heute noch im Zentrum vieler Forschungen. Das Besondere dieses Kapitels ist: In keinem anderen Gebiet der Entwicklungspsychologie ist die Herangehensweise an die zentralen Fragen über Jahrzehnte hinweg so stark von einer einzigen, alles überragenden Theorie geprägt worden. Es ist die Theorie des Schweizer Entwicklungspsychologen **Jean Piaget** (1896–1980), die, wenn sie auch in letzter Zeit zunehmend in die Kritik gerät, aus der aktuellen Forschung nicht wegzudenken ist. Daher soll sie im Folgenden in ihren Grundzügen beschrieben werden und einen wichtigen Bezugspunkt für alles Weitere bilden.

3.1 Piagets Theorie der kognitiven Entwicklung

Piagets Theorie ist komplex und elegant. Am besten findet man einen Zugang zu ihr, wenn man sie nicht nur als eine psychologische versteht. Sie ist fast in gleichem Maße von biologischen und philosophischen Denkansätzen inspiriert. Piaget selbst hat sie oft als eine genetische Epistemologie eingestuft, als eine Erkenntnistheorie also. Seine ursprüngliche Ausbildung lag in der Biologie und der Philosophie. Ab den 20er Jahren seines Lebens wandte er sich der Untersuchung und Beobachtung von Kindern zu. Dies sah er zunächst als eine neue Methode zur Untersuchung alter philosophischer Fragen, wie: Woraus entsteht Wissen, wodurch verändert es sich, und was ist es überhaupt? Erst allmählich wurde die enorme Bedeutung dieses völlig neuartigen Ansatzes für die Psychologie erkannt, und erst nach einiger Zeit verstand sich Piaget selbst als Entwicklungspsychologe.

Grundannahmen

Struktur. Piaget betrachtet menschliche Intelligenz und ihre Entwicklung unter zwei großen Aspekten: Struktur und Funktion. Die Frage nach der Struktur bezieht sich auf das biologische Prinzip der Organisation. Jeder biologische Organismus ist keine zufällige Ansammlung von Zellen, sondern ein hochgradig organisiertes, strukturiertes System. Eine wichtige Aufgabe der Biologie liegt darin, diese Organisation herauszufinden. Analog sieht Piaget die menschliche Intelligenz. Auch sie kann nicht adäquat verstanden werden als eine ungeordnete Ansammlung einzelner Elemente, z. B. gelernter Assoziationen (eine Sichtweise, die im damals aufkommenden Behaviorismus propagiert wurde). Vielmehr ist sie für Piaget gekennzeichnet durch kognitive Strukturen verschiedener Komplexität, manchmal auch „Schemata" genannt. Und die Aufgabe der Psychologie ist es, diese Strukturen aufzudecken.

Funktion. Der funktionale Aspekt von Piagets Theorie liegt im biologischen Prinzip der Adaptation. Ein Organismus kann nur überleben bei einer guten Anpassung an die Umwelt, in der er lebt. Die menschliche Intelligenz dient diesem Ziel, und sie hat hierfür beachtliche Mechanismen ausgebildet. Wie können aus dem kontinuierlichen Prozess der Adaptation immer höhere Strukturen der Intelligenz und des Denkens entstehen? Wie interagieren Aspekte der Struktur und der Funktion beim Wissenserwerb? Dies waren Piagets zentrale Fragen am Ausgangspunkt seiner Forschungen.

Dazu unterschied er, wieder in Anlehnung an die Biologie, zwei komplementäre Prozesse der Adaptation: Assimilation und Akkommodation. Entgegen der üblichen Vorstellung muss in unserer Interaktion mit der Umwelt die Anpassung nicht nur darin bestehen, dass wir uns verändern, um den Erfordernissen der Umwelt gerecht zu werden. Dies wäre eine Akkommodation. Man kann auch versuchen, die Gegebenheiten der Umwelt so zu verändern, dass wir sie mit den Möglichkeiten bewältigen, über die wir schon verfügen. Dies wäre eine Assimilation.

Beispiel

Piaget gibt ein einfaches Beispiel für das Zusammenspiel beider Prozesse in einem sehr frühen Entwicklungsstadium eines Kindes: Es kann ein geordnetes Handlungsmuster (Schema) für das Saugen an der Mutterbrust ausgebildet haben. Wenn es dann mit einer neuen Umwelt und Aufgabe konfrontiert wird, indem es am Schnuller einer Flasche saugen soll, können zwei Anpassungsprozesse ablaufen: Das Kind kann versuchen, den Schnuller so zu verändern, dass es das bisherige Schema komplett beibehalten kann (Assimilation). Es kann aber auch versuchen, ein neues Schema für den Schnuller auszubilden (Akkommodation). Wahrscheinlich wird jedoch keiner der beiden Prozesse allein wirken, sondern es wird ein Zusammenspiel von Assimilation und Akkommodation geben.

Äquilibration. Das Herstellen einer Balance zwischen Akkommodation und Assimilation ist das Ziel der Entwicklung. Dieser Prozess wird Äquilibration genannt. Er ist es, der den Wissenserwerb und den Erkenntnisgewinn vorantreibt. Hieraus folgen Ableitungen für die pädagogische

Praxis: Ein guter Unterricht sollte so gestaltet sein, dass er (a) weder dazu auffordert, die vorhandenen kognitiven Strukturen ständig radikal umzustülpen, also zu akkomodieren, noch (b) dazu Gelegenheit gibt, die neuen Informationen ständig so umzuinterpretieren und damit zu assimilieren, dass kein Änderungsbedarf für die bestehenden Strukturen besteht. Der letztere Fall wäre z. B. gegeben, wenn jemand nach der Vielfalt der inzwischen vorliegenden Information immer noch an seinem Glauben festhält, dass die Erde eine Scheibe sei.

Der Prozess der Äquilibration verläuft nach Piaget kontinuierlich. Allerdings ist die Balance zwischen beiden Formen der Anpassung im Verlauf der Entwicklung mehr oder weniger stabil. An manchen charakteristischen Punkten kommen die komplementären Prozesse aus dem Gleichgewicht, insbesondere wenn die vorhandenen Strukturen nicht mehr geeignet sind, Neues sinnvoll zu assimilieren. Dann kommt es zu einer qualitativen Änderung der Struktur. Das Kind erreicht eine neue Entwicklungsstufe, die ihm ein besseres Verstehen der Welt ermöglicht. Piaget hat vier große Stufen der kognitiven Entwicklung postuliert, jede von ihnen stellt eine in sich kohärente Struktur dar. Jede neue Struktur baut auf der alten auf und wird vom Kind selbst konstruiert. Es ist in der Tat diese Stufenabfolge, für die Piagets Theorie am meisten bekannt wurde – innerhalb und außerhalb der Entwicklungspsychologie. Die vier Stufen (manchmal auch Phasen oder Stadien genannt) werden im Folgenden der Reihe nach skizziert.

Die sensumotorische Stufe (Stufe 1)

Die sensumotorische Stufe beginnt gleich nach der Geburt und erstreckt sich bis etwa zum Ende des zweiten Lebensjahrs. Grundbausteine sind die angeborenen Reflexe des Babys. Aus ihnen heraus entwickeln sich nach Piaget alle höheren Formen der Kognition. Piaget konzipiert die Reflexe wie Saugen und Greifen als geordnete sensumotorische Schemata, die durch Einüben, Koordinationen und Integrationen (z. B. Saugen und Greifen zusammen) zu immer besseren Erkenntniswerkzeugen werden. Piaget beschreibt diesen Entwicklungsverlauf minutiös, vor allem aufgrund von Beobachtungen, die er an seinen eigenen drei Kindern machte und notierte. Hierbei kam er auf sechs Unterstufen der sensumotorischen Intelligenz, auf die hier nicht im einzelnen eingegangen werden soll.

Ein interessantes Phänomen, das Anlass gab für viele Nachfolgeuntersuchungen bis in die heutige Zeit hinein, fand Piaget auf der vierten Unterstufe, etwa zwischen dem achten und zwölften Monat: den sogenannten **A-nicht-B-Fehler.** In der entsprechenden Aufgabe wird ein für das Kind interessantes Objekt mehrmals an Ort A durch ein Tuch versteckt. Nachdem das Kind das Objekt dort mehrfach gefunden, d. h. aufgedeckt hat, wird es vor den Augen des Kindes an einen anderen Ort B gelegt, etwa einen halben Meter von Ort A entfernt, und wieder mit einem Tuch verdeckt. Das andere Tuch liegt noch an Ort A. Das Kind sucht nicht dort, wo es das Objekt zuletzt gesehen hat (Ort B), sondern bei A, wo die frühere Suche erfolgreich war. Für Piaget zeigt dieses Phänomen, dass Kinder in diesem Alter noch keine sichere Trennung zwischen der eigenen Person und Objekten der externen Welt vornehmen können. Für sie scheint zumindest manchmal noch die Existenz eines Objekts von dem sensumotorischen Kontakt mit ihm – einer eigenen Wahrnehmung oder Handlung – abhängig zu sein.

Verzögerte Nachahmung. Am Ende der sensumotorischen Stufe, in der sechsten Unterstufe, ist schließlich ein erster großer Meilenstein der kognitiven Entwicklung erreicht: die Fähigkeit zur mentalen Repräsentation. Dinge und Personen der Außenwelt können offenbar intern abgebildet und für einige Zeit gespeichert werden. Ein erstes Zeichen hierfür war für Piaget die verzögerte Nachahmung. In der zweiten Hälfte des zweiten Jahres waren seine Kinder in der Lage, das

Verhalten eines anderen, z. B. einen seltsamen Gesichtsausdruck, nicht nur sofort, sondern mehrere Stunden später zu wiederholen.

Objektpermanenz. Zum Abschluss dieser Stufe erwirbt das Kind das Konzept der **Objektpermanenz**. Das Prinzip „Aus den Augen, aus dem Sinn" gilt nicht mehr. Es wird abgelöst durch die bahnbrechende Erkenntnis, dass Objekte – und Personen ebenso – weiter existieren, auch wenn sie nicht mehr wahrgenommen werden können. Diese Erkenntnis, verbunden mit der Fähigkeit zur mentalen Repräsentation, ermöglicht einen gewaltigen Sprung der Intelligenzentwicklung. Der Grundstein für den Übergang in die nächste Stufe ist gelegt.

Die präoperationale Stufe (Stufe 2)

Die zweite große Stufe beginnt mit etwa 2 Jahren und endet ungefähr mit 6 Jahren. Der große Fortschritt besteht in dem, was Piaget die **Symbolfunktion** nennt: Sie baut auf der am Ende der vorangegangenen Stufe erworbenen Fähigkeit zur internen Repräsentation auf. Das Kind erkennt, dass ein Ding für ein anderes stehen, es repräsentieren oder symbolisieren kann. So kann eine Puppe für eine andere – reale oder gedanklich vorgestellte – Person stehen, ein Besen, auf dem man reitet, für ein Pferd usw. Vielleicht noch wichtiger: Ein Wort kann ein Symbol für etwas anderes sein, ebenso eine Geste, und eine einfache Zeichnung auf dem Papier kann eine weitaus komplexere Szene in der Außenwelt repräsentieren. Die Auswirkungen der Symbolfunktion sind Eltern und Erzieherinnen aus dem Alltag bekannt: Es ist das Symbolspiel. Dabei scheinen dem kindlichen Ideenreichtum hinsichtlich dessen, was ein Symbol für etwas anderes sein kann, kaum Grenzen gesetzt.

Egozentrismus. Neben dieser positiven Charakterisierung der präoperationalen Stufe gibt es auch eine negative Seite, die in Piagets Beschreibungen eher überwiegt. Das Denken der Kinder ist gekennzeichnet durch mehrere fundamentale Schwächen. Eine davon ist der **Egozentrismus**. Ein Kind auf dieser Stufe ist nach Piaget unfähig, andere Perspektiven als die eigene einzunehmen. Dies gilt von der räumlichen Wahrnehmung bis hin zur Kommunikation im sozialen Kontext.

Der Drei-Berge-Versuch

Für die visuelle Perspektivenübernahme ist dieser Egozentrismus am berühmten Drei-Berge-Versuch demonstriert worden. Dem Kind wird auf einem Tisch ein Modell von drei nebeneinander liegenden Bergen verschiedener Form und Höhe gezeigt, und es soll ein schätzen, wie diese Szene von einer Puppe gesehen wird, die an einer anderen Seite des Tisches sitzt. Für die Kinder scheint klar zu sein: Die Puppe sieht genau das, was sie sehen. Ihre eigene, egozentrische Perspektive scheint die einzig mögliche zu sein.

Animismus, Artifizialismus, Finalismus. Andere Defizite im kindlichen Denken dieser Stufe, auf die Piaget oft hingewiesen hat, zeigen sich im Animismus. Dabei werden nicht belebten Objekten Qualitäten des Lebens zugeschrieben, z. B. Wünsche oder Gefühle: Das Fahrrad muss sich ausruhen; dem Papier tut es weh, wenn man es zerschneidet. Ein anderes Phänomen ist der Artifizialismus, die Tendenz zu glauben, dass alle Dinge der Welt von Menschen für menschliche Zwecke gemacht wurden, z. B. ein Stein, damit man ihn werfen kann, oder die Nacht, damit man schlafen kann. Insgesamt scheinen Kinder dieser Stufe Vorstellungen des Finalismus nahe zu stehen, nach denen alle Ereignisse und Dinge der Welt vom Zweck her bestimmt sind.

Zentrierung. Das wahrscheinlich wichtigste von Piaget für diese Stufe postulierte kognitive Defizit ist die Zentrierung. Damit ist gemeint, dass Kinder eine sehr starke Tendenz haben, auf nur ein Merkmal eines Objekts oder Ereignisses zu fokussieren, meistens auf ein besonders hervorstechendes, „salientes". Andere wichtige Merkmale werden ignoriert. Somit kann es auch zu keiner Verknüpfung der Merkmale oder, besser gesagt, ihrer internen Repräsentationen kommen. Eine solche Kombination wäre in Piagets Sprache eine Operation. Hierunter versteht er eine internalisiert ablaufende, mentale Aktion wie das Separieren, Zusammenfügen oder auch Transformieren von Information nach logischen Regeln. Nach Piaget sind die kognitiven Strukturen der Kinder in dem hier besprochenen Altersbereich noch nicht für solche Operationen ausgebildet. Daher spricht er von der präoperationalen Stufe.

Die konkret-operationale Stufe (Stufe 3)

Invarianzkonzept. Mit etwa 6 bis 7 Jahren erreichen Kinder die dritte Stufe ihrer kognitiven Entwicklung: die konkret-operationale, die sich nach Piaget etwa bis zum Alter von 12 Jahren erstreckt. Der Fortschritt des Denkens, der sich beim Übergang in diese Stufe vollzieht, lässt sich am besten am Beispiel des Invarianzkonzepts erläutern. Hierzu hat Piaget genial einfache Aufgaben konstruiert, die zu seinen wohl berühmtesten Entdeckungen überhaupt geführt haben. Die bekannteste Aufgabe bezieht sich auf die Invarianz kontinuierlicher Mengen.

Beispiel

Die Wassermengenaufgabe

Dem Kind werden zwei gleich hoch mit Wasser gefüllte Gläser gezeigt; beide Gläser haben die gleiche zylindrische Form. Nachdem das Kind zugestimmt hat, dass jedes der Gläser gleich viel Wasser enthält, wird die Flüssigkeit aus einem der beiden umgeschüttet in ein schmaleres Glas. Natürlich ist in diesem die Höhe der Flüssigkeitssäule nun höher. Daraufhin wird das Kind gefragt, ob beide Gläser gleich viel Wasser enthalten oder ob nun in einem mehr Wasser ist.

Für jüngere Kinder scheint sich die Wassermenge durch das Umschütten vermehrt zu haben: 5-Jährige sagen oft, dass in dem schmaleren Glas mehr ist. Piaget interpretiert diesen „Fehler" über ihre Zentrierung: Ihr Denken ist statisch, noch nicht von mentalen Aktionen geprägt, und sie fokussieren auf nur einen, den im Moment der Frage salientesten Aspekt, die Höhe der Flüssigkeitssäule. Sie ignorieren das andere relevante Merkmal, den geringer gewordenen Durchmesser. Da das Denken eindimensional ist, muss es zu einem falschen Urteil kommen. Ein Kind, das so denkt, wäre noch auf der präoperationalen Stufe.

Wenn ein Kind die Gleichheit der Mengen nach ihrer Transformation anerkennt (und dies auch noch adäquat begründen kann), muss sich nach Piaget seine kognitive Struktur entscheidend geändert haben. Es muss nun zwei Aspekte beachtet haben: Höhe und Breite. Und es muss die entsprechenden Relationen (mehr und weniger) richtig, d. h. im Sinne einer gegenseitigen Kompensation kombiniert haben. Piaget spricht hier auch von einer logischen Multiplikation. Alternativ könnte das Kind auch über das Prinzip der Reversibilität zu seinem richtigen Urteil gekommen sein, dem Erkennen der Mengeninvarianz. Es könnte sagen, dass die Flüssigkeit aus dem schmalen Glas ja wieder zurückgeschüttet werden könne, und dass es dann wieder genau so sein werde wie zu Beginn. Solche Begründungen sind von Kindern auch zu hören. Beide Fälle, die Koordination der Relationen auf zwei Dimensionen (logische Multiplikation) und das gedankliche Rückgängigmachen der Transformation, sind Musterbeispiele für Operationen in Piagets Sicht. Bei den Kindern auf dieser Stufe sind die Operationen allerdings noch an konkrete Situationen und an das in ihnen Wahrnehmbare gebunden.

Klasseninklusionen. Piaget hat viele andere Aufgaben entworfen, um den qualitativen Fortschritt zu illustrieren, den das Denken bei Eintritt in die konkret-operationale Stufe gemacht hat. Ein Beispiel ist die Aufgabe zur Klasseninklusion. Wenn ein Kind in dieser Stufe gefragt wird, ob es in einem Strauß von 6 Tulpen und 3 Rosen mehr Tulpen oder mehr Blumen gibt, erhält man die richtige Antwort. Ein Kind im präoperationalen Stadium sagt dagegen, es gäbe mehr Tulpen. Nach Piaget kann es aufgrund seiner limitierten kognitiven Struktur in dieser Situation nicht erkennen, dass eine Tulpe zu beiden Klassen gehört: Tulpen und Blumen.

Transitivität. Ein weiteres Beispiel liefern Aufgaben zur Transitivität. Ein konkret-operational denkendes Kind kann aus der Information, dass ein Stab A länger ist als ein Stab B und dass dieser länger ist als ein Stab C, „logisch" schließen, dass A dann länger sein muss als C. Für ein präoperationales Kind ist dieser Schluss noch nicht möglich, weil es die Erkenntnis voraussetzt, dass Stab B unter zwei Aspekten „bidirektional" gesehen werden kann, dass er sowohl größer als auch kleiner ist, je nach Richtung des Vergleichs.

Die formal-operationale Stufe (Stufe 4)

Die formal-operationale Stufe bildet das Endstadium der kognitiven Entwicklung. Sie wird nach Piagets Aussagen von den meisten Kindern ungefähr zwischen 12 und 14 Jahren erreicht, von manchen jedoch nie. Sie ist also die einzige nichtuniverselle Stufe im System.

In der konkret-operationalen Stufe war das Denken noch an das konkret Wahrnehmbare gebunden. Diese Beschränkung wird mit Erreichen der letzten Stufe in der kognitiven Entwicklung überwunden. Das Kind kann nun über die gegebene Information hinausdenken. Es kann Hypothesen bilden und Möglichkeiten erwägen. Es ist bereit zum kontrafaktischen Denken, d. h. bereit, sich Welten vorzustellen, die den Fakten zuwiderlaufen.

Hypothetico-deduktives Denken. Die wichtigste Errungenschaft auf dieser Stufe nennt Piaget die Fähigkeit zum hypothetico-deduktiven Denken. Das heißt: Zur Fähigkeit zum Hypothesenbilden muss ein wohlgeordnetes logisches System hinzukommen, aus dem heraus die Person mögliche Ereignisse und Schlussfolgerungen ableiten (deduzieren) kann.

Beispiel

Der Pendelversuch

Die bekannteste Demonstration für das hier Gemeinte liefert der Pendelversuch. Dem Kind werden zu Beginn zwei Pendel gezeigt: eines mit einem schweren Gewicht an einem kurzen Faden und eines mit einem leichten Gewicht an einem langen Faden. Das erste schwingt schneller, wenn es losgelassen wird. Die Frage ist: Was bestimmt die Oszillationsgeschwindigkeit: das Gewicht, die Länge, die Höhe des Loslassens oder noch etwas anderes – oder vielleicht auch eine Kombination der Faktoren? Die beste und einzig zielführende Methode, dies herauszufinden (wenn man die Antwort nicht aus seinem Wissen abrufen kann), bietet das Experiment. Dies erfordert zuerst eine Variablenisolation: Es sollte jeweils nur eine Variable (z. B. Gewicht) variiert werden, unter Konstanthaltung aller anderen Variablen. Nach einem systematischen faktoriellen Plan sollten alle möglichen Kombinationen geprüft und die Ergebnisse registriert werden. Wenn man dies systematisch tut, wird man herausfinden, dass nur eine Variable die Pendelgeschwindigkeit bestimmt, nämlich die Länge.

Dieses Beispiel illustriert die Macht des hypothetico-deduktiven Denkens. Sie wird deutlich, wenn man sie mit dem kontrastiert, was das Denken auf der vorangegangenen Stufe charakterisiert. Ein 10-jähriges Kind wird im Pendelversuch an der Realität haften bleiben. Weil dort die Variablen konfundiert, d. h. gemeinsam variiert sind, kann es zu keiner richtigen Lösung kommen. Erst das Hinausgehen über die Realität im Sinne der Konstruktion von Hypothetischem ermöglicht neue Erkenntnis auf hohem Niveau. So gesehen, wird das Ideal deutlich, das nach Piaget die kognitive Entwicklung als Höhepunkt ansteuert: das experimentell-logische Vorgehen der Wissenschaft. In der Tat lesen sich Piagets Werke für viele wie die Beschreibung des Wegs eines „kleinen Wissenschaftlers" von den ersten sensumotorischen Anfängen bis zum Denken in formalen Systemen der Logik.

3.2 Informationsverarbeitungstheorien zur kognitiven Entwicklung

Piagets Theorie hat die entwicklungspsychologische Forschung enorm inspiriert. Ihre Aussagen und Annahmen sind seit der Mitte des letzten Jahrhunderts in Tausenden von Untersuchungen geprüft worden. Deren Ergebnisse standen oft nicht in Einklang mit der Theorie, und so ist sie nach anfänglicher Euphorie zunehmend in die Kritik geraten. Dies war Anlass für Versuche, alternative Entwürfe und Herangehensweisen zu finden. Der erste dieser neuen Ansätze, der einen nachhaltigen Einfluss hatte, fußte auf Theorien zur Informationsverarbeitung (*information processing*). Dabei wurde der Versuch unternommen, Ideen, die ursprünglich nur für die allgemeine Kognitionspsychologie konzipiert worden waren, auf Entwicklungsfragen zu übertragen und nutzbar zu machen.

Insbesondere erhoffte man sich von diesem Ansatz eine höhere Exaktheit der Begrifflichkeiten und der Forschung überhaupt. Die Informationsverarbeitungstheorien waren in der Folge der Mitte des letzten Jahrhunderts aufkommenden Computertechnologie entstanden. Menschliches Denken wurde darin in Analogie zur Informationsverarbeitung eines Computers gesehen, und ein Ziel dieser Ansätze war es, menschliches Denken im Computer zu simulieren. Wenn man dies tun will, ist man zu einem Explizitheitsgrad gezwungen, der weit über das hinausgeht, was in den Postulaten von Piagets Theorie gegeben ist. Für Vertreter des Informationsverarbeitungsansatzes sind beispielsweise Konzepte wie Assimilation und Akkommodation viel zu vage, um sie strengen Tests zugänglich zu machen. Kann man sie so explizieren, dass sie in Computerprogrammen einen Entwicklungsprozess herbeiführen?

Grundannahmen und Charakteristika der Informationsverarbeitungstheorie

Wie nicht anders zu erwarten, ist die zentrale Annahme dieses Ansatzes: Denken ist Informationsverarbeitung. Dazu verfügen Menschen – wie Computer auch – über eine begrenzte Kapazität. Die Frage ist, wie sie diese begrenzte Kapazität bei der Bewältigung diverser Aufgaben optimal nutzen und welche Prozeduren dafür eingesetzt werden. Dabei kann es im Verlauf der Zeit (Entwicklung) zu Veränderungen kommen, sowohl in der Hardware (kognitive Strukturen) als auch in der Software (kognitive Prozesse, Strategien). Diese Veränderungen verlaufen im Prinzip kontinuierlich. Sie können aber unter gewissen Umständen zu abrupten Sprüngen führen, die dann qualitativ neue Stufen hervorbringen. Insbesondere die sogenannten Neopiagetianer unter den Anhängern des Informationsverarbeitungsansatzes heben diese Möglichkeit der Stufenbildung hervor, so z. B. Case (1992) mit seinem Modell der *mind's staircase*. Auch in neueren Modellvarianten wie dem Konnektionismus wird mithilfe von computersimulierten neuronalen Netzen aufgezeigt, wie kontinuierliche Prozesse zur spontanen Stufenbildung führen können (Munakata & McClelland, 2003).

Der Informationsverarbeitungsansatz interessiert sich vorrangig für die Performanz im Hier und Jetzt. Seine Fragen sind:

▶ Wie fließt die Information durch das System, vom Input zum Output?
▶ Wie wird die eingehende Information enkodiert, sodass sie vom System verarbeitet werden kann?
▶ Wie wird sie dann rekodiert, d. h. transformiert und dabei gegebenenfalls mit schon gespeicherter Information zusammengebracht, sodass es zu einem Verhalten kommt?

Diese Fragen sollen zunächst unter dem Aspekt der Performanz, also des Verhaltens des Systems, beantwortet werden. Hieraus werden in einem weiteren Schritt Rückschlüsse auf die allgemeine Kompetenz des informationsverarbeitenden Systems gezogen, auf seine „Architektur".

Wenn man diese Fragen aus entwicklungspsychologischer Perspektive beantworten will, muss man sich dem Gedächtnis von Kindern zuwenden. Dies wurde im Informationsverarbeitungsansatz getan. Dadurch hat er, sozusagen als Nebenwirkung, einem bis dahin stark vernachlässigten Forschungsfeld zum Aufschwung verholfen: der Gedächtnisentwicklung von Kindern.

Gedächtnis

Die grundlegende Fähigkeit zur Enkodierung von Information, die dadurch im Gedächtnis gespeichert werden kann, ist schon im ersten Lebensjahr vorhanden. Anfangs ist allerdings noch die Kapazität des Kurzzeitgedächtnisses stark begrenzt. Ein 2-jähriges Kind kann nur etwa 2 bis 3 Einheiten für wenige Sekunden behalten. Dies zeigt sich in Aufgaben, in denen eine Zufallsreihe einzelner Elemente, z. B. Zahlen oder Buchstaben, präsentiert werden, die danach wiederzugeben sind. Die Kapazität nimmt ab dem Alter von 2 Jahren kontinuierlich zu und erreicht mit 12 Jahren fast den für Erwachsenen typischen Wert, nämlich 7 Einheiten (Dempster, 1981). Gleichfalls nimmt bis zur Adoleszenz die Geschwindigkeit der Informationsverarbeitung zu, wahrscheinlich auch infolge biologischer Faktoren wie der Myelinisierung der Nervenfasern (Miller & Vernon, 1997).

Strategien. Offensichtlich zeigen ältere Kinder bessere Gedächtnisleistungen als jüngere. Dies liegt nicht nur an den soeben genannten Faktoren. Die älteren Kinder sind den jüngeren im Einsatz von Gedächtnisstrategien überlegen. Wenn die Gedächtnisaufgabe z. B. darin besteht, eine Liste von Wörtern zu lernen, können drei Strategien bei der Enkodierung des Materials besonders hilfreich sein:

▶ das Rehearsal, d. h. das ständige Wiederholen einzelner Wörter, laut oder innerlich
▶ das Organisieren, d. h. das Gruppieren der zu lernenden Wörter in übergeordneten Kategorien wie „Pflanzen" oder „Fahrzeuge"
▶ das Elaborieren, d. h. das Einordnen der zu lernenden Wörter in einen Sinnzusammenhang – z. B. durch den gedanklichen Entwurf einer Geschichte, in der eine Palme auf einem Traktor fährt.

Etwa ab dem Schuleintrittsalter ist eine verstärkte Tendenz der Kinder zu beobachten, Strategien wie diese einzusetzen, und sie helfen in der Regel auch. Warum setzen jüngere Kinder sie nicht ein? Zwei Gründe sind hierfür diskutiert worden: Ein Kind kann im Prinzip schon über eine Strategie verfügen, sie aber in der neuen Situation nicht nutzen, weil die Anwendung zu viele mentale Energien (oder Ressourcen der Informationsverarbeitung) erfordern würde. In einem solchen Fall spricht man von einem Nutzungsdefizit. Es kann aber auch ein Produktionsdefizit vorliegen. Dieser Fall ist dann gegeben, wenn das Kind die Strategie nicht von sich aus spontan generieren kann – obwohl es aufgrund seiner kognitiven Möglichkeiten dazu in der Lage gewesen wäre. Um ein Produktionsdefizit annehmen zu können, muss man also zeigen, dass die Kinder mit nur minimaler Instruktion dazu gebracht werden können, eine geeignete Strategie zu übernehmen und mit Gewinn zu nutzen.

Wissen. Ein besonders wichtiger Einflussfaktor auf das Gedächtnis im Verlauf der Entwicklung ist das zunehmende Wissen. Es hilft, neu zu Lernendes besser „anzudocken". Die Altersvariable ist hierbei aber keineswegs der einzige ausschlaggebende Faktor. Dies zeigt ein klassisches Experiment von Chi (1978) mit Kindern mit extrem ausgeprägtem Wissen in einem spezifischen Inhaltsbereich.

Beispiel

Kinder mit großer Expertise im Schach wurden verglichen mit Erwachsenen, die keine Erfahrung mit diesem Spiel hatten. Beiden Gruppen wurden für kurze Zeit Schachbretter mit Figurenkonfigurationen gezeigt, und zwar einerseits mit solchen, wie sie in einem normalen Spiel vorkommen können, und andererseits mit solchen, die praktisch nie auftreten. Beim Einprägen und der Reproduktion der „normalen" Konfigurationen waren die Kinder den Erwachsenen haushoch überlegen, nicht jedoch bei der Reproduktion der unnormalen Konfigurationen – und auch nicht in anderen Gedächtnisaufgaben.

Problemlösen und Regelwissen

Paradefelder für den Informationsverarbeitungsansatz in der Entwicklungspsychologie sind die Untersuchung des kindlichen Problemlösens und der Regelerwerb. Natürlich spielt bei beiden auch wieder das Gedächtnis eine Rolle. Beim Problemlösen kommt etwas Neues hinzu, das innerhalb dieses Ansatzes besonders interessiert: das Planen.

Planen ist wichtig, weil es in vielen Situationen für das Erreichen von Zielen hilfreich, oft sogar unumgänglich ist. Wie entwickelt sich diese Fähigkeit im Verlauf der Kindheit? Dies ist von David Klahr an einer inzwischen klassischen Aufgabe studiert worden: dem Turm von Hanoi (s. Abb. 3.1), hier in einer für Kinder modifizierten Version. Sie illustriert besonders gut die Herangehensweise des Informationsverarbeitungsansatzes an die Fragestellung (Klahr & Robinson, 1981).

Das Problem in dieser Aufgabe besteht darin, die drei Becher vom ersten Stab so auf den dritten zu bringen, dass sie dort wieder in der gleichen Anordnung übereinander sind. Als erschwerende

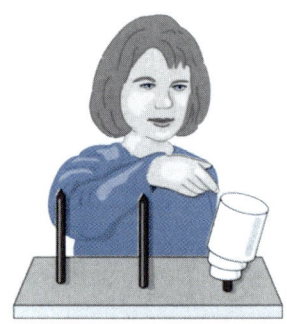

Abbildung 3.1 Der „Turm von Hanoi" in einer Version für Kinder: Wie gelangt man vom Ausgangszustand zum Zielzustand, wenn nur ein Becher pro Zug bewegt werden darf?

Ausgangszustand　　　　**Zielzustand**

Randbedingungen kommen hinzu: In jedem Zug darf nur ein Becher bewegt werden, und nie darf ein kleinerer über einem größeren stehen. Klahr fand, dass 6-Jährige grundsätzlich besser planten als 3-Jährige, und dies in zweierlei Hinsicht: Sie verfolgten längerfristige Ziele und dachten mehr als einen Zug voraus, und sie setzten sich Unterziele und zerlegten das Problem so in Teilprobleme. Die jüngeren Kinder scheiterten oft kläglich, offenbar weil sie Schwierigkeiten hatten, ihre Handlungen zu unterdrücken, und weil sie dabei die Regeln verletzten. Außerdem tendierten sie zu einem Überoptimismus, was die Wahrscheinlichkeit ihrer Lösung des Problems betraf. Beides steht auch in anderen Kontexten reflektiertem Planen im Wege.

Entwicklung als Aufbau von Regeln. Robert Siegler (1978), ein anderer prominenter Vertreter des Informationsverarbeitungsansatzes, hat propagiert, kognitive Entwicklung als Progression von Regeln zu verstehen, die das Kind zur Bewältigung von Aufgaben anwendet. Dies hat er extensiv am Beispiel der Lösung der Balkenwaagenaufgabe aufzuzeigen versucht – einer Aufgabe, die ursprünglich von Piaget für die Untersuchung formal-operationalen Denkens verwendet worden war (s. Abb. 3.2).

Balkenwaagenaufgabe. Auf jeder Seite der Waage wird eine Anzahl von Gewichten auf einen Stab gesetzt, und das Kind wird gefragt, welche Seite nach unten gehen würde, wenn der Waagebalken losgelassen würde. Die Anzahl der Gewichte auf beiden Seiten kann gleich oder unterschiedlich sein, ebenso die Distanz des Stabs zum Drehpunkt in der Mitte. Die korrekte Lösung der Aufgabe verlangt eine Beachtung der relevanten Information, d. h. von Gewicht und Distanz auf beiden Seiten und der Verknüpfung dieser Information nach der richtigen Regel, in diesem Fall einer Multiplikation der Gewichts-

Abbildung 3.2 Die Balkenwaagenaufgabe: Unterschiedliche Anzahlen von gleich schweren Gewichten (Metallscheiben) können auf Stäbe in unterschiedlicher Distanz vom Drehpunkt links und rechts platziert werden. Welche Seite wird sich neigen?

und Distanzeinheiten. Die Seite mit dem größeren Produkt wird nach unten gehen. Wichtig ist zu bemerken: Natürlich interessiert hier nicht die Balkenwaage an sich. Sie wird als Modell für analoge Entscheidungssituationen des Alltags gesehen, in denen eine Dimension für die eine Seite spricht, eine andere für die andere, und nur ein vernünftiges Zusammenbringen beider Informationen eine gute Lösung bringt.

▶ **Regel 1** steht für eindimensionales Denken. Auf die Balkenwaage bezogen, geht sie nur nach dem Gewicht. Wenn es auf beiden Seiten gleich ist, wird Balance vorausgesagt. Wenn es auf einer Seite größer ist, wird diese Seite nach unten gehen – gleich, was sonst noch gegeben ist.

▶ **Regel 2** geht einen Schritt weiter, aber nur für einen Fall: wenn auf der ersten Dimension Gleichheit vorliegt. Dann wird auch nach der zweiten Dimension gefragt, bei der Balkenwaage nach der Distanz des Gewichts vom Drehpunkt. Ist sie auf einer Seite größer, wird diese Seite nach unten gehen. Ansonsten entscheidet immer noch das Gewicht allein.

▶ **Regel 3** beachtet alle relevanten Informationen. Für schwierige Vergleiche (Konfliktprobleme) kann sie jedoch keine eindeutige Lösung anbieten: Wenn auf der einen Seite das Gewicht größer ist und auf der anderen die Distanz, muss der Zufall entscheiden, d. h. geraten werden.

▶ Erst in **Regel 4** kommt es dann zu einer Verknüpfung der Information auf beiden Dimensionen, allerdings nur in den Konfliktproblemen: Für jede Seite wird die Anzahl der Gewichte multipliziert mit der Anzahl der Distanzeinheiten, und das größere Produkt entscheidet – für alle Probleme in Übereinstimmung mit der physikalischen Regel.

Die Kinder bekommen eine ausgeklügelte Aufgabenbatterie mit vielen Problemtypen für die Balkenwaage, und ihr Antwortmuster in über 20 Beispielen wird verglichen mit dem, was die einzelnen Regeln voraussagen würden. Wenn das erhaltene Antwortmuster den Voraussagen einer der vier Regeln genügend ähnlich ist, wird dem Kind diese Regel zugeschrieben. Hierüber entscheiden statistische Kriterien. Auf diese Weise konnte Siegler etwa 90 Prozent der Personen aller Altersgruppen einer der vier Regeln zuordnen. Dabei war eine Entwicklungsprogression in der angenommenen Richtung zu beobachten. Regel 1 war die häufigste in der jüngsten Altersgruppe, den 5- bis 6-Jährigen, und Regel 4 zeigte sich in nennenswerter Anzahl – wenn überhaupt – erst in der ältesten Altersgruppe, den 16- bis 18-Jährigen. Jedoch war Regel 3 hier noch mindestens genauso stark vertreten.

Das soeben Beschriebene ist ein Beispiel für Sieglers *rule-assessment methodology*, eines der am bekanntesten gewordenen Verfahren im Rahmen der Informationsverarbeitungstheorien. Die Vorzüge gegenüber Piagets Theorie und Vorgehensweise erscheinen offensichtlich: Es ist der Versuch, die Annahmen explizit und damit streng testbar zu machen, auch unter Anwendung rigoroser Kriterien der Statistik. Das Verfolgen dieses Ziels hat zu interessanten Daten und einigen neuen Einsichten geführt. Es fehlt allerdings noch eine wirkliche, in sich geschlossene Entwicklungstheorie. Dies wird auch von den engsten Vertretern des Informationsverarbeitungsansatzes eingestanden, die ihre Forschung als *work in progress* verstehen. Dabei dienen einzelne Vorschläge, so das vor kurzem aufgekommene *overlapping waves model* (Siegler, 1996), eher als vorläufige Arbeitsmodelle denn als alles übergreifende Theorien mit dem Anspruch, wie Piaget ihn mit seiner Theorie verband.

3.3   Die Informationsintegrationstheorie

Der reale Beitrag des soeben behandelten Informationsverarbeitungsansatzes zur kognitiven Entwicklungspsychologie wird eher überschätzt. Insbesondere wird er seinem selbst gesetzten Anspruch der Exaktheit in seinen zentralen Untersuchungen nicht gerecht. Dies ist von Wilkening und Anderson (1982, 1991) aufgezeigt worden. Sie wiesen nach, dass Regeln, die gerade Kinder am häufigsten für die Verknüpfung von Information benutzen, innerhalb eines Modells wie demjenigen von Siegler nicht nur nicht erkannt, sondern – noch schlimmer – als eine der dort postulierten Regeln fehlklassifiziert werden. Dieser Nachweis gelang über die Informationsintegrationstheorie. Sie wird wegen ihrer Namensähnlichkeit manchmal mit den Informationsverarbeitungstheorien gleichgesetzt, unterscheidet sich aber von diesen in wesentlichen Merkmalen.

Grundzüge der Theorie

Auch die Informationsintegrationstheorie ist ursprünglich nicht allein für den Bereich der Entwicklungspsychologie konzipiert worden. Ihr Begründer, Norman Anderson (1996), versteht sie als eine sehr allgemeine Theorie. Sie wurde seit ihrer Entstehung in den 60er Jahren in praktisch allen Gebieten der Psychologie eingesetzt – von der Grundlagenforschung bis zu angewandten Themen – und hat dabei zu vielen neuen Erkenntnissen geführt.

Integration. Am Anfang stand folgende Kernfrage: Wie bringen Personen die einzelnen Informationen zusammen, die ihren Eindrücken, Urteilen und Entscheidungen zugrunde liegen? Dieses „Zusammenbringen" wird Integration genannt. Eine wichtige Entdeckung war, dass die Integration der Informationen in fast allen Aufgaben nicht „irgendwie" oder „chaotisch" abläuft (wie es oft aus der Sicht der Personen selbst erscheint), sondern sehr oft nach einfachen algebraischen Regeln, z. B. einer Addition oder Multiplikation. Dieses Phänomen wird kognitive Algebra genannt.

Aus der Kernfrage nach der Integration ergaben sich im Verlauf der Forschung weitere Nebenfragen – die je nach Untersuchungsziel auch zu Hauptfragen werden können. Die beiden wichtigsten davon sind:

▶ Wie wird die Information der äußeren Welt in die innere Welt übertragen, also intern oder mental repräsentiert?

▶ Und wie wird der integrierte Gesamteindruck, der intern aufgrund der Einzelrepräsentationen entsteht, in die äußere Welt übertragen, in beobachtbares Verhalten?

Dabei interessiert insbesondere die funktionale Beziehung, die zwischen Außen und Innen bzw. zwischen Innen und Außen besteht, d. h. die psychophysische Funktion einerseits und die Aktionsfunktion andererseits. Das Integrationsdiagramm (Abbildung 3.3) verdeutlicht diese grundlegenden Charakteristika und Fragestellungen des Ansatzes.

Informationsintegrations-Diagramm

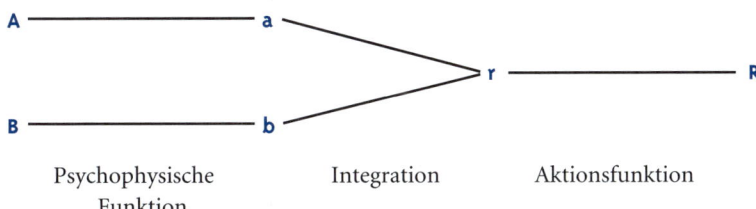

Psychophysische   Integration   Aktionsfunktion
Funktion

Abbildung 3.3 Modellvorstellung der Informationsintegrationstheorie: Die externe Information (A, B, . . .) wird zunächst getrennt voneinander in interne Repräsentationen (a, b, . . .) transformiert, sodann in eine interne Antwort/*response* (r) integriert, die schließlich in eine externe, beobachtbare Antwort/*response* (R) übertragen wird.

Entwicklungspsychologische Anwendungen

Hier zwei Beispiele für die mögliche entwicklungspsychologische Anwendung des in Abbildung 3.3 dargestellten Modells:

Beispiel

Beispiel A

Wie könnte man das in Abbildung 3.3 illustrierte Prinzip für die Untersuchung einer entwicklungspsychologischen Frage heranziehen? Um ein aus diesem Bereich bereits bekanntes Beispiel zu nehmen: A könnte der Durchmesser eines Wasserglases sein, B die Höhe des darin befindlichen Wassers, beides als objektiv messbare Reize der Außenwelt. Die internen, nicht beobachtbaren Repräsentationen der objektiven Werte wären dann a und b. Diese werden zur Bildung eines Gesamteindrucks über die Wassermenge integriert zu einer internen Antwort r, und diese wird übersetzt in die extern beobachtbare Antwort R, z. B. das Ankreuzen eines Werts auf einer Urteilsskala. Dabei stehen r und R für response, und A und B sowie a und b für die Werte auf den einzelnen Eingangsdimensionen, dabei Grossbuchstaben jeweils für Beobachtbares und Kleinbuchstaben für Unbeobachtbares. Letztere symbolisieren sozusagen das Subjektive, den Bereich der *black box*, der im Behaviorismus für lange Zeit aus der psychologischen Forschung ausgeklammert war, in der Kognitionspsychologie neuer Prägung aber wieder in das Zentrum der Betrachtung gerückt ist. Die Informationsintegrationstheorie glaubt, über die kognitive Algebra einen validen Zugang zur Erschließung des Unbeobachtbaren zu haben – was noch zu zeigen sein wird.

Beispiel B

Zunächst noch ein weiteres Beispiel, für die schon bekannte Balkenwaagenaufgabe relevant: A könnte die Anzahl der Gewichte auf einem Hebelarm sein, B deren Distanz vom Drehpunkt. Die entsprechenden Kleinbuchstaben ständen dann für die internen Repräsentationen von Gewicht und Distanz, r für die interne Einschätzung des sich daraus ergebenen Drehmoments und R für die externalisierte Antwort.

Es sollte jetzt nicht der Eindruck entstehen, dass die Informationsintegrationstheorie auf relativ einfache Themen beschränkt bleiben muss. Es lassen sich wesentlich komplexere Inhaltsbereiche untersuchen – die erst in späteren Stadien der Entwicklung relevant werden. Nur zwei Beispiele seien hier zur Demonstration des Allgemeinheitsgrads genannt: A und B (und weiterhin C, D, ...) könnten Persönlichkeitsadjektive in einer Partnersuchanzeige sein. Wie werden diese in ein internes Gesamtsympathieurteil r integriert, und ab welcher Schwelle wird es in Verhalten R umgesetzt? A könnte auch das Alter einer schwangeren Jugendlichen, B das Alter das Fötus und C die soziale Situation des Vaters sein. Wie wird die Information integriert, wenn der Grad der Akzeptabilität eines Schwangerschaftsabbruchs zu beurteilen ist?

Kognitive Algebra im Vorschulalter

Kommen wir zum Zwecke der Illustration der Methode wieder zurück auf ein einfaches Beispiel. Wie beurteilen Kinder die Fläche von Rechtecken? Diese Frage ist von einigem theoretischen Interesse, weil sie sich leicht beziehen lässt auf Piagets zentrale Aussagen zum Invarianzkonzept, wie es in den klassischen Wasserumschüttversuchen erhoben wurde. Flächen haben gegenüber den dort präsentierten Flüssigkeitsvolumina den Vorteil, dass sie in ihrer Reduktion auf zwei Dimensionen – Breite und Höhe – noch einfacher sind.

Die mathematisch korrekte Regel für die Verknüpfung von Breite und Höhe bei der Berechnung der Fläche eines Rechtecks ist die Multiplikation. Urteilen 5-jährige Kinder nach dieser Regel? Nach Piagets Theorie (s. 3.1) ist dies unmöglich, da Kinder dieses Alters keine mentalen Operationen ausführen können. Sie zentrieren auf eine Dimension, vielleicht die Breite, vielleicht die Höhe; die Frage der Informationsintegration stellt sich demnach gar nicht. Auch nach der Datenlage des Informationsverarbeitungsansatzes (s. 3.2) wäre am wahrscheinlichsten eine eindimensionale Regel zu erwarten.

Könnte es nicht sein, dass die jungen Kinder doch stets beide Informationen beachten, sie aber nach einer anderen Regel integrieren, z. B. nach einer additiven anstatt nach der korrekten multiplikativen? Ein Gedankenexperiment zeigt: Wenn sie dies in Piagets Aufgaben gemacht haben sollten, hätten sie die (objektiv gleich gebliebene) Menge in dem schmaleren Glas größer einschätzen müssen – aber nicht wegen ihrer Unfähigkeit, operational zu denken. Verändert man ein Rechteck so, dass seine Fläche konstant bleibt, aber die Form schmaler wird, ergibt sich für die schmalere Variante bei einer Addition von Breite und Höhe ein größerer Wert. Ein Rechteck mit den Seitenlängen 3 und 4 hat dieselbe Fläche wie ein Rechteck mit den Seitenlängen 2 und 6. Eine einfache Addition der Zahlen würde aber für ersteres einen Wert von 7 ergeben und für letzteres einen Wert von 8. Es würde dann also als das größere eingeschätzt.

Wie kann man dies testen? Ein Paarvergleich, bei dem – wie in den traditionellen Ansätzen – nach dem größeren von zwei dargebotenen Rechtecken gefragt würde, ist für die genaue Diagnose einer Integrationsregel nicht geeignet. Nach der sich aus der Informationsintegrationstheorie ergebenden Methode benötigt man einen faktoriellen Versuchsplan und eine quantitativ abgestufte Antwortskala. In einem der ersten grundlegenden Experimente wurde dieses Prinzip von Wilkening (1978, 1979) wie folgt umgesetzt: Den Kindern wurden Rechtecke gezeigt, die als Schokoladentafeln dargestellt waren. Bei jeder Tafel sollten sie sich vorstellen, dass sie in Stücke einer zuvor gezeigten Größe zerbrochen und die Stücke eng aneinander in eine Reihe gebracht würden. Die Frage war, wie lang eine solche Reihe würde; somit war eine fein abgestufte Antwortskala gegeben. Insgesamt wurden 16 Rechtecke in unsystematischer Reihenfolge präsentiert, mit allen Kombinationen aus vier verschiedenen Breiten und vier verschiedenen Höhen.

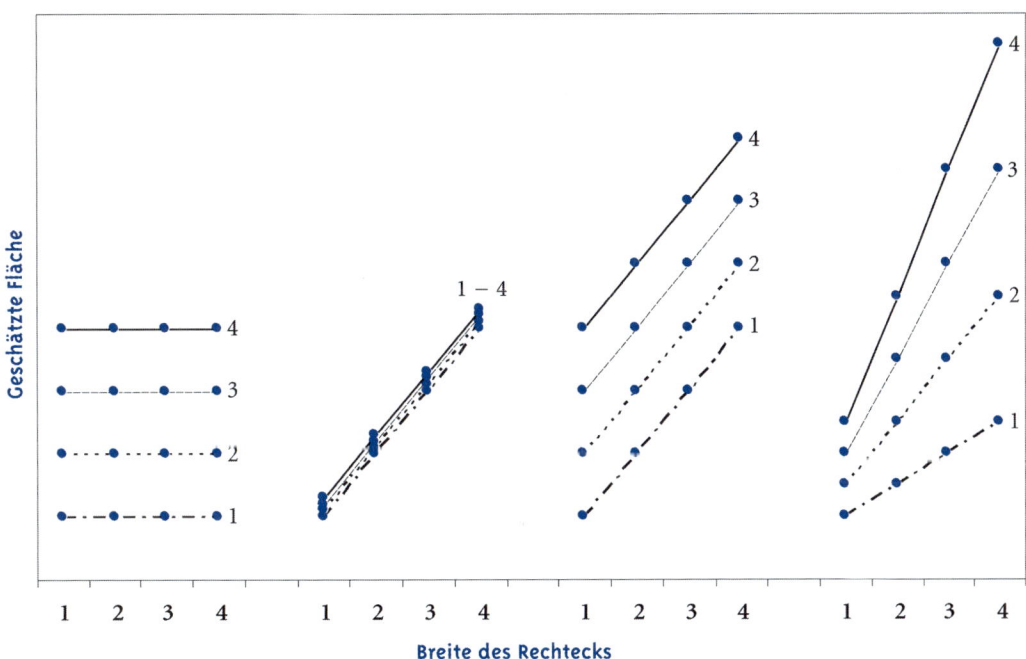

Abbildung 3.4 Einige mögliche Ergebnisse eines Informationsintegrationsexperiments zur Schätzung von Rechteckflächen. Die hier gezeigten vier schematischen Datenmuster würden – von links nach rechts – auf folgende Regeln hinweisen: Zentrierung auf die Höhe, Zentrierung auf die Breite, additive Integration, multiplikative Integration.

Abbildung 3.4 zeigt schematisch einige Datenmuster, die ein Kind in einem solchen Experiment produzieren könnte. Alle vier Beispiele wären leicht zu interpretieren: das erste als eine Zentrierung auf die Höhe, das zweite als eine Zentrierung auf die Breite, das dritte als eine additive Integration und das vierte als eine multiplikative Integration. Natürlich sind die Muster eines einzelnen Kindes wegen der üblichen Varianz, die in den Urteilen liegt, nie ganz so klar wie die gezeigten Idealfälle. Aber das statistische Verfahren der Varianzanalyse bietet objektive Entscheidungskriterien zur Frage, ob die Datenkurven vertikal getrennt sind und ob sie von links nach rechts ansteigen (Zentrierung auf die eine oder andere Dimension), ob sie einem parallel ansteigenden Muster folgen (Addition) oder die Form eines Fächers haben (Multiplikation). Natürlich könnte ein Kind auch nach ganz anderen Regeln vorgehen, an die noch niemand vorher gedacht hat. Auch diese würden sich in einem spezifischen Datenmuster zeigen.

Das Interessante in der Untersuchung von Wilkening war, dass so gut wie alle Kinder in der Altersgruppe der 5-Jährigen ein Urteilsmuster zeigten wie das dritte in Abbildung 3.4, also offenbar einer additiven Regel folgten. Ab dem Alter von 8 Jahren kam es nur noch selten zu diesem Ergebnis; alle Erwachsenen schufen ein fächerförmiges Muster, wie es für die korrekte multiplikative Regel vorausgesagt wird. Um keine Missverständnisse aufkommen zu lassen: Kein Erwachsener und auch kein Kind hat in dieser Aufgabe „gerechnet". Zahlen waren nicht enthalten. Kinder und Erwachsene haben ihre internen Repräsentationen der Information so integriert, als ob sie numerisch addiert oder multipliziert hätten. Einwände, die anfänglich gegen diese Untersuchungen vorgebracht wurden, konnten entkräftet werden (Wilkening, 1983). Hilfreich hierfür war auch ein fast gleichzeitig und unabhängig von Anderson & Cuneo (1978) durchgeführtes Experiment. In diesem waren die Rechtecke als Pizzas dargeboten worden, und gefragt wurde nach dem Grad der „happiness" – wie glücklich ein hungriges Kind sei, dem eine Pizza dieser Größe gegeben werde. Die Daten waren praktisch identisch: Auch hier urteilten 5-Jährige nach der additiven Regel.

Additive Regel. Auch wenn die additive Regel objektiv gesehen „falsch" ist, so legt sie doch Kapazitäten der Kinder offen, die ihnen bis dahin nicht zugeschrieben wurden. Wenn die Urteile eines Kindes einer additiven Integrationsregel folgen, impliziert dies, dass es

- mehr als eine Information beachten kann, also nicht nur „zentriert"
- die mentalen Repräsentationen nach einer in sich konsistenten Regel zusammenfügt
- einen „metrischen Sinn" hat, der deutlich über die qualitative Ebene hinausgeht
- analytisch wahrnehmen kann, z. B. die Fläche nicht nur als unzerlegbares Ganzes sieht
- den inneren Eindruck gemäß einer konsistenten, linearen Regel in Verhalten umsetzt

Allgemeinheitsgrad. Die additive Regel ist keineswegs nur auf den hier diskutierten Inhaltsbereich beschränkt. Sie hat sich in späteren Untersuchungen auf der Basis der Informationsintegrationstheorie in vielen anderen Feldern gezeigt, so z. B. in Zeit- und Geschwindigkeitskonzepten von Kindern (Wilkening, 1981), ihrem impliziten und expliziten Wissen über Flugbahnen geworfener Objekte (Krist, 2003), in Balkenwaageaufgaben (Wilkening & Anderson, 1991), im kindlichen Denken über Wahrscheinlichkeit (Schlottmann & Tring, 2005) bis hin zum (s. 4.3) moralischen Urteilen von Kindern (Leon, 1980, 1984).

Intuitive Physik, Körperwissen und Vielfalt von Entwicklung. Die an der Informationsintegrationstheorie orientierte entwicklungspsychologische Forschung hat insbesondere ein Gebiet neu geprägt: das der intuitiven Physik von Kindern (Wilkening et al., 2006). Im Verlauf dieser Forschung ist man zu mehreren Einsichten allgemeinerer Art gekommen. Die wichtigsten davon sind:

(1) Kinder haben im Verlauf ihrer gesamten Entwicklung ein Körperwissen (*embodied knowledge*), nicht etwa nur in den ersten beiden Lebensjahren.

(2) Wenn die Aufgaben so gestaltet sind, dass sie ihr Körperwissen einsetzen können, sind die Integrationsregeln mit viel größerer Wahrscheinlichkeit in Übereinstimmung mit der objektiv korrekten Regel, als wenn die verbalisierbare Ebene abgefragt wird.

(3) Das heißt auch: Im Körperwissen gibt es schon bei jüngeren Kindern nicht nur additive, sondern auch multiplikative Integrationsregeln, wie sie häufig in Naturgesetzen vorkommen.

(4) Sogenannte Wissensdissoziationen, d. h. qualitativ verschiedenes Wissen je nach angesprochener (expliziter oder impliziter) Ebene sind bei ein und demselben Kind die Regel, nicht die Ausnahme.

(5) Aus alledem folgt im Rahmen des hier behandelten theoretischen Ansatzes: Es ist unangebracht, kognitive Entwicklung als eine logische Abfolge aufeinander aufbauender konzeptueller Strukturen zu konzipieren. Jeder einzelne Inhaltsbereich und jede Wissensebene verlangt und verdient eigenständige Analysen.

3.4 Theorien der intuitiven Theorien

Seit Piaget hält sich in der kognitiven Entwicklungspsychologie das Bild des Kindes als eines „kleinen Wissenschaftlers", der Hypothesen aufstellt, sie testet und die beobachteten Daten in ein in sich stimmiges, kohärentes System zu bringen versucht. Solche Systeme kann man „Theorien" nennen. Theorien können sich im Verlauf ihrer Entstehung qualitativ ändern, manchmal sogar radikal umstrukturieren. Dies gilt nicht nur für die Wissenschaftsgeschichte, in der es mehrfach zu solchen Brüchen bzw. Sprüngen (oder Paradigmenwechseln) gekommen ist, sondern auch für den Wissenserwerb in der Ontogenese. Für Piaget waren solche Veränderungen des kindlichen „Weltbildes" universell, d. h. inhaltsübergreifend, für jeden Bereich geltend.
Eine Gruppe neuerer Theorien der kognitiven Entwicklung hat Piagets Bild des Kindes als eines aktiv lernenden und nach Erkenntnis strebenden Individuums beibehalten, aber die Idee universeller Entwicklungssequenzen aufgegeben. Nach diesen Theorien kann Wissenserwerb unterschiedlich verlaufen, je nach Bereich oder „Domäne". Dabei interessieren vorrangig Bereiche, die in der menschlichen Evolution bedeutsam waren, z. B. Wissen über Kraft, Bewegung und Geschwindigkeit, Unterscheidung von Lebendem und Nichtlebendem oder die Erschließung von Absichten. Wegen ihrer Konzentration auf einzelne Bereiche bezeichnet man diese Theorien als bereichsspezifische Theorien. Die meisten von ihnen nehmen für die einzelnen Bereiche ein bestimmtes, auf wenige Kernkonzepte beschränktes Kernwissen als Fundament der Entwicklung an. Bei ihnen spricht man daher auch von *core knowlegde theories*.
Die bereichsspezifischen Ansätze betonen den intuitiven Charakter der kindlichen Theorien. Sie erreichen bei jüngeren Kindern natürlich nicht den Formalisierungsgrad der meisten wissenschaftlichen Theorien, sind aber in vielerlei Hinsicht mit diesen vergleichbar – besonders mit solchen, die es in früheren Stadien der Wissenschaftsentwicklung gegeben hat (Carey, 1985). Für die kindlichen Theorien gibt es verschiedene Bezeichnungen: naive, informelle oder – inzwischen am häufigsten – intuitive Theorien. Die spezifischen Inhaltsbereiche, auf die sich die intuitiven Theorien beziehen, lassen sich drei größeren und allgemeineren Gebieten zuordnen. Diese ihrerseits werden in der aktuellen Forschung wieder durch das Adjektiv „intuitiv" charakterisiert: Intuitive Physik, Intuitive Biologie und Intuitive Psychologie. Im Folgenden sollen wichtige Ergebnisse aus den drei Gebieten vorgestellt werden.

Intuitive Physik
Gibt es ein elementares „Kernwissen" über physikalische Gesetzmäßigkeiten – ein Wissen, das uns von der Natur mitgegeben wurde? Nach Elizabeth Spelke, einer der Hauptvertreterinnen des *core knowledge*-Ansatzes, spricht vieles dafür. Inzwischen gibt es eine Fülle von Daten, die auf ein solches Wissen schon bei jungen Babys schließen lassen. Diese beruhen zum großen Teil auf der Erwartungsverletzungsmethode.

Die Erwartungsverletzungsmethode

Das Prinzip der Erwartungsverletzungsmethode ist folgendes: Dem Baby wird ein physikalisch mögliches und ein physikalisch unmögliches Ereignis gezeigt. Registriert wird, welches der beiden beim Baby die größere Verwunderung hervorruft oder welches länger betrachtet wird. Wenn die Babys aufgrund ihres vorhandenen Wissens eine Erwartung darüber aufgebaut haben sollten, was passieren wird, sollten sie überrascht sein und die stärkeren Reaktionen zeigen, wenn das Erwartete nicht eintritt – wenn z. B. ein Bauklotz nach Wegziehen eines darunter liegenden nicht nach unten fällt, sondern an gleicher Stelle in der Luft schwebt.

Mit diesen Methoden ist man zu der Erkenntnis gekommen, dass Babys schon sehr früh ein Grundverständnis zu mindestens drei physikalischen Objektprinzipien haben:

▶ Solidität (zwei Objekte können nicht am selben Ort existieren; somit kann eines nicht durch ein anderes hindurchgehen)

▶ Kontinuität (Objekte bewegen sich in Zeit und Raum auf kontinuierlichen Pfaden; somit kann ein Objekt nicht unvermittelt an einem neuen Ort auftauchen),

▶ Schwerkraft (Objekte unterliegen der Schwerkraft; nicht gestützte fallen nach unten).

Nach Spelke (2000) bilden diese Wissenselemente, insbesondere die beiden erstgenannten, den angeborenen Kern der intuitiven Physik, die im weiteren Lauf der Entwicklung weiter angereichert wird. Dies entspricht dem *enrichment view* innerhalb der bereichsspezifischen Theorien. Susan Carey (1985) hält dem eine andere Variante entgegen: die des *conceptual change*. Danach gibt es in den einzelnen Bereichen nicht nur graduelle Wissensanreicherungen, sondern oft Veränderungen radikaler Art, die auf fundamentale Rekonstruktionen hinweisen. Die Debatte zwischen diesen Sichtweisen ist noch nicht entschieden; sie gibt immer noch Anlass zu intensiver Forschung in diesem Gebiet.

Sehr stark beachtet worden ist eine Reihe von Untersuchungen von Renée Baillargeon (1987, 1994). Ihre Ergebnisse haben eine zentrale Annahme Piagets ins Wanken gebracht: dass das Konzept der Objektpermanenz erst am Ende der sensumotorischen Stufe erworben werden könne, erst mit fast 2 Jahren. In vielen einfallsreichen Experimenten präsentierte Baillargeon den Babys physikalisch mögliche und unmögliche Ereignisse. Letztere hätten nur von solchen Kindern als möglich betrachtet werden können, die den Glauben haben, dass Objekte ihre Existenz verlieren, sobald sie nicht mehr sichtbar sind. Solche Babys schien es in Baillargeons Versuchen nicht zu geben: Schon 3 Monate alte Kinder wunderten sich, wenn ein Ereignis so ablief, als ob ein vorher gesehenes, aber dann „verstecktes" Objekt verschwunden war – offenbar in Verletzung ihrer Erwartung der Objektpermanenz.

Auch weit über das Babyalter hinaus scheint die intuitive Physik von Kindern anders zu sein, als sie von Piaget angenommen wurde. Viele kognitive Defizite, die von ihm als Hindernisse auf dem Weg zum Erwerb korrekten Wissens vermutet wurden, scheinen nicht zu bestehen. So wurde schon für 4-Jährige praktisch perfektes Wissen über die funktionalen Gesetze gefunden, die zwischen Zeit, Weg und Geschwindigkeit bestehen (Wilkening, 1982). Ähnliches gilt für andere physikalische Domänen. Ein Großteil dieser Forschung basierte auf der Informationsintegrationstheorie (s. 3.3). Die Daten werden meistens dahingehend interpretiert, dass physikalisches Wissen bei Kindern früher auftaucht, als es in traditionellen Ansätzen behauptet wurde. Das ist weitgehend richtig, aber nicht der entscheidende Punkt: Die kindliche intuitive Physik ist anders als ursprünglich angenommen. Vor allem ist sie nicht universell, sondern bereichs- und kontextspezifisch. In dieser Hinsicht lassen sich die neuen Befunde mit den bereichsspezifischen Theorien vereinbaren.

Die intuitive Physik in neuerer Sicht ist auch unter einem anderen Aspekt anders, als aus früheren entwicklungspsychologischen Theorien folgen würde. In elementaren Bereichen ist sie selbst bei Erwachsenen noch nicht perfekt, sondern durchsetzt von eklatanten Misskonzepten. So findet man z. B. noch bei etwa der Hälfte der Studierenden den *straight-down belief*, den Glauben, dass ein aus einem sich horizontal bewegenden Objekt fallengelassener Gegenstand sich senkrecht nach unten bewegt (McCloskey, 1983). Viele dieser Misskonzepte scheinen erstaunlich fest verankert und sind resistent gegen Instruktion. Die Frage, wie sie in korrektes Wissen übergehen, „von allein" oder durch formelle Instruktion, stellt eine Herausforderung sowohl für die Grundlagenforschung als auch für pädagogische Praxis dar.

Intuitive Biologie

Belebte und unbelebte Welt. Zweifellos zu den Kernkonzepten eines Kindes gehört die Unterscheidung von belebter und unbelebter Welt. Ab wann treffen Kinder diese Unterscheidung? Welche biologischen Eigenschaften und Prozesse ziehen sie für diese Grenzziehung heran, und wie entwickelt sich dieses Wissen? Fragen dieser Art haben die Forschung zu den bereichsspezifischen Theorien zur intuitiven Biologie geleitet.

Bereits mit 2 Monaten scheinen Babys die Unterscheidung zu machen – selbst wenn ausschließlich nichtbelebte Objekte gezeigt werden und sich darunter Spielzeugtiere befinden. Dies hat man über Verhaltensreaktionen wie Blickzeiten und Lächeln gefunden. Innerhalb der Kategorie der belebten Welt scheinen dann auch schon Menschen einen privilegierten Status zu haben, wobei Merkmale ihres Gesichts eine wichtige Rolle spielen. In den folgenden Monaten entwickeln die Babys eine Sensitivität für selbstgenerierte Bewegung als wichtiges Unterscheidungsmerkmal zwischen Lebewesen und unbelebten Objekten. Wo Kinder zu Beginn ihrer Entwicklung genau die Grenzen ziehen, ob sie beispielsweise eine Kategorie von Pflanzen absondern und ob sie diesen Leben zuschreiben, ist mit den für das vorsprachliche Alter zur Verfügung stehenden Methoden schwer zu entscheiden.

Nach Eintritt in das sprachliche Alter werden die kindlichen Konzepte differenzierter, sind aber noch lange nicht komplett. Im frühen Vorschulalter wissen Kinder schon eine Menge über Charakteristika einzelner Tiere, auch über Ähnlichkeiten zwischen Tieren derselben Kategorie (Spezies) sowie über Unähnlichkeiten zwischen ihnen und unbelebten Objekten. Es gibt jedoch noch viele Unsicherheiten bezüglich der Grenzziehungen: So sind viele Kinder noch mit 6 Jahren nicht bereit, Menschen als Exemplare der größeren Kategorie von Tieren zu sehen, und sie zögern auch, Pflanzen der belebten Welt zuzuordnen.

In den folgenden Jahren werden die konzeptuellen Unterscheidungen verfeinert, insbesondere infolge eines besseren Verständnisses von biologischen Prozessen, die für lebende Systeme spezifisch sind, wie

▶ Wachstum
▶ Reproduktion
▶ Vererbung
▶ Krankheit und Regeneration (Selbstheilung)

Was Kinder über diese Prozesse lernen – und wann sie diese verstehen – wird zu einem großen Ausmaß über schulisch vermitteltes Wissen und durch das kulturelle Umfeld mitbeeinflusst.

In letzter Zeit findet die Idee Beachtung, dass insbesondere im Bereich der intuitiven Biologie die kindlichen Vorstellungen schon früh von einem Essentialismus durchdrungen sind. Wie Erwachsene scheinen auch Kinder zu glauben, dass bestimmte Kategorien (z. B. Frauen, Dinosaurier, Rosen) eine innere Realität, eine wahre Natur oder „Essenz" haben, die die Mitglieder der Kategorie zu dem macht, was sie sind und was ihr Wesen ausmacht (Gelman, 2003). So hat jeder Bär etwas „Bäriges", das nicht durch oberflächliche Veränderungen verloren geht, auch nicht, wenn er etwa das Herz eines Hundes erhält. Schon Vorschulkinder vermuten die Essenz am ehesten in der nicht sichtbaren biologischen Ausstattung von Lebewesen. Auch diese Befunde deuten darauf hin, dass Kinder das Bedürfnis haben, Theorien zu bilden. Diese intuitiven Theorien haben jedoch keinen alles umfassenden Allgemeinheitsgrad, sondern werden für spezifische Geltungsbereiche entwickelt.

Intuitive Psychologie

Erwachsene glauben an die Existenz einer „mentalen Welt". Wir unterstellen anderen Menschen etwas, was wir nicht direkt beobachten können: z. B. Absichten, Gefühle, Wünsche, Gedanken und Wissen. Und unser Verhalten im täglichen Leben richtet sich entscheidend daran aus, wie wir im Moment die mentale Welt der anderen einschätzen. Handelt es sich bei unserer Annahme einer mentalen Welt um ein „Kernwissen", das uns von der Natur mitgegeben ist? Grenzen schon Kinder die mentale Welt von der anderen ab? Bilden sie intuitive Theorien in diesem Bereich, und wie entwickeln sie sich? Da das Mentale zu den Gegenstandsbereichen der Psychologie gehört, spricht man hier von Intuitiver Psychologie.

Bei Kindern zeigt sich spätestens im Alter von 18 Monaten eine rudimentäre Sensitivität für die mentalen Zustände anderer. Insbesondere scheinen sie dann schon einen Sinn für Intentionen von Handlungen zu haben. So erkennen die Kinder, dass ein Erwachsener die Absicht hat, etwas zu kommunizieren, wenn er auf etwas zeigt – was übrigens von großer Bedeutung für die Sprachentwicklung ist (s. 2.3). Es gibt einige weitere Indizien dafür, dass bereits Kinder dieses Alters dazu tendieren, Absichten zu erschließen: Wenn sie z. B. beobachten, wie ein Erwachsener auf seltsam ungeschickte Weise an einem Gerät herumhantiert, tun sie bei einem späteren Nachahmungsversuch nicht das, was sie gesehen haben, sondern das, was ihrer Einschätzung nach die beobachtete Person zu erreichen beabsichtigt hat (Meltzoff, 1995).

Theory of mind. Die intuitive kindliche Theorie darüber, was die mentale Welt ist und wie sie funktioniert – die *theory of mind* – ist allerdings noch bei 3-Jährigen wenig entwickelt.

Beispiel

Die Maxi-Aufgabe

Dies zeigt sich in der Maxi-Aufgabe (Wimmer & Perner, 1983), die seit ihrer ersten Einführung einen ganzen Forschungsbereich geprägt hat: Die Kinder sehen eine Puppe namens Maxi, die nach der Rückkehr von einem Einkauf mit ihrer Mutter die Schokolade in den grünen Schrank legt. Danach verlässt Maxi die Szene. Während er aus dem Raum ist, legt die Mutter die Schokolade an einen anderen Ort, in den blauen Schrank. Maxi kommt zurück und sucht die Schokolade. Die Frage ist: wo? Fast alle 3-Jährigen sagen: im blauen Schrank. Die meisten 4- bis 5-Jährigen sagen dagegen: im grünen Schrank. Diese Kinder scheinen erkannt zu haben, dass Maxi einen falschen Glauben hat – und dass er nach diesem eigenen Glauben handeln wird, nicht nach dem, was die Kinder selbst wissen und was der Realität entspricht.

Die Smarties-Schachtel

Eine andere bekannt gewordene Aufgabe illustriert das gleiche Phänomen. Man zeigt den Kindern eine Smarties-Schachtel, in der sie aufgrund ihrer Erfahrung Bonbons erwarten. Man öffnet die Schachtel, und zur Überraschung der Kinder kommt ein Bleistift zum Vorschein. Wenn man sie dann fragt, was sie vor dem Öffnen in der Schachtel vermutet hatten, zeigt sich wieder ein deutlicher Unterschied zwischen 3- und 4-Jährigen: Erstere sagen: den Bleistift. Letztere sagen: Smarties.

Es gibt viele Befunde aus weiteren Aufgaben, die versuchten, dem Phänomen auf den Grund zu gehen. Alle deuten darauf hin, dass Kinder bis zum Ende des dritten Lebensjahres ein beträchtliches konzeptuelles Defizit haben: Sie scheinen nicht zu verstehen, dass sich subjektive Überzeugungen (*beliefs*) von der Realität unterscheiden können und dass andere Personen andere Überzeugungen haben können als sie selbst. Die Überwindung dieses Defizits ist ein Meilenstein auf dem Wege zum Erwerb einer adäquaten *theory of mind*.

Theory of mind und soziale Entwicklung. Es leuchtet unmittelbar ein, dass der Erwerb einer *theory of mind* nicht nur unter kognitiven Aspekten von Interesse ist. Sie erscheint auch von zentraler Bedeutung für die soziale Entwicklung, für das Gelingen von Interaktion mit anderen Menschen. So sind auf der einen Seite Indizien dafür gefunden worden, dass sich die *theory of mind* bei Kindern, die zusammen mit vielen anderen aufwachsen, schneller entwickelt (Perner et al., 1994). Und auf der anderen Seite gilt es als erwiesen, dass autistische Kinder noch bis in das Jugendalter hinein enorme Schwierigkeiten mit den False-Belief-Aufgaben haben (Baron-Cohen et al., 1997; Frith, 1989).

Zusammenfassung

Piagets Stufentheorie war der erste große Entwurf einer Beschreibung und Erklärung der kognitiven Entwicklung von der frühesten Kindheit bis zum Beginn des Erwachsenenalters. Sie hat der Erforschung des Gebiets über ein halbes Jahrhundert eine Richtung gegeben und sie bis heute maßgeblich beeinflusst. Viele Aussagen und Annahmen der Theorie hielten einer genaueren empirischen Überprüfung nicht stand. Es wurden daher Alternativen vorgeschlagen, die jeweils den Rahmen für spezifischere Forschung bildeten:

▶ die Informationsverarbeitungsansätze, in denen die Computermetapher eine wichtige Rolle spielt,
▶ die Informationsintegrationstheorie, deren Methodologie einen validen Zugang zur internen, mentalen Welt anstrebt,
▶ und die bereichsspezifischen Theorien, die sich viel für intuitive kindliche Theorien in einzelnen Wissensdomänen interessieren.

Aufgrund der neueren Forschung stellen sich Kinder – generell gesagt – in allen Altersbereichen als kompetenter und hinsichtlich ihrer kognitiven Leistungen auch als adaptiver und vielfältiger dar, als früher vermutet worden war.

Übungsaufgaben

▶ Jean Piaget hat ein Stufenmodell der kognitiven Entwicklung entworfen. Welche Schritte sind für den Übergang von der jeweils einen zur nächsten Stufe erforderlich und kennzeichnend?

- Prototypisch für den Informationsverarbeitungsansatz ist die Erforschung des Problemlösens und des Regelwissens. Warum werden hierfür der Turm von Hanoi und die Balkenwaage exemplarisch als Untersuchungsmaterial eingesetzt?
- Wie und warum konnten Experimente auf Grundlage der Informationsintegrationstheorie das von Jean Piaget aufgestellte Postulat der Zentrierung falsifizieren? Erlauben solche Experimente mit einem bestimmten theoretischen Hintergrund überhaupt einen fairen Test von Aussagen einer völlig anders gelagerten Theorie?
- Die intuitiven Theorien von Kindern werden oft mit wissenschaftlichen Theorien verglichen. Welche Kriterien wissenschaftlicher Theorien erfüllen die kindlichen Theorien und welche nicht?
- Das „Wissen" von Babys wird mit ganz anderen Methoden erhoben als das Wissen von Schulkindern und Erwachsenen. Inwiefern könnte die Erhebungsmethode die gefundenen Daten und ihre Interpretation beeinflussen?

Weiterführende Literatur

- Anderson, N.H. (1996). A functional theory of cognition. Mahwah, NJ: Erlbaum.
- Goswami, U. (2001). So denken Kinder: Einführung in die Psychologie der kognitiven Entwicklung. Bern: Huber
- Piaget, J. (2003). Meine Theorie der geistigen Entwicklung (Neuausgabe herausgegeben und mit einer Einführung von R. Fatke). Weinheim: Beltz.
- Reusser, K. (2006). Jean Piagets Theorie der Entwicklung des Erkennens. In W. Schneider & F. Wilkening (Eds.), Enzyklopädie der Psychologie: Entwicklung, Vol. 1, Theorien, Modelle und Methoden der Entwicklungspsychologie (pp. 91–189). Göttingen: Hogrefe.
- Wilkening, F. (2006). Informationsverarbeitungstheorien in der Entwicklungspsychologie. In W. Schneider & F. Wilkening (Eds.), Enzyklopädie der Psychologie: Entwicklung, Vol. 1, Theorien, Modelle und Methoden der Entwicklungspsychologie (pp. 265–310). Göttingen: Hogrefe.

4 Soziale Entwicklung

Was Sie in diesem Kapitel erwartet

In der Entwicklungspsychologie des Kindes- und Jugendalters ist neben der kognitiven Entwicklung, die uns im letzten Kapitel beschäftigt hat, die soziale Entwicklung das zweite große Gebiet. Sie ist Thema dieses Kapitels. Über die Bedeutung dieses Gebiets muss man nicht viele Worte verlieren; sie ist selbsterklärend. Wir werden uns exemplarisch auf drei Bereiche konzentrieren, die traditionsgemäß der sozialen Entwicklung zugeordnet werden:

▶ den Ausdruck und das Verstehen von Emotionen sowie die möglicherweise damit in Zusammenhang stehenden Fragen des kindlichen Temperaments,

▶ die frühe Bindung an eine primäre Bezugsperson (oft die Mutter)

▶ und das moralische Urteilen.

Insgesamt wird dabei ein weites Altersspektrum behandelt: Während sich für die beiden ersten Bereiche die interessantesten Fragen für die Phase der frühen Kindheit stellen, beginnt die dritte Thematik schwerpunktmäßig erst danach und erstreckt sich bis in das Erwachsenwerden hinein.

4.1 Emotionale Entwicklung

Emotionen haben wichtige soziale Funktionen. Sie initiieren interpersonale Beziehungen, halten sie aufrecht und können sie auch beenden. Emotionen scheinen zur menschlichen Grundausstattung zu gehören. Schon sehr junge Kindern zeigen sie; in der Tat sind es die effizientesten Ausdrucksmittel in der gesamten vorsprachlichen Phase. Wie verändern sich Emotionen und ihr Ausdruck im Kindesalter? Wie entwickelt sich das Verstehen und wie die Regulation von Emotionen? Gibt es stabile interindividuelle Unterschiede der Emotionsregulation (des Temperaments)? Diese Fragen sollen uns hier beschäftigen.

Erste Emotionen

Wie differenziert ist die emotionale Welt eines Kindes zu Beginn seines Lebens? Über wie viele Emotionen verfügt es? Voraussetzung für die Beantwortung solcher Fragen ist, dass Erwachsene in der Lage sind, die Emotionen des Kindes verlässlich zu erkennen. Dazu hat man ihnen Fotos vorgelegt, die die Gesichtsausdrücke von Kindern bei der Reaktion auf verschiedene Ereignisse zeigen: z. B. beim Wegnehmen eines Spielzeugs oder bei der Wiederkehr der Mutter. Es zeigte sich, dass die Erwachsenen (die natürlich nicht wussten, um welche Ereignisse es sich gehandelt hatte) die Gesichtsausdrücke mit hoher Übereinstimmung in verschiedene Kategorien einordneten und diesen Namen von Emotionen wie „Ärger" oder „Freude" gaben.

Emotionstheorien. Aus solchen und anderen Untersuchungen ist Izard (1991, 1994) zu seiner Theorie der diskreten Emotionen gekommen. Ihrzufolge gibt es eine Menge von diskreten, d. h. untereinander abgrenzbaren Emotionen, die bei Menschen primär und biologisch vorprogrammiert sind. Einige davon zeigen sich schon kurz nach der Geburt (Interesse, Unbehagen,

Ekel, Zufriedenheit), andere kommen zwischen 2 ½ und 7 Monaten zum Vorschein (Ärger, Trauer, Freude, Überraschung, Furcht). Diese Ansicht wird in der Entwicklungspsychologie nicht allgemein geteilt. Hier scheint sich inzwischen die Differenzierungstheorie der Emotionen durchgesetzt zu haben (Sroufe, 1996). Nach ihr tritt das Kind mit nur zwei generellen Möglichkeiten der Emotionsäußerung in das Leben ein: einer positiv („mir geht es gut") und einer negativ gefärbten („mir geht es schrecklich"). Aus diesen beiden differenzieren sich im Verlauf der ersten beiden Lebensjahre weitere Emotionen heraus, wobei der Umwelt eine relativ große Rolle zukommt. Die Debatte ist schwer zu entscheiden, unter anderem deshalb, weil unklar ist, ob Kinder in allen Stadien ihrer Entwicklung wirklich das gleiche fühlen wie Erwachsene, wenn ihr Gesichtsausdruck der gleiche zu sein scheint.

Emotionsausdruck in den ersten Lebensjahren

Neugeborene zeigen nicht alle Emotionen, die Erwachsene zum Ausdruck bringen können. Hierüber gibt es keine Kontroverse – gleichgültig welcher der genannten Theorien man anhängt. Das Ausdrucksverhalten wird in den ersten Lebensmonaten reichhaltiger.

Positive Emotionen. Einen Meilenstein bildet das soziale Lächeln. Es ist auf soziale Stimuli ausgerichtet, insbesondere auf das menschliche Gesicht. Bei den allermeisten Kindern zeigt es sich zum ersten Mal innerhalb des dritten Lebensmonats. Viele Eltern meinen, schon weit davor ein Lächeln bei ihren Kindern gesehen zu haben. Dabei handelt es sich dann jedoch aller Wahrscheinlichkeit nach nicht um das typische soziale Lächeln, sondern um eher flüchtige und reflexartige Nervenentladungen, die nicht vom Großhirn kontrolliert sind.

Das soziale Lächeln hat große adaptive Bedeutung für den Aufbau interpersonaler Beziehungen. Das Baby signalisiert damit, dass es mit einer anderen Person in Kontakt treten möchte. Die angelächelte Person kommt kaum umhin, darauf einzugehen, und ist motiviert, die soziale Interaktion aufrechtzuerhalten. Fast zum gleichen Zeitpunkt ihrer Entwicklung beginnen Babys auch in nichtsozialen Kontexten zu lächeln, z. B. wenn sie allein sind und ein Spielzeug wiedererkennen. Sie scheinen sich – wie Erwachsene auch – wohl zu fühlen, wenn ihre Erwartungen eintreffen und sie glauben, die Situation unter Kontrolle zu haben. Auch ein solches nichtsoziales Lächeln kann einen adaptiven Wert haben: Es dient der Selbstmotivation und der Ermutigung, die Welt weiter zu erkunden.

Negative Emotionen. Mit etwa 6 bis 7 Monaten tauchen erste klare Anzeichen von Furcht im Emotionsausdruck von Kindern auf. Ein bekanntes Phänomen ist das Fremdeln: Während zuvor praktisch jede fremde Person, die dem Kind freundlich begegnete, in ihm ein Lächeln auslösen konnte, zeigt es nun Furcht und Angstreaktionen in oft erschreckendem Ausmaß. Furcht ist in diesem Alter jedoch nicht auf fremde Personen beschränkt. Sie kann sich auch auf neue Spielzeuge, ungewohnte Geräusche und vieles mehr richten. Die Furcht sowohl vor Personen als auch vor Objekten steigt in der Regel nach 7 Monaten noch weiter an und geht schließlich, um den zwölften Monat herum, meistens zurück.

Eine andere Art von Furcht bei Kindern dieses Alters ist besonders hervorstechend: die Trennungsangst. Sie beginnt meistens etwas später als die Fremdenangst und hat auch ihren Höhepunkt später, in der Regel zwischen 14 und 18 Monaten. Sie kann in heftigen Reaktionen zum Ausdruck kommen: Weinen, Schreien bis hin zu Krämpfen. Anlass ist die Trennung von der primären Bezugsperson. Dabei kann eine Trennung von kürzester Dauer ausreichen, das Phänomen zum Ausbruch kommen zu lassen. Es wurde in sehr vielen Kulturen beobachtet und scheint ein universelles Phänomen zu sein. Im Kontext der Bindungsentwicklung (s. 4.2) werden wir uns mit diesem Phänomen noch einmal befassen.

Sekundäre Emotionen. Im zweiten Lebensjahr zeigen Kinder neue Emotionen: Scham, Stolz, Verlegenheit, Schuld und Neid. Ihr relativ spätes Auftreten wird dadurch erklärt, dass sie ein Selbstkonzept voraussetzen, das die für diese Emotionen notwendigen sozialen Vergleichsprozesse erst ermöglicht. Ein solches Selbstkonzept entsteht nach gängiger Auffassung erst in der Mitte des zweiten Lebensjahres (Lewis, 1993). Diese selbstevaluativen Emotionen, wie sie auch genannt werden, sind also schon deutlich mit kognitiven Elementen verflochten.

Kindliches Verstehen und Interpretieren von Emotionen

Mit etwa 3 Monaten, sobald die Sehschärfe ausreichend entwickelt ist, scheinen Babys zwischen einfachen Emotionen in Gesichtern anderer unterscheiden zu können, insbesondere zwischen freudigen und traurigen. Wenige Monate später können sie bei anderen Personen offenbar auch Ähnlichkeiten in verschiedenen Ausdrucksweisen für einfache Emotionen erkennen. Dies hat man mit Habituationsverfahren herausgefunden. Dabei werden den Babys nacheinander z. B. Fotos verschiedener Frauen mit fröhlichem Gesicht gezeigt. Nach einer Weile habituieren sie, als würden sie sagen: „schon wieder ein fröhliches Gesicht". Wenn dann aber ein trauriges – oder auch ein überraschtes – Gesicht kommt, steigt die Aufmerksamkeit meistens sprunghaft an. Die Babys dishabituieren; sie scheinen also sowohl die Unterschiede zwischen den Emotionen als auch die Ähnlichkeiten innerhalb der Kategorien zu erkennen.

Social referencing. Gegen Ende des ersten Lebensjahres, beginnend ab etwa 8 Monaten, lässt sich ein besonders interessantes Phänomen des Emotionsverstehens beobachten. Wenn sich Kinder unsicher sind, wie eine ungewohnte Situation zu interpretieren ist, ob sie z. B. die Schnauze des hereingekommenen Hundes berühren dürfen oder nicht, achten sie auf den Gesichtsausdruck einer anderen Person und interpretieren ihn. Je nachdem, ob er Gefahr oder Vorfreude signalisiert, entscheiden sie sich anders – und in der Regel richtig.

Display rules. Im späteren Verlauf der Entwicklung, etwa beginnend mit dem Schulalter, zeigt sich das Verstehen eines weit komplexeren Aspekts: dass das Zeigen von Emotionen in vielen Situationen von kulturellen Regeln bestimmt ist. Allmählich, meistens durch aufwendige Interventionen der Eltern begleitet, lernen Kinder diese Regeln (*display rules*) zu verstehen und sie selbst anzuwenden. Sie versuchen, Freude zu zeigen, wenn ihnen die Großmutter zum Geburtstag gestrickte Socken statt eines erwarteten Spielzeugs schenkt. Und sie verstehen, dass hinter einem freundlichen Gesichtsausdruck nicht immer eine positive Emotion stehen muss.

Regulation von Emotionen

In unserer Gesellschaft – wie in vielen anderen – wird das Erreichen von sozialer Kompetenz als ein wichtiges Entwicklungsziel angesehen. Sie versetzt uns in die Lage, unsere persönlichen Ziele zu verfolgen, ohne unsere positiven Beziehungen zu anderen Menschen aufgeben zu müssen. Dazu ist es nicht angebracht, jede Emotion des Moments auszuleben und zum Ausdruck zu bringen. Wir müssen im Verlauf des Lebens lernen, unsere Emotionen zu regulieren. Eine gute Regulation ist ein Zeichen für emotionale Intelligenz.

Schon bei sehr jungen Kindern kann man Emotionsregulation beobachten: Babys saugen an ihren Fingern, Schnullern oder anderen Objekten, um ihre negativen Erregungen zu modulieren.

Sie unternehmen Versuche, sich selbst zu beruhigen, sie wenden ihre Augen ab oder schließen sie, wenn sie etwas Beunruhigendes erwarten. Bei der Entwicklung solcher Strategien sind die Kinder zunächst noch oft auf die Hilfe der älteren Bezugspersonen angewiesen. Gegen Ende des zweiten Lebensjahres beginnt eine markante Verselbstständigung der Emotionskontrolle. Kinder entwickeln von sich aus ein Bündel von Möglichkeiten, mit Frustrationen und Enttäuschungen umzugehen. So versuchen sie, ärgerliche Wartezeiten durch das Erfinden neuer Spiele, durch Unterhaltungen mit imaginären Gefährten und durch vieles andere mehr zu überbrücken.

Die ab 2 Jahren rasant fortschreitende Entwicklung sprachlicher und kognitiver Fähigkeiten hilft dem Kind, emotional belastende Situationen umzuinterpretieren, sodass das Geschehen in akzeptablerem Licht erscheint. So kann es zu sich selbst oder auch zu anderen sagen: „Eigentlich wollte ich ja gar nicht mit ihr spielen; sie ist sowieso zu alt für mich". In diesem Alter beginnt die Fähigkeit und bei vielen Kindern auch das Bedürfnis, mit anderen über Gefühle zu sprechen – in vielen Situationen eine besonders effiziente Strategie der Emotionsregulation.

Den Kindern gelingt es bis ins Schulalter hinein nicht nur immer besser, in ihrem emotionalen Ausdrucksverhalten den Erwartungen der Erwachsenen zu entsprechen. Sie entdecken auch, dass eine „adäquate" Kontrolle von Emotionen ihnen bessere Chancen gibt, von den Gleichaltrigen (peers) akzeptiert zu werden. Dies erfordert eine sensible Balance des Zeigens und Versteckens von Emotionen. Die Aufgabe wird später in der Entwicklung dadurch erschwert, dass das, was in einer jeweiligen Situation toleriert und geschätzt wird, sehr unterschiedlich sein kann, je nach sozialer Gruppe oder Kultur, in der sich das Kind bewegt.

Temperament

Bei den Stilen der Emotionsregulation gibt es schon früh im Leben beträchtliche interindividuelle Unterschiede. Sie sind zentrales Merkmal des individuellen Temperaments. Für viele Forscher ist dieses durch biologische Faktoren mitbestimmt. Vieles spricht aber auch dafür, dass die Umwelt, dass Erziehungsstile und Lernerfahrungen eine Rolle spielen. Insbesondere aus Zwillingsstudien resultiert inzwischen eine starke Evidenz dafür, dass genetische Faktoren und Umweltgegebenheiten bei der Ausbildung des Temperaments in komplexer Weise interagieren (Plomin, 1994).

Stabilität des Temperaments. Kann man aufgrund des Temperaments in früher Kindheit Voraussagen über die weitere Entwicklung machen? Wird ein eher zurückhaltendes, schüchternes Baby auch als Erwachsener schüchtern sein? Dies ist die Frage nach der Stabilität des Temperaments. Die Daten hierzu sind uneinheitlich. Folgendes scheint sich aber zusammenfassend sagen zu lassen:

(1) Allgemein gesehen, ist die Stabilität weniger hoch, als man gemeinhin erwartet; die Korrelationen über Altersgruppen hinweg sind moderat.

(2) Die Kontinuität scheint mit zunehmendem Alter zuzunehmen. Das heißt insbesondere: Das Temperament eines Kindes mit wenigen Monaten lässt kaum Voraussagen zu, wie es ein Jahr später sein wird.

Solche Voraussagen werden eher möglich ab dem zweiten Lebensjahr, dann sogar über einen Zeitraum von mehreren Jahren hinweg – allerdings beschränkt auf Extremausprägungen des Temperaments, und auch in diesen Fällen keineswegs mit letzter Sicherheit.

Temperamentskategorien. Die wohl immer noch bekannteste entwicklungspsychologische Temperamentsklassifikation basiert auf groß angelegten Längsschnittstudien, die Thomas &

Chess (1986) in New York durchführten. Sie kamen zu dem Schluss, dass die meisten der von ihnen untersuchten Babys einer von drei Kategorien zugeordnet werden konnten:

► **einfaches (***easy***) Temperament**, typischerweise in guter Stimmung, offen für neue Situationen, relativ leicht zu beruhigen, mit weitgehend voraussagbarem Verhalten

► **schwieriges (***difficult***) Temperament**, mit der Tendenz, negativ und intensiv auf Neues zu reagieren, irritierbar, irregulär in den Gewohnheiten, schwer voraussagbar

► **langsam auftauendes (***slow-to-warm-up***) Temperament**, relativ unaktiv zu Beginn, langsam im Anpassen an Neues, eher mild als intensiv reagierend

Nach Thomas und Chess fielen 40 Prozent der Kinder in die erste Kategorie, 10 Prozent in die zweite und 15 Prozent in die dritte. Damit schien eine große Gruppe von Kindern (35 Prozent) nicht in dieses Klassifikationssystem zu passen.

Die Typisierungen von Thomas und Chess haben im Verlauf der Zeit mehrfach Kritik erfahren, vor allem in methodischer Hinsicht. Erweiterungen und Alternativen wurden vorgeschlagen (Rothbart & Bates, 1998). Dessen ungeachtet ist das Dreier-Klassifikationssystem des kindlichen Temperaments in der klinischen Praxis noch weit verbreitet.

4.2 Bindung

Die meisten Eltern verspüren gleich nach der Geburt eines Kindes eine große emotionale Verbindung zu ihm. Die Kinder ihrerseits scheinen etwas längere Zeit zu brauchen, in der Regel mehrere Monate, um eine feste emotionale Beziehung zu nahestehenden Menschen aufzubauen. Meistens wird die Beziehung zu *einer* Person besonders stark und überdauernd, und sehr oft – aber nicht immer – ist dies die Mutter. Bindung (*attachment*) ist der Name für dieses Phänomen. Heute gehört es zum Allgemeinwissen, dass die frühe Bindung von enormer Bedeutung für die weitere Entwicklung eines Kindes ist.

Hospitalismus. Dies wusste man nicht immer. Bahnbrechend waren die Beobachtungen, die René Spitz, ein französischer Psychoanalytiker, in Hospitälern des Zweiten Weltkrieges machte. Dort waren Kinder untergebracht, die früh nach der Geburt von ihren Eltern getrennt wurden. Das Pflegepersonal in diesen Hospitälern wechselte häufig. Obwohl körperlich gut versorgt, entwickelten sich bei auffallend vielen Kindern merkwürdige Symptome, die man unter dem Begriff Hospitalismus zusammenfasste. Sie waren kränklich, sowohl psychisch als auch körperlich retardiert und zeigten keinen großen Lebenswillen. Die Sterblichkeitsrate war erheblich höher als bei Kindern, die zusammen mit zumindest einem Elternteil aufwuchsen. Auf der Suche nach einer Erklärung für die Hospitalismussymptome kam man darauf, dass es diesen Kindern trotz der guten Versorgung an einem mangelte: an emotionalen Bindungen zu konstanten Bezugspersonen. Somit geriet dieser Faktor in den Blickpunkt entwicklungspsychologischer Forschung.

Lerntheoretische Erklärungsversuche und ihr Scheitern

Für den Behaviorismus, der in jener Zeit seinen Höhepunkt hatte, schien die Erklärung für das Phänomen des *attachment* einfach: Die Bindung erfolgt typischerweise an die Person, die dem Kind konstant die Nahrung gibt, in der Regel die Mutter. Sie befriedigt damit den Hunger des Kindes, einen Primärtrieb. Durch wiederholtes Zusammenauftreten der Reduktion der Bedürfnisspannung (Hunger) und der Nähe der Mutter wird diese zum sekundären Verstärker. Das Baby assoziiert die Mutter mit angenehmen Gefühlen und versucht, sein Mögliches zu tun (mit Lächeln, Schreien, Lallen und vielem mehr), um die Nähe der Mutter aufrechtzuerhalten oder herzustellen.

Diese behavioristische Idee wurde in einer Reihe klassischer Experimente in Frage gestellt (Harlow & Harlow, 1969). Junge Rhesusaffen wurden gleich nach der Geburt von ihren natürlichen Müttern getrennt und zwei anderen „Müttern" zugeteilt. Diese waren künstlich, im Wesentlichen bestehend aus einem Drahtgestell mit einem Holzkopf. Bei einer der beiden Mütter war das Drahtgestell umgeben mit weichem, kuscheligem Fell. An beiden Müttern konnte eine Milchflasche befestigt werden, zur Nahrungsgabe an die jungen Affen. Eine Hälfte erhielt die tägliche Ration bei der Drahtmutter, die andere bei der Fellmutter.

Bei welcher Mutter würden sich Affenbabys in der restlichen Zeit des Tages aufhalten, wenn sie nicht gefüttert wurden? Die Daten waren sehr klar: Egal, von welcher Mutter die Affen die Nahrung bekamen, sie suchten die Nähe der Fellmutter und kuschelten sich die meiste Zeit an sie. Obwohl sie völlig passiv war, schien sie den jungen Affen eine sichere Basis für Explorationen und einen sicheren Hafen bei Bedrohungen von außen zu bieten – auch jenen, die ihre Nahrung von der anderen Mutter erhalten hatten. Die Nahrung allein kann also kein Erklärungsfaktor für Bindung sein.

Aus diesen Experimenten darf keineswegs geschlossen werden, dass der *contact comfort* hinreichend ist für eine normale Bindung und eine normale soziale Entwicklung. Das Gegenteil ist der Fall. Wenn die Affen aus Harlows Experimenten nach 6 Monaten aus der Isolation entlassen wurden, zeigten sie ein bizarres Sozialverhalten. Sie waren entweder apathisch oder übermässig aggressiv. Auch ihr sexuelles Verhalten hatte seltsame Züge. Wenn weibliche Affen schwanger wurden (was selten geschah), erwiesen sie sich nicht als gute Mütter. Sie tendierten dazu, ihre Kinder zu vernachlässigen oder zu missbrauchen, offenbar unfähig, von sich aus zum Aufbau einer Bindung beizutragen.

Ursprünge der heutigen Bindungsforschung: John Bowlbys Theorie

Die heutige Forschung zur Bindung hat ihre Wurzeln in der *Attachment Theory*, die John Bowlby (1969) ab Mitte des letzten Jahrhunderts entwickelte. Er versuchte, die bis dahin vorliegenden Beobachtungen zu integrieren und verband dabei insbesondere Gedanken der Psychoanalyse mit Ergebnissen der Verhaltensforschung (*Ethologie*). Bowlby ließ sich stark inspirieren durch das von Konrad Lorenz aufgezeigte Phänomen der Prägung, auf das dieser in seinen Untersuchungen mit Graugänsen gestoßen war. Die gerade dem Ei entschlüpften Küken folgten Konrad Lorenz und zeigten ihm gegenüber viele der Verhaltensweisen, die sie normalerweise auf ihre natürliche Mutter ausgerichtet hätten. In ethologischer Sicht hat die Prägung ihre Wurzeln in der Evolution; sie wird als angeborene Grundbereitschaft von Spezies zu Spezies übertragen. Auch menschliche Babys, so Bowlbys Überzeugung, sind mit solchen Grundbereitschaften ausgestattet. Sie helfen ihnen, die Eltern in der Nähe zu halten und vor Gefahr geschützt zu werden. Dies ist die Voraussetzung für den Prozess der Bindung, die in dieser Sicht einen hohen Überlebenswert hat.

Nach Bowlby verläuft die Bindungsentwicklung in den ersten beiden Lebensjahren in vier Phasen. Das Endergebnis ist ein starkes emotionales Band zwischen Kind und primärer Bezugsperson. In der weiteren Entwicklung bleibt es über Zeit und Distanz erhalten. Dies ist nun möglich über interne Repräsentationen: die des Selbst, der Bindungsperson(en) und des allgemeinen

Charakters von Beziehungen. So bildet sich ein internes Arbeitsmodell, das für viele Menschen einen vitalen Bestandteil der eigenen Persönlichkeit ausmacht. In ihm enthalten sind prägende frühkindliche Erfahrungen, vor allem über die Verlässlichkeit und Verfügbarkeit primärer Bezugspersonen wie der Mutter in Zeiten von Stress und durchlebten Schwierigkeiten, aber auch Erfahrungen über die Natur der selbst initiierten Interaktionen mit diesen Personen. In Bowlbys Sicht behält das interne Arbeitsmodell im späteren Leben, weit bis in das Erwachsenenalter hinein, eine entscheidende Rolle beim Aufbau und der Aufrechterhaltung enger zwischenmenschlicher Beziehungen (Bretherton, 1992).

Bindungsqualität: Mary Ainsworths Beitrag zur Forschung

Mary Ainsworth, zunächst Studentin von John Bowlby in London und danach seine langjährige Mitarbeiterin, engagierte sich sehr bald für geeignete empirische Umsetzungen der Ideen seiner Theorie (Ainsworth et al., 1978). Dabei nahm sie das Thema der Bindungsqualität in den Blickpunkt. Ihre vielfältigen Verhaltensbeobachtungen in Uganda und später in den Vereinigten Staaten hatten ihr gezeigt: Obwohl praktisch alle Kinder, die in einer Familie aufwachsen, innerhalb des zweiten Lebensjahrs eine primäre Bindung zur Mutter oder – seltener – zum Vater oder einem Großelternteil aufgebaut haben, gibt es von Kind zu Kind beträchtliche Unterschiede in der Art der Bindung. Für die Messung der Bindungsart entwarf sie einen Test, der zum Standardverfahren der Bindungsforschung wurde und seitdem in Hunderten von Untersuchungen eingesetzt wurde: die sogenannte fremde Situation (*strange situation*).

Das Verfahren simuliert bindungsrelevante Episoden, wie sie einzeln im Alltag des Kindes oft vorkommen. In ihrer geballten Abfolge stellen sie jedoch eine fremde Situation für alle Beteiligten dar – daher der Name. Für die Kinder ist die Situation nicht nur fremd, sondern auch stressreich. Das Baby befindet sich in einem Raum, zusammen mit ein oder zwei anderen Personen, die kommen und gehen. Dabei wird es unbemerkt durch eine Einwegscheibe beobachtet, und verschiedene Verhaltensaspekte werden registriert. Der Kasten „Episoden der fremden Situation" gibt einen Überblick über den Ablauf. Jede der acht Episoden dauert drei Minuten, sie kann jedoch vorher beendet werden, wenn der Stress für das Baby zu hoch wird.

Episoden der fremden Situation

1. Mutter und Kind betreten den Raum. Kind wird auf den Boden gesetzt, umgeben von Spielzeugen. Mutter nimmt in einer anderen Ecke Platz.
2. Mutter liest Zeitschrift. Kind kann Umgebung und Spielzeuge erkunden.
3. Eine Fremde tritt ein, unterhält sich zunächst mit der Mutter und nimmt dann Kontakt zum Kind auf.
4. Mutter verlässt unauffällig den Raum. Fremde bleibt ruhig, solange das Kind zufrieden ist, versucht es zu trösten, wenn es sich erregt.
5. Mutter kehrt zurück, grüßt das Baby und bietet, wenn nötig, Trost. Fremde verlässt den Raum.
6. Mutter verlässt den Raum. Baby ist allein.
7. Fremde Person kehrt zurück und bietet Trost an.
8. Mutter kommt wieder, grüßt das Baby und bietet, wenn nötig, Trost. Fremde verlässt den Raum.

In ihren Untersuchungen zur fremden Situation konnte Ainsworth drei deutlich voneinander unterscheidbare Verhaltensmuster identifizieren. Dafür waren im Prinzip alle Episoden relevant; von besonderer Aussagekraft erwiese sich jedoch das Verhalten des Babys in den beiden

Episoden, in denen eine Wiedervereinigung mit der Mutter erfolgte. Jedes der drei Verhaltensmuster war für Ainsworth die Ausdrucksform eines bestimmten Typs von Bindung, A, B oder C:

▶ **Sichere Bindung (Typ B):** Diese Kinder sehen ihre Mutter als eine sichere Basis. Wenn sie den Raum verlässt, weinen sie stark bis gar nicht. In jedem Fall ziehen sie die Mutter gegenüber der fremden Person vor und zeigen deutliche Freude in den Episoden der Wiedervereinigung. Dann suchen sie aktiv Kontakt mit der Mutter und lassen sich schnell von ihr trösten.

▶ **Unsicher vermeidende Bindung (Typ A):** Diesen Kindern scheint es relativ gleichgültig zu sein, ob die Mutter anwesend ist oder nicht. Wenn sie den Raum verlässt, zeigen sie normalerweise keine Anzeichen von Unmut oder Stress; falls doch, lassen sie sich von der fremden Person ebenso gut trösten wie von der Mutter. Bei der Wiedervereinigung vermeiden sie die Kontaktaufnahme entweder völlig, oder sie sind erst mit erheblicher Verzögerung dazu bereit.

▶ **Unsicher ambivalente Bindung (Typ C):** Diese Kinder suchen zu Beginn die Nähe der Mutter und explorieren kaum die Umgebung. Wenn sie allein gelassen werden, zeigen sie ihr Unbehagen oft wütend und schreiend. Bei der Rückkehr der Mutter verhalten sie sich seltsam ambivalent: Sie scheinen den Kontakt zu suchen, mit Schreien und Gesten darum bittend, aufgenommen zu werden. Sobald die Mutter darauf eingeht, wenden sie sich wieder von ihr ab und möchten losgelassen werden.

In Ainsworths ursprünglichen Untersuchungen war die sichere Bindung die weitaus häufigste: Etwa 65 Prozent der amerikanischen Kinder fielen in diese Kategorie (B). Nur etwa 30 bis 35 Prozent der Kinder wurden der unsicheren Bindung zugeordnet, davon etwa 20 Prozent dem vermeidenden Typ (A) und etwa 10 Prozent dem ambivalenten Typ (C). Später stieß man auf einen kleinen Prozentsatz von Kindern (ca. 5 Prozent), deren zum Teil bizarres Verhalten in keine der drei von Ainsworth vorgeschlagenen Kategorien passte. Für sie wurde die zusätzliche Kategorie der desorganisiert-desorientierten Bindung (Typ D) geschaffen (Main & Solomon, 1990). In dieser Kategorie sind Kinder, die Misshandlungen erfahren haben oder deren Eltern sich in psychiatrischer Behandlung befinden, auffällig überrepräsentiert.

Bedingungsfaktoren für sichere Bindung

Nachdem Mary Ainsworth ihr Klassifikationssystem vorgeschlagen hatte, lag die Frage nahe, was zur Ausbildung der einen oder anderen Form von Bindung führt. Im Vordergrund des Interesses stand dabei die sichere Bindung – zum einen, weil sie mit Abstand am häufigsten vorkam, und zum anderen, weil sie nach allen Beschreibungen der Typ zu sein schien, den man sich am ehesten wünscht, auch im Hinblick auf die spätere Entwicklung des Kindes. In der Forschung hat man nach zweierlei Bedingungsfaktoren gesucht: solchen auf Seiten der Mutter (oder anderer primärer Bezugspersonen) und solchen auf Seiten des Kindes.

Beitrag der Mutter. Was die Seite der Mutter betrifft, hat sich aus einer Vielzahl von Untersuchungen der folgende allgemeine Befund herauskristallisiert: Mütter von sicher gebundenen Babys reagieren prompt, verlässlich und konsistent auf die Signale des Kindes, sind einfühlsam, herzlich und konstant bemüht, ihr Verhalten auf die momentanen Bedürfnisse des Babys zuzuschneiden. Sie scheinen nach „interaktionaler Synchronie" zu streben, einem gut getimten „emotionalen Tanz" mit ihrem Kind. Das Bündel dieser Verhaltenstendenzen wird mit den Begriffen der mütterlichen Responsivität und Sensitivität belegt.

Bei der Interpretation dieser Befunde ist allerdings Vorsicht geboten. Die Daten stammen durchweg aus korrelativen Studien. Das mütterliche Verhalten, meistens im häuslichen Kontext beobachtet, wurde in Zusammenhang gebracht mit dem Verhalten des Kindes in der fremden Situation. Ein häufiges gemeinsames Auftreten von Responsivität der Mutter und Typ-B-Verhalten des Kindes erlaubt nicht den Kausalschluss, dass Responsivität ursächlich zu sicherer Bindung führt. Hierzu wären experimentell gewonnene Daten nötig. Erste Ansätze hierzu gibt es seit einiger Zeit in der Arbeitsgruppe von Marinus van Ijzendoorn aus den Niederlanden: Die Kinder von Müttern, die in einem Interventionsprogramm trainiert worden waren, sich responsiv zu verhalten, zeigten mit einem Jahr signifikant häufiger das sichere Bindungsverhalten als die Kinder einer Kontrollgruppe. Dies stützt den Schluss, der sich aus den korrelativen Studien aufdrängt, aber mit jenen Daten allein nicht zulässig ist.

Beitrag des Kindes. Manche Forscher sehen die größere Rolle bei der Bindungsentstehung auf der Seite des Kindes (z. B. Kagan, 1989). Sie weisen darauf hin, dass das – möglicherweise angeborene – **Temperament** des Kindes die Verhaltensunterschiede erklären kann, die man in der fremden Situation beobachtet. Das Argument ist: Ein von Natur aus „einfaches" Kind verhält sich in fast jeder Situation – so auch in der fremden – anders als ein von Natur aus „schwieriges". Und weiterhin: Für eine Mutter ist es leichter, bei einem einfachen Kind responsiv zu sein als bei einem schwierigen. So ist gefunden worden, dass Mütter mit einfachen Kindern länger spielen, als es Mütter mit schwierigen Kindern tun. Die Responsivität ist, so gesehen, vielleicht eine Folge des kindlichen Temperaments oder zumindest zum großen Teil durch dieses mitbedingt.

So plausibel sich diese Argumente auch anhören mögen: Es ist wahrscheinlich nicht sinnvoll, den Beitrag nur auf einer Seite zu sehen, der der Mutter *oder* der des Kindes. Wie in vielen Bereichen der Entwicklungspsychologie scheint auch hier die Annahme einer Interaktion die vernünftigste zu sein. Diese wird heute von den meisten Forschern geteilt, wobei die Mehrheit den größeren Anteil bei der Mutter sieht (Solomon & George, 1999).

4.3   Moralische Entwicklung

Relativ früh erkennen Kinder, dass nicht nur sie selbst Bedürfnisse haben, sondern auch andere Menschen, und dass die Bedürfnisse im sozialen Umgang aufeinander abgestimmt werden müssen. Schon vor dem Schuleintritt werden Kinder punktuell mit Regeln darüber konfrontiert, was man in einzelnen sozialen Situationen darf und was nicht, und sie versuchen herauszufinden, ob es hinter diesen zunächst nur isolierten Verhaltensanweisungen etwas Gemeinsames gibt – so etwas wie eine „Moral". Dies ist mit dem Erkenntnisdrang zu vergleichen, den Kinder in diesem Alter beim Aufspüren von übergreifenden physikalischen und biologischen Gesetzen haben. Der Unterschied ist: Die Naturgesetze sind von Menschen nicht veränderbar, die Gesetze der Moral vielleicht schon. Erkennen dies Kinder? Erkennen sie auch, dass es Unterschiede hinsichtlich der Beliebigkeit sozialer Regeln gibt? Manche scheinen relativ unumstößlich zu sein, so das Gebot „Du sollst nicht stehlen". Andere scheinen eher hinterfragbar zu sein, so etwa die Aufforderung „Du sollst der Tante die Hand geben". Bei Regeln der letzteren Art handelt es sich um soziale Konventionen, die sich von Kultur zu Kultur stark unterscheiden und sich auch innerhalb einer Kultur schnell wandeln können. Bei Regeln der ersteren Art handelt es sich um moralische Regeln im engeren Sinn, die relativ überdauernder Natur und fundamental für menschliches Zusammenleben sind. Wir konzentrieren uns hier auf die moralischen Regeln und fragen, wie sich das Denken und Urteilen über Moral in der Kindheit und bis in das Jugendalter hinein entwickelt.

Piagets Theorie der moralischen Entwicklung

Auch in der Erforschung der moralischen Entwicklung gehen die Pionierarbeiten auf Jean Piaget zurück. Dabei standen zunächst naturalistische Methoden im Vordergrund. Piaget schaute Kindern zu, wie sie auf Straßen oder in Parks miteinander spielten. Ab und zu unterbrach er sie dabei und stellte ihnen Fragen wie: „Woher kommen die Regeln, nach denen ihr spielt? Muss jeder sie befolgen? Wann sind Ausnahmen erlaubt? Könnte man die Regeln auch ändern?"

Später entwarf er standardisiertere Interviewverfahren. Zur typischsten Methode wurde die Präsentation zweier Geschichten mit der Aufforderung an das Kind, die darin geschilderten Handlungen und/oder Personen unter moralischem Aspekt zu vergleichen. Das bekannteste Geschichtenpaar ist das folgende:

▶ Ein kleiner Junge namens John wurde zum Essen gerufen. Aber hinter der Tür zum Esszimmer stand ein Stuhl, und darauf war ein Tablett mit 15 Tassen. John konnte nicht wissen, dass dies da war. Als er eintrat, stieß er die Tür an das Tablett, und alle 15 Tassen waren kaputt!

▶ Da war ein Junge namens Henry. Eines Tages, als seine Mutter aus dem Haus war, wollte er Konfitüre aus dem Schrank holen. Er kletterte auf einen Stuhl und streckte seine Hand aus. Aber so konnte er die Konfitüre immer noch nicht erreichen. Als er es weiter versuchen wollte, stieß er eine Tasse um. Sie fiel herunter und war kaputt!

Danach stellte Piaget Fragen wie: Welcher Junge war unartiger und warum? Welcher sollte mehr bestraft werden? Für Kinder über 8 Jahren war es Henry, weil er heimlich an die Konfitüre gelangen wollte, ohne nach der Erlaubnis gefragt zu haben. Für Kinder unter 8 Jahren war es John, weil er viel mehr Tassen zerbrochen hatte.

Aus Daten wie diesen kam Piaget zu einer Zwei-Stufen-Theorie der moralischen Entwicklung. Bis zum Alter von 8 bis 10 Jahren haben Kinder eine *heteronome Moral*. In ihr sind die Regeln als unumstößliche Gegebenheiten von Autoritäten festgesetzt. Diese bestimmen, was gut und böse ist. Mit den Autoritäten respektiert man auch die Regeln (*unilateraler Respekt*). Auf dieser Stufe glauben Kinder an eine *immanente Gerechtigkeit*. Ihrzufolge ist jede bestrafenswerte Tat schon bei ihrer Ausführung mit einer ihr innewohnenden Strafe verbunden, die gerecht ist und unweigerlich folgen wird. Das vielleicht Wichtigste in dieser Stufe ist: Die moralische Bewertung einer Handlung bemisst sich an den objektiven Konsequenzen, nicht an den dahinter liegenden Absichten oder Motiven. So gesehen, liegt ein *moralischer Realismus* vor.

Die heteronome Moral wird von der *autonomen Moral* abgelöst, nach Piaget etwa im Alter von 10 Jahren. Kinder verstehen nun, dass Regeln das Produkt sozialer Übereinkünfte und damit verhandelbar sind. Moralisches Denken ist nicht mehr ausschließlich an Autoritäten ausgerichtet. Beziehungen in Gruppen mit gleichberechtigten Individuen (*peers*), geprägt von *gegenseitigem Respekt*, treten in den Vordergrund. Strafen folgen nicht mehr logisch aus einer Tat, sondern müssen jeweils unter Berücksichtigung mehrerer Aspekte abgewogen werden. Wichtig ist auf dieser Stufe der Einbezug des Motiv oder der Intention bei der Bewertung einer Handlung, nicht mehr allein die Konsequenz. In diesem Sinne ist hier *moralischer Relativismus* vorherrschend.

Kohlbergs Theorie

Der amerikanische Psychologe Lawrence Kohlberg hat, beginnend in den 60er Jahren des letzten Jahrhunderts, auf Piagets Ideen aufgebaut und eine wesentlich elaboriertere Theorie der moralischen Entwicklung vorgelegt. Sie bildet auch heute noch den Standard des Denkens über dieses Thema; ein Großteil aktueller Forschung greift auf sie zurück.

Auf der Suche nach einer universellen Theorie der Entwicklung moralischen Urteilens hat Kohlberg umfangreiche Längsschnittstudien mit Kindern und Jugendlichen verschiedener Kulturen durchgeführt. Für diesen Zweck entwarf er eine spezielle Methode: Er präsentierte seinen Versuchspersonen Geschichten, in denen es ein moralisches Dilemma gab. In einer der bekanntesten, der Heinz-Geschichte, wurde von einem Mann namens Heinz erzählt, dessen Ehefrau dringend ein Medikament benötigte; andernfalls würde sie sterben. Heinz, der relativ arm ist, hat aber nicht genügend Geld, um das teure Medikament zu kaufen. Die Herstellungskosten für den Apotheker betragen nur ein Zehntel des Preises. Daher bittet Heinz den Apotheker, ihm einen günstigeren Preis zu machen. Dieser stellt sich stur und verweigert prinzipiell – auch noch, als ihm Heinz das Geld anbietet, das er bei Freunden und Verwandten gesammelt hat, aber immer noch nicht ganz den regulären Kaufpreis erreicht. Der verzweifelte Heinz bricht in die Apotheke ein und stiehlt das Medikament.

Die Frage war: Darf er das, oder darf er es nicht? Anschließend mussten die Kinder ihre Antwort begründen. Aufgrund der Analyse der Antworten in diesen ausführlichen Interviews kam Kohlberg zur Aufstellung von sechs Stufen des moralischen Urteilens, die er in drei Ebenen gruppierte: die präkonventionelle, konventionelle und postkonventionelle Moral (s. Tab. 4.1). Dabei ist wichtig zu wissen: Für die Einordnung in jede der Stufen war nicht die Ja-Nein-Entscheidung an sich relevant, d. h. ob man die Handlung für moralisch richtig oder falsch hielt, sondern die Argumentation, mit der das Ja oder Nein begründet wurde. So kann man im Heinz-Dilemma sowohl mit einem Ja als auch mit einem Nein in die vierte Stufe kommen, die durch eine Law-and-Order-Orientierung gekennzeichnet ist: Das Stehlen-Dürfen könnte man über den Ehevertrag oder das Eheversprechen begründen, das Nicht-Stehlen-Dürfen über das staatliche Gesetz.

Nach Kohlberg stellen die sechs Stufen eine echte Entwicklungssequenz dar. Das heißt: Sie werden von jeder Person in genau dieser Abfolge durchlaufen, ohne Überspringen einer Stufe und ohne Rückfall auf eine frühere. Hier spricht er von Unidirektionalität. Dabei trifft Kohlberg eine Einschränkung: Die Ebene der postkonventionellen Moral wird nicht von allen Menschen erreicht. Nach Kohlberg setzt sie, in Anlehnung an Piagets Theorie der kognitiven Entwicklung, formal-operatorisches Denken voraus, insbesondere die Fähigkeit, über die gegebenen Informationen hinauszugehen und sich andere Welten vorstellen zu können. Besonders anspruchsvoll sind die Kriterien für die letzte Stufe: Diese verlangt die Fähigkeit zur Formulierung abstrakter ethischer Prinzipien. Kants kategorischer Imperativ wäre ein Beispiel für eine Argumentation auf dieser Stufe. Da solche Verbalisierungen in Kohlbergs Untersuchungen so gut wie nie vorkamen, wurde diese Stufe von ihm selbst gegen Ende seines Lebens aufgegeben.

Zu den anderen Stufen machte Kohlberg grobe Altersangaben: Bis zu etwa 10 Jahren seien praktisch alle Kinder in der präkonventionellen Moral, die vorrangig ausgerichtet ist auf die Antizipation von Strafe und Belohnung. Und mit 13 Jahren seien die allermeisten Kinder zu den Stufen der konventionellen Moral übergegangen, in der soziale Normen in den Blickpunkt rücken und als Grundlage für moralisches Denken herangezogen werden. In den Vereinigten Staaten ebenso wie in anderen Kulturen, so Kohlbergs Befunde, kommen die allermeisten Jugendlichen und Erwachsenen über die konventionelle Ebene nicht hinaus.

Tabelle 4.1 Sechs Stufen der Moralentwicklung nach Kohlberg

Stufen der Moralentwicklung nach Lawrence Kohlberg (1927–1987)

Präkonventionelle Moral	Stufe 1	Orientierung an Strafe und Gehorsam Vermeidung von Strafe bestimmt moralisches Verhalten
	Stufe 2	Instrumentelle Orientierung an eigenen Bedürfnissen Naiver Hedonismus: „Eine Hand wäscht die andere"
Konventionelle Moral	Stufe 3	„Good boy/good girl"-Orientierung Konformistisch, nach Anerkennung im kleinen Kreis suchend
	Stufe 4	Law-and-Order-Orientierung Festhalten an Gesetzen, Pflichterfüllung in großen Systemen
Postkonventionelle Moral	Stufe 5	Orientierung am Sozialvertrag und an Menschenrechten Allgemeines Wohlergehen bei Respekt individueller Grundrechte
	Stufe 6	Orientierung an universellen ethischen Prinzipien Moralisches Handeln und Urteilen nach kategorischem Imperativ

Kritik. Kohlbergs Theorie ist nicht ohne Kritik geblieben. Stark angezweifelt wurde die Universalität. Sie erwies sich nicht in dem Maße als gegeben, in dem sie ursprünglich konzipiert war. Auch gegen die postulierte Invarianz der Entwicklungssequenz wurde einige Evidenz vorgebracht: In manchen Studien fielen die Kinder je nach Kontext auf verschiedene Stufen zurück, was auch Regressionen auf schon überwunden geglaubte Stufen mit sich brachte. Problematisiert wurden weiterhin die hohen Anforderungen, die Kohlbergs Interviewtechnik an die Verbalisierungsfähigkeiten der Kinder stellte. Die moralische Kompetenz vieler Kinder, so die Vermutung, könnte allein aufgrund ihrer eingeschränkten verbalen Möglichkeiten erheblich unterschätzt worden sein.

Eine speziell weibliche Moral? Auf Befremden stieß bei manchen auch die Tatsache, dass Kohlberg nur Jungen untersucht hatte. Seiner Theorie wurde daher eine einseitig maskuline Ausrichtung vorgeworfen. Carol Gilligan, eine von Kohlbergs Schülerinnen, meldete starke Zweifel an, dass sich diese Daten auf das weibliche Geschlecht übertragen lassen. Nach Gilligan (1982) haben Frauen typischerweise eine Moral, die nicht – wie die männliche – an Gesetzen und Gerechtigkeit orientiert ist, sondern in erster Linie an Fürsorge, sozialer Verantwortung und zwischenmenschlichen Beziehungen.

Moralisches Urteilen als Informationsintegration

Seit einiger Zeit gibt es mehrere Anzeichen, die darauf hindeuten, dass sowohl Piaget als auch Kohlberg die moralische Kompetenz der untersuchten Personen enorm unterschätzt haben, besonders die der jüngeren Kinder. Die Daten kommen aus Untersuchungen, die im Rahmen der Informationsintegrationstheorie (s. 3.3) durchgeführt wurden. Wie schon von Piaget betont, verlangt ein ausgereiftes moralisches Urteilen die Berücksichtigung mehrerer Aspekte: So ist für die Bewertung einer Tat nicht nur der objektiv entstandene Schaden relevant, sondern auch die zugrunde liegende Absicht als subjektiver Faktor. Diese beiden Aspekte müssen irgendwie zusammengebracht werden – nicht nur für Kinder, sondern auch bei der Strafbemessung vor Gericht. Dort sind Informationen über die Intention von großer Bedeutung. Es macht in der Regel einen erheblichen Unterschied, ob Fahrlässigkeit oder Vorsatz vorlag.

Wie integrieren Kinder die Informationen über Intentionen in ihr moralisches Urteil? Nach Piaget tun sie dies auf der heteronomen Stufe, also bis zum Alter von etwa 10 Jahren, überhaupt nicht: In ihrem moralischen Realismus zentrieren sie auf das Objektive, also auf die Höhe des Schadens.

Dies wurde von Manuel Leon (1980) in einem ersten Experiment innerhalb des neuen Ansatzes hinterfragt. Es folgte den gleichen Prinzipien, die in den schon geschilderten Untersuchungen zur kognitiven Entwicklung im Rahmen der Informationsintegrationstheorie zur Anwendung gekommen waren (s. 3.3). Auf beiden hier relevanten Faktoren, Absicht und Schadenshöhe, wurden mehrere Stufen realisiert. Alle Stufen wurden in einem faktoriellen Versuchsplan miteinander kombiniert, und die Kinder erhielten eine graduell abgestufte Skala für ihre Beurteilungen. Konkreter gesagt, sah dies so aus: Es wurden Geschichten erzählt, in denen ein Kind entweder (a) ohne Absicht, (b) fahrlässig oder (c) mit voller Absicht eine von vier verschiedenen Schadenshöhen produzierte. Bei jeder Geschichte sollten sie auf einer 20-stufigen Skala den Grad der *naughtiness* angeben, d. h. wie „unartig" sie dies fanden. In den Geschichten ging es zum Beispiel darum, dass ein Junge einen Stein warf, der bei einem anderen Kind zu einer von vier Verletzungsstufen führte: (a) gar keiner, (b) einer Schramme am Bein, (c) einem aufgeschlagenen Knie oder (d) einer blutigen Wunde am Kopf.

Abbildung 4.1 zeigt ein typisches Datenmuster aus einem solchen Experiment, in diesem Fall für eine Gruppe von 8-Jährigen. Wie man sieht, steigen die Urteile von links nach rechts an, was nicht sonderlich überrascht, weil es auf die Berücksichtigung der Schadenshöhe hinweist. Die Datenkurven für die drei Absichtsstufen sind aber auch vertikal voneinander getrennt: mit den höchsten Werten für die stärkste Stufe und den niedrigsten für die geringste. Das heißt: Die Kinder haben stets beide Informationen berücksichtigt. Und nicht nur dies: Sie haben beide Informationen nach einer systematischen Regel integriert – in diesem Fall nach einer additiven, was man aus der Parallelität des Datenmusters schließen kann.

In weiterführenden Untersuchungen wurden von Leon selbst sowie von anderen Forschern auch andere, nichtadditive Integrationsregeln gefunden. Diese waren zum Teil komplex, unter Einbeziehung weiterer Faktoren wie z. B. der erfolgten Wiedergutmachung eines angerichteten Schadens (Hommers, 1990). Nur selten zeigten sich in bestimmten Kontexten eindimensionale Regeln mit einer Zentrierung auf Schaden *oder* Absicht. Wenn sie auftraten, waren sie nicht auf jüngere Kinder beschränkt, sondern im gesamten Altersspektrum zu finden. Über alle untersuchten Altersgruppen hinweg war Informationsintegration die Regel, nicht die Ausnahme (Leon, 1984; Surber, 1982; Hommers & Anderson, 1991; Kienbaum & Wilkening, 2008). Hiernach lässt sich die Vorstellung vom moralisch eindimensionalen Schulkind nicht mehr aufrechterhalten.

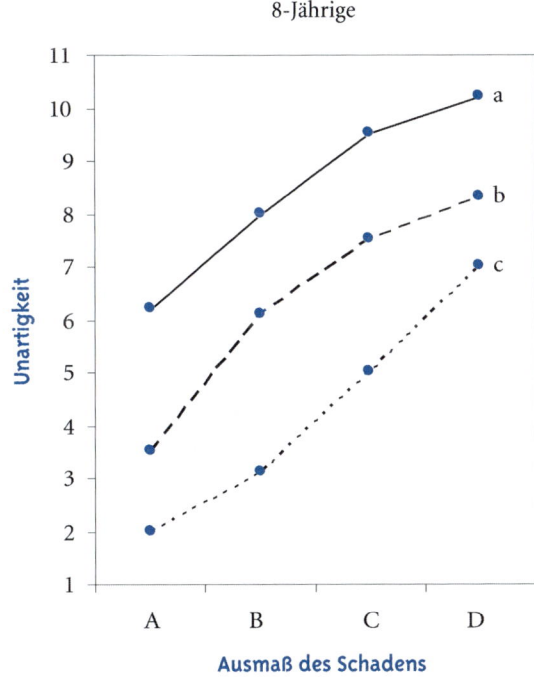

8-Jährige

Unartigkeit

Ausmaß des Schadens

Abbildung 4.1 Beispiel eines Befunds aus den Untersuchungen Leons (1980) zum moralischen Urteilen: Die Kinder beurteilten die *naughtiness* (Unartigkeit) eines Jungen, der Schäden verschiedenen Ausmaßes (A, B, C, D) mit verschiedenen Intentionen (a: vorsätzlich, b: fahrlässig, c: unabsichtlich) angerichtet hatte. Jedes Kind beurteilte alle 12 Kombinationen; die Daten weisen auf eine Beachtung beider Faktoren und auf eine additive Integration der Informationen hin.

Zusammenfassung

Dargestellt wurden exemplarisch drei thematische Bereiche, die im Zusammenhang mit dem Aufbau sozialer Beziehungen im Entwicklungsverlauf von besonderer Wichtigkeit sind: Emotionen, Bindung und Moral. Es zeigte sich eine große theoretische Vielfalt: Im ersten Bereich gab es inhaltsspezifische Theorien, im zweiten einen Rückgriff auf lernpsychologische, psychoanalytische und ethologische Theorien und im dritten eine Anlehnung and kognitiv orientierte Theorien. Die Theorievielfalt spiegelt sich in einer bemerkenswerten methodischen Breite wider. Insgesamt stellt sich die soziale Entwicklung als facettenreiches Gebiet dar. Im Vergleich mit dem Forschungsgebiet der kognitiven Entwicklung fällt auf, dass es kaum Versuche gibt, diese Vielfalt unter ein gemeinsames Dach zu bekommen.

Übungsaufgaben

► Warum werden Stolz und Scham nicht zu den primären Emotionen gezählt?

► Welchen Zusammenhang sehen Sie zwischen Themen der Emotionsregulation und des Temperaments von Kindern?

► Was ist eine kognitive Voraussetzung dafür, dass die Bindung zwischen dem Kind und der primären Bezugsperson über Raum und Zeit erhalten bleibt?

► Die sogenannte „fremde Situation" hat sich als paradigmatisches Untersuchungsinstrument zur Bestimmung der Bindungsqualität durchgesetzt. Worin sehen Sie seine Stärken, worin könnten Schwächen oder Begrenzungen bestehen?

► Kohlberg hat Stufen des moralischen Urteilens postuliert, die als Kompetenzkategorien angesehen werden können. Welchen Zusammenhang vermuten Sie zur Performanz, d. h. zum tatsächlichen moralischen Handeln von Personen, die den jeweiligen Stufen zugeordnet werden?

► Man kann annehmen, dass mit zunehmendem Alter die Gewichtung des Faktors der Absicht zunimmt und die Gewichtung des Faktors der Schadenhöhe abnimmt. Wie müsste sich eine solche Veränderung in Daten von Informationsintegrationsexperimenten zeigen?

Weiterführende Literatur

► Anderson, N.H. (1991). Moral-social development. In N.H. Anderson (Ed.), Contributions to information integration theory, Vol. 3: Developmental (pp. 137–188). Hillsdale, NJ: Erlbaum.

► Grossmann, K. & Grossmann, K.E. (2006). Bindungen – das Gefüge psychischer Sicherheit (3. Aufl.). Stuttgart: Klett-Cotta.

► Holodynski, M. (2006). Emotionen: Entwicklung und Regulation. Heidelberg: Springer.

► Sroufe, L.A. (1996). Emotional development: The organization of emotional life in the early years. New York: Cambridge University Press.

Teil II

Erwachsenenalter

5 Grundlagen: Definitionen und Konzepte

Was sind die zentralen Themen einer Entwicklungspsychologie des Erwachsenenalters? Wie kann diese Lebensphase definiert werden und welches Alter schließt sie ein? Welche Entwicklungsaufgaben sind kennzeichnend für diese Lebensphase und wie beeinflussen sie die Entwicklung?

Das Erwachsenenalter ist erst seit Kurzem Gegenstand der entwicklungspsychologischen Forschung. Dies liegt zunächst daran, dass diese Lebensphase im Gegensatz zur Kindheit durch eine langsamere Entwicklungsrate und höhere Stabilität gekennzeichnet ist. Im Erwachsenenalter spielen Entwicklungsaufgaben eine wichtige Rolle für die Entwicklung. Individuelle Unterschiede in dieser Lebensphase sind eher auf die Meisterung von Entwicklungsaufgaben zurückzuführen als auf biologische Entwicklungsfaktoren. Entwicklungsaufgaben sind als soziale Erwartungen definierbar, die sich auf die Verfolgung von Zielen in einem bestimmten Alter beziehen. Die zentralen Entwicklungsaufgaben des Erwachsenenalters kreisen um die Lebensbereiche Beruf und Familie.

5.1 Das Erwachsenenalter – ein neues Forschungsgebiet der Entwicklungspsychologie

Das Erwachsenenalter wurde in der „klassischen" Entwicklungspsychologie als ein theoretisch und empirisch nicht besonders interessanter Lebensabschnitt angesehen. Das „klassische" Entwicklungskonzept geht aus

► von fortschreitendem Wachstum
► von Entwicklungsgewinnen im Sinne des Neuerwerbs oder der Verfeinerung von neuen Fähigkeiten und Fertigkeiten
► von fortschreitender Differenzierung und Integration zu höheren Funktionsstufen.

Außerdem ist die Rate der Veränderung in der Kindheit sehr hoch, sodass Entwicklung innerhalb von Monaten, bisweilen sogar Wochen, leicht erkennbar ist. All dies ändert sich mit zunehmendem Alter und insbesondere im Erwachsenenalter. Hier vollziehen sich Veränderungen (z. B. die kognitive Entwicklung) sehr viel langsamer, während einige psychologische Merkmale (z. B. Persönlichkeitseigenschaften) sich durch hohe Stabilität auszeichnen und manche Funktionen (z. B. die Informationsverarbeitungsgeschwindigkeit) bereits erste Anzeichen des Abbaus zeigen.

Angesichts der zunehmenden Bevölkerungsanteile alter und sehr alter Menschen galt das gerontologisch erforschte höhere Alter als ein wichtigerer Lebensabschnitt. Die kennzeichnenden Veränderungen wurden vor allem als Verluste und Abbauprozesse wahrgenommen. Ein genauerer Blick auf den Lebensabschnitt zwischen 20 und 65 Jahren ergibt jedoch, dass auch im Erwachsenenalter wichtige entwicklungspsychologische Prozesse der Auseinandersetzung mit sich selbst und der Lebenswelt stattfinden. Erst in den letzten Jahren beginnt die Entwicklungspsychologie der Lebensspanne, sich verstärkt dem Erwachsenenalter zuzuwenden. Dies dokumentieren die hervorragenden Sammelbände von Lachman (2001) sowie von Willis und Martin (2005).

Erwachsenenalter

Den Lebensabschnitt des Erwachsenenalters abzugrenzen, ist schwierig, da diese Phase nicht biologisch, sondern primär soziokulturell durch die Entwicklungsaufgaben und Lebensumstände definiert ist. Als Kriterien für den Beginn des Erwachsenenalters werden häufig angesehen:

► die Beendigung der Ausbildung
► der Eintritt ins Berufsleben
► der Auszug aus dem Elternhaus
► der Aufbau einer eigenen Familie

Weitere zentrale Aspekte der Bestimmung des Erwachsenenalters sind die Selbstständigkeit in der Lebensführung und die finanzielle sowie emotionale Unabhängigkeit von den Eltern. Von Erwachsenen wird erwartet, dass sie Verantwortung für ihr Leben und ihr Verhalten übernehmen. Dies zeigt sich in der (gesetzlichen) Volljährigkeit, mit deren Erreichen eine Person rechtskräftige Verträge abschließen und – im Gegensatz zu Kindern und Jugendlichen – strafrechtlich voll zur Rechenschaft gezogen werden kann.

Als Grenze für den Übergang zum höheren Alter wird spiegelbildlich häufig die Verrentung angesehen. Wann genau eine Person eine Ausbildung oder ihre Berufstätigkeit aufnimmt oder abschließt, ist aber von vielen Faktoren – beispielsweise von der Art der Ausbildung und dem Arbeitsmarkt – abhängig und unterliegt damit einer hohen Varianz. Klare Altersgrenzen für das mittlere Erwachsenenalter können daher nicht aufgestellt werden.

Phasen des Erwachsenenalters. Das Erwachsenenalter kann grob in drei Phasen unterteilt werden:
► *Emerging Adulthood.* Die Phase des beginnenden Erwachsenenalters geht nach Arnett (2000) auf Veränderungen in den industrialisierten Gesellschaften zurück. Angesichts der vielen Möglichkeiten, die sich jungen Menschen dort heutzutage nach ihrem Schulabschuss in der Berufs- und Partnerwahl eröffnen, wird die Transition ins Erwachsenenleben hinausgezögert. Nach Arnett verlängern junge Menschen in der Dekade zwischen 18 und 28 Jahren die Phase der Exploration, die eigentlich typisch für die Phase der Identitätsfindung des Jugendalters ist. (s. 6.1 Jugend: Identitätsfindung)
► Junges Erwachsenenalter. Das junge Erwachsenenalter kann als eine Altersphase charakterisiert werden, in der sehr stark gewinnorientierte Aufgaben im Vordergrund stehen, nämlich der Beginn der Berufstätigkeit und die Etablierung im Beruf sowie die Gründung einer eigenen Familie. Junge Erwachsene investieren ihre Ressourcen dann auch primär in Zugewinne in ihrem Leistungs- und Funktionsniveau (z. B. Gedächtnisleistung, Wissen, Gesundheit, gute soziale Beziehungen).
► Mittleres Erwachsenenalter. Neugarten (1972) bezeichnete als zentrale Veränderung des mittleren Erwachsenenalters die Ausbildung einer neuen Lebensperspektive. Die Sicht auf das eigene Leben als Zeit seit der Geburt weicht der Sicht auf das eigene Leben als noch

verbleibende Lebenszeit. Tatsächlich zeigen empirische Studien, dass die Zukunftsperspektive von jungen Erwachsenen gewissermaßen als endlos wahrgenommen und mit steigendem chronologischen Alter zunehmend als eingeschränkt empfunden wird. Außerdem entwickelt sich von diesem Alter an ein zunehmend ungünstiges Verhältnis von Entwicklungsgewinnen und -verlusten. Damit ist eine Reihe von motivationalen und sozioemotionalen Veränderungen verbunden – z. B. die zunehmende Konzentration auf wesentliche Ziele oder emotional bedeutsame Sozialkontakte.

5.2 Entwicklungsaufgaben des Erwachsenenalters

In der Lebensphase des Erwachsenenalters stehen die Lebensbereiche Beruf und Familie im Vordergrund. Während im jungen Erwachsenenalter der Aufbau dieser Lebensbereiche von großer Bedeutung ist, wird vom mittleren Erwachsenenalter an eine Konsolidierung des Funktionsniveaus angesichts erster Verluste (z. B. kognitiver oder physischer Leistungsfähigkeit) immer wichtiger.

Im Erwachsenenalter wird eine Vielzahl an Anforderungen an eine Person gestellt. Als Entwicklungsaufgaben lassen sich in den zwei zentralen Lebensbereichen des Erwachsenenalters unterscheiden:

▶ **Beruf:** Einstieg, Erreichen der individuellen Leistungsasymptote, Lifelong Learning, Vorbereitung auf Berentung
▶ **Familie:** Familiengründung, Geburt des ersten Kindes, Kinderlosigkeit, Empty-Nest, alternde Eltern

Definition von Entwicklungsaufgaben. Das Konzept der Entwicklungsaufgaben wird in der Literatur sehr heterogen angewandt. Oerter (1986) unterscheidet vier verschiedene Bedeutungen des Konzeptes:

▶ Lebensabschnitte (z. B. mittleres Erwachsenenalter) per se als Aufgabe
▶ spezifische, normative Aufgaben in einer Lebensphase (z. B. Familiengründung)
▶ antizipierte, kritische Lebensereignisse (z. B. Geburt eines Kindes)
▶ der Bereich von möglichen Entwicklungsverläufen

Das Konzept der Entwicklungsaufgaben wurde ursprünglich von Havighurst (1972) entwickelt, um zu beschreiben, womit sich Personen zu einem bestimmten Zeitpunkt oder in einer bestimmten Phase ihres Lebens beschäftigen. Havighurst wollte damit Erziehern einen entwicklungspsychologischen Leitrahmen für die Pädagogik zur Verfügung stellen. Er ging davon aus, dass die erfolgreiche Bewältigung dieser altersgebundenen Aufgaben zentral für eine erfolgreiche Entwicklung ist. Sein Stufenmodell beinhaltet, dass Entwicklungsaufgaben in einer unumkehrbaren Folge hierarchisch aufeinander aufbauen.

Entwicklungsaufgaben aus einer Lebensspannenperspektive. Havighurst war nicht nur in Bezug auf seine Lebensspannenperspektive ein moderner Denker, sondern auch insofern er Interaktionen zwischen altersbezogenen gesellschaftlichen Anforderungen bzw. Erwartungen, biologischen Entwicklungsprozessen und der Persönlichkeit annahm, aus denen Entwicklungsaufgaben entstehen. Abbildung 5.1 zeigt, dass die Annahmen Havighursts zu einem großen Teil der aus der Lebensspannenpsychologie stammenden Taxonomie von altersgradierten, historischen und non-normativen Einflussfaktoren der Entwicklung entsprechen. Die Lebensspannen-

Tabelle 5.1 Entwicklungsaufgaben im jungen und mittleren Erwachsenenalter nach Havighurst (1972)

Lebensphase	Entwicklungsaufgaben
Junges Erwachsenenalter	Lebenspartner finden
	Zusammenleben mit dem Partner lernen
	Gründung einer Familie
	Kinder aufziehen
	Zuhause für die Familie schaffen
	Einstieg in den Beruf
	Sorge für das Gemeinwohl
	Aufbau eines gemeinsamen Freundeskreises (mit Lebenspartner)
Mittleres Erwachsenenalter	Physiologische Veränderungen akzeptieren und sich an sie anpassen
	Befriedigende berufliche Leistung erreichen und aufrechterhalten
	Beziehung zu den Eltern aufbauen, die deren hohem Alter angemessen ist
	Heranwachsenden Kindern helfen, verantwortungsbewusste und glückliche Erwachsene zu werden
	Beziehung zum Ehepartner als eigenständigem Menschen aufbauen und aufrechterhalten
	Erwachsene Verantwortlichkeit im sozialen und gesellschaftlichen Bereich aufbauen
	Freizeitinteressen und Hobbys aufbauen

psychologie hat weitere, differenzielle Einflussfaktoren identifiziert und auf diese Weise angemessen den interindividuellen Unterschieden in der Entwicklung Rechnung tragen können (vgl. Baltes et al., 2006).

Die Heterogenität von Entwicklung wird aus einer Lebensspannenperspektive vor allem durch vier Konzepte erklärt, die im Zusammenspiel ein dynamischeres und komplexeres Profil von Entwicklung generieren als einfache Stufenmodelle:

▶ **Kontextualismus:** Entwicklung ist in vielen Funktionsbereichen sowohl von historischen wie auch kulturellen Faktoren beeinflusst (beispielsweise scheint der Aufbau eines stabilen, autonomen Selbstkonzeptes eher typisch für westliche Kulturen), weshalb sich Entwicklungssequenzen je nach Kultur in Inhalt und Abfolge unterscheiden können (z. B. Shweder et al., 2006).

▶ **Plastizität:** Viele Fertigkeiten sind im Erwachsenenalter nicht ein- für allemal erworben und dann unveränderbar, sondern können sich je nach Übung, Gebrauch, biologischen oder externen Einflüssen verändern.

▶ **Multidirektionalität:** Es gibt nicht nur einen aufsteigenden Entwicklungsverlauf im Sinne des Zugewinns von Fertigkeiten oder Fähigkeiten; vielmehr besteht Entwicklung aus Gewinnen *und* Verlusten.

▶ **Multifunktionalität:** Entwicklungsbezogene Veränderungen können gleichzeitig verschiedene Konsequenzen haben, wenn beispielsweise das Erlernen eines neuen Berufes gleichzeitig auch dem Kennenlernen neuer Leute dient.

Diese vier Konzepte ergeben sich aus dem Zusammenspiel der zentralen Einflussfaktoren der Entwicklung, die historischer Natur (z. B. Krieg), altersbezogen (z. B. Menopause) oder non-normativ (z. B. Unfälle) sein können. In Abbildung 5.1 wird dargestellt, wie diese Einflussfaktoren zusammenwirken, um Entwicklungsaufgaben zu definieren. Wichtig ist, dass in diesem Kontext Entwicklungsaufgaben weniger als normative, universelle und unidirektionale Folge von Entwicklungsstufen aufgefasst werden, sondern aufgrund differenzieller Einflüsse zwischen Personen variieren können.

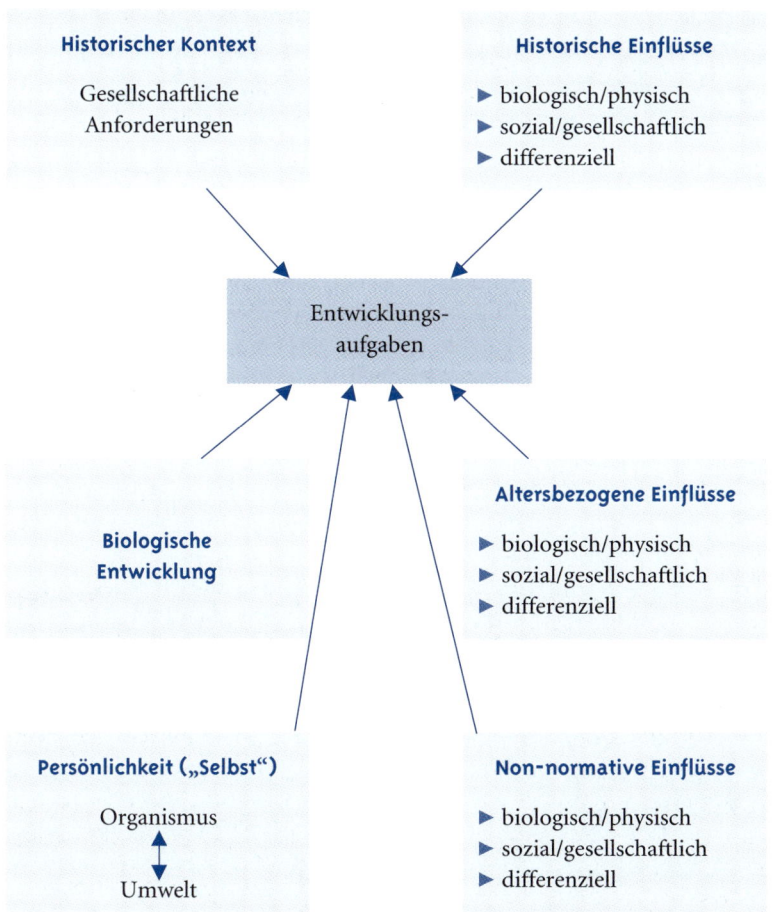

Abbildung 5.1 Kontexte und Einflussgrößen von Entwicklungsaufgaben. Links: Das Konzept der Entwicklungsaufgaben von Havighurst (1972). Rechts: Der allgemeine Ansatz der Psychologie der Lebensspanne (Baltes et al., 1980) (nach Freund und Baltes, 2005)

Strukturierung der Entwicklung durch Entwicklungsaufgaben. Entwicklungsaufgaben spielen insofern eine wichtige Rolle für die Strukturierung des Erwachsenenalters, das weniger von biologischen und externen Regulationsprozessen (z. B. durch Eltern oder die Schule) dominiert ist als die Kindheit, als sie einen zeitlichen, kontextuellen und motivationalen Orientierungsrahmen dafür darstellen, welche Ziele zu einem bestimmten Alter verfolgt werden sollen. In ihrem Modell der *social clock* fasste Neugarten (1972) diese Thesen zusammen:

▶ Soziale Normen und Erwartungen bezüglich des zeitlichen Ablaufes von altersbezogenen Aufgaben bieten einen Zeitplan des Lebenslaufes.

▶ Dieser Zeitplan dient dem individuellen Vergleich, ob man „on time" oder „off time" ist und leitet damit die persönliche Zielsetzung und Lebensgestaltung.

▶ Die zeitliche Passung des individuellen mit dem sozial erwarteten Lebenslauf trägt zur Stabilität der Persönlichkeit bei (durch soziale Unterstützung und Verstärkung).

Sozialer Konsens über Entwicklungsaufgaben. Es gibt einen relativ hohen sozialen Konsens darüber, wann Personen eine bestimmte Entwicklungsaufgabe erreicht haben sollen. In einer US-amerikanischen Studie von Settersten und Hagestad (1996a, 1996b) sollten Erwachsene unterschiedlichen Alters angeben, zu welchem Alter eine bestimmte Entwicklungsaufgabe erfüllt sein sollte. Aus Tabelle 5.2 ist auch ersichtlich, dass die Streuung der sozialen Erwartungen für manche der Aufgaben beträchtlich ist (z. B. Erreichen des beruflichen Höhepunktes, Großelternschaft), was andeutet, dass die Übereinstimmung der altersbezogenen Erwartungen für manche Ziele geringer ist als für andere (z. B. Berufseintritt oder Auszug aus dem Elternhaus). Die Normativität altersbezogener Erwartungen ist demnach nicht für alle Aufgaben gleichermaßen stark ausgeprägt.

Tabelle 5.2 Soziale Erwartungen bezüglich des Alters, zu dem bestimmte Entwicklungsaufgaben erreicht sein sollen (nach Settersten & Hagestad, 1996a, 1996b). Die Sequenz der Entwicklungsaufgaben ist für Männer und Frauen nicht unterschiedlich. Die relativ geringen Standardabweichungen (in Klammern angegeben) verweisen auf eine hochgradige Übereinstimmung hinsichtlich der Alterserwartungen.

Entwicklungsaufgabe	Männer Mittelwert (SD)		Frauen Mittelwert (SD)	
Auszug aus dem Elternhaus	21,7	(2,6)	21,6	(3,3)
Erster Job	22,8	(3,3)	21,7	(2,6)
Ausbildungsabschluss	26,4	(4,5)	25,5	(3,4)
Heirat	27,2	(5,2)	28,2	(5,7)
Berufsentscheidung	28,9	(4,8)	28,9	(4,7)
Elternschaft	28,9	(4,4)	28,9	(5,2)
Beruflicher Höhepunkt	41,7	(7,8)	39,8	(8,4)
Großelternschaft	52,3	(7,6)	50,9	(7,2)
Pensionierung	61,3	(5,7)	59,3	(5,7)

Alter in Jahren; Mittelwert und – in Klammern – Standardabweichung

Eine wichtige Forschungsfrage zur Entwicklung im Erwachsenenalter ist, wie Personen die verschiedenen beruflichen und familienbezogenen Anforderungen erfüllen und welche Auswirkungen dies auf ihre Entwicklung hat.

Zusammenfassung

Wie über die gesamte Lebensspanne bestehen auch im Erwachsenenalter große interindividuelle Unterschiede zwischen Personen. In dieser Lebensphase, in der non-normative Einflüsse auf die Entwicklung relativ groß sind und biologische Faktoren im Vergleich zu andern Entwicklungsphasen ein geringes Gewicht haben, zeigen sich interindividuelle Unterschiede häufig in der Meisterung von Entwicklungsaufgaben.

Entwicklungsaufgaben können dabei aufgefasst werden als sozial geteilte Erwartungen hinsichtlich des Alters, in dem bestimmte gesellschaftlich als zentral betrachtete Aufgaben von einem Individuum gelöst sein sollten. Diese Erwartungen können dem individuellen Entwicklungsverlauf einen Orientierungsrahmen für das Setzen und Verfolgen von Zielen im Erwachsenenalter geben.

Übungsaufgaben

▶ Wie lässt sich der Lebensabschnitt des Erwachsenenalters charakterisieren?

▶ Mit welchen zentralen Konzepten wird die Heterogenität von Entwicklungsverläufen im Erwachsenenalter aus einer Lebensspannenperspektive erklärt?

▶ Definieren Sie das Konzept der Entwicklungsaufgaben nach Havighurst und aus der Lebensspannenperspektive.

▶ Erläutern Sie, inwiefern das Konzept der Entwicklungsaufgaben zum Verständnis von Entwicklung im Erwachsenenalter nützlich ist.

Weiterführende Literatur

▶ Die Auffassung, dass Entwicklungsaufgaben wichtige Organisationsstrukturen für die Entwicklung im Erwachsenenalter darstellen, wird im folgenden Kapitel ausgeführt, in dem auch zentrale Konzepte der Einflussfaktoren der Entwicklung erläutert werden:
Freund, A.M. & Baltes, P.B. (2005). Entwicklungsaufgaben als Organisationsstrukturen von Entwicklung und Entwicklungsoptimierung. In S.-H. Filipp & U.M. Staudinger (Hrsg.), Enzyklopädie der

Psychologie: Entwicklungspsychologie (Band 6; S. 35–78). Göttingen: Hogrefe.

▶ Ein Beitrag, in dem die zentralen Propositionen der Lebensspannenpsychologie insbesondere auf das mittlere Erwachsenenalter bezogen werden, findet sich in:
Staudinger, U.M. & Bluck, S. (2001). A view on midlife development from lifespan theory. In M.E. Lachman (Ed.), Handbook of midlife development (pp. 3–39). New York: Wiley.

6 Identität und Selbstdefinition

Was Sie in diesem Kapitel erwartet

Verändert sich unsere Persönlichkeit im Sinne der Identität und der Selbstdefinition im Erwachsenenalter? Wie verändert sich meine Sicht von mir selbst von der Jugend bis ins höhere Alter? Bleibe ich letztlich dieselbe Person oder erfahre ich so starke Veränderungen, dass ich mich als völlig verändert empfinde?

Als ein allgemeiner Rahmen zur Beantwortung dieses Fragenkomplexes eignet sich das Drei-Ebenen-Modell von McAdams (1995), das basale Persönlichkeitsdispositionen, persönliche Anliegen sowie Selbstdefinition und Identität voneinander unterscheidet (s. Abb. 6.1). Während Persönlichkeitsdispositionen über das Erwachsenenalter recht stabil bleiben (s. Kap. 10.3), verändern sich persönliche Anliegen oder Ziele (s. Kap. 7) sowie das Selbstkonzept und die Identität recht deutlich. In diesem Kapitel geht es um die Entwicklung der Identität und der Selbstdefinition von der Jugend bis ins hohe Alter. Die in der Entwicklung vorherrschenden Trends unterscheiden sich nach den Lebensphasen:

▶ Identitätsfindung in der Jugend
▶ Stabilisierung der Identität und Selbstdefinition im mittleren Erwachsenenalter
▶ Aufrechterhaltung der Identität und Selbstdefinition im späteren Erwachsenenalter

In diesem Kapitel wird die Entwicklung der Identität und der Selbstdefinition in der Jugend und dem Erwachsenenalter thematisiert. Kapitel 7 befasst sich unter anderem mit Veränderungen in motivationalen Konstrukten wie persönlichen Anliegen oder Zielen. In Kapitel 10.3 werden dann Veränderungen und Stabilität der Persönlichkeitseigenschaften oder Dispositionen genauer behandelt.

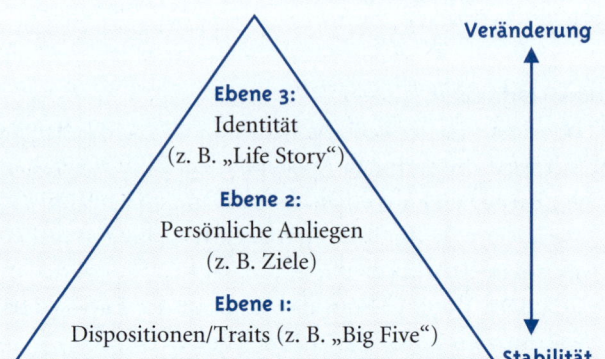

Abbildung 6.1 Das Drei-Ebenen-Modell der Persönlichkeit nach McAdams (1995) unterscheidet heuristisch drei Ebenen der Persönlichkeit, die sich hinsichtlich des Ausmaßes an Stabilität bzw. Veränderung über die Zeit und situationsabhängig unterscheiden. Während grundlegende Dispositionen eine hohe zeitliche und situationsübergreifende Stabilität aufweisen, unterliegen persönliche Anliegen und Ziele stärkeren Veränderungen in Abhängigkeit vom Alter und den jeweiligen situativen Anforderungen. Die Ebene der Identität, unter der McAdams die jeweilige Konstruktion der eigenen Person und deren Lebensgeschichte versteht, ist sehr stark von situativen Einflüssen abhängig und hochgradig wandelbar. – Die Basis der Persönlichkeit bilden relativ stabile Persönlichkeitsdispositionen (*Ebene 1*), auf denen persönliche Anliegen (*Ebene 2*) aufbauen, die wiederum gemeinsam mit *Ebene 1* die Grundlage für die sehr veränderliche Identität (*Ebene 3*) bilden. Die Dreiecksform verdeutlicht diese hierarchische Struktur.

6.1 Jugend: Identitätsfindung

Psychosoziale Krise. Das Konzept der psychosozialen Krise des Psychoanalytikers Erikson (1959) ist dem der Entwicklungsaufgaben von Havighurst verwandt. Auch Erikson geht von einer unidirektionalen Sequenz hierarchisch aufeinander aufbauender Entwicklungsstufen aus, die – anders als bei Havighurst – keinen kulturellen Unterschieden unterliegen, sondern universelle Gültigkeit über die historische Zeit und Kulturen hinweg besitzen. Insbesondere diese Annahme der Universalität psychosozialer Entwicklung ist immer wieder kritisiert worden.

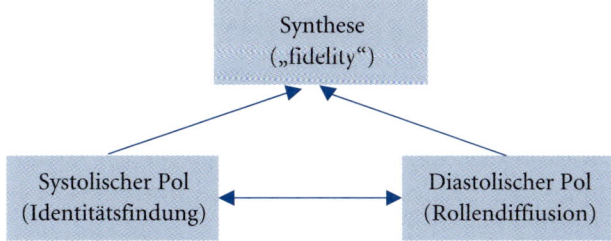

Abbildung 6.2 Nach Eriksons (1959) Modell ist jede psychosoziale Krise durch das Spannungsfeld zwischen einem systolischen (z. B. Identitätsfindung) und einem diastolischen (z. B. Rollendiffusion) Pol gekennzeichnet. Die Überwindung einer Krise, z. B. die Synthese der Pole der Identitätsfindung und der Rollendiffusion, führt auf eine höhere Entwicklungsstufe, auf der es erneut zu einer psychosozialen Krise kommen wird.

Identitätsfindung. Erikson postuliert, dass die zentrale Krise des Jugendalters darin besteht, eine Identität zu finden, die ein sicheres Gefühl der inneren Kontinuität und Gleichheit mit sich selbst vermittelt und damit eine Brücke darstellt zwischen dem Menschen, der man in der Vergangenheit war und dem Menschen, der man in der Zukunft sein wird. Vorherrschende Themen der Identitätsfindung sind die Bildung eigener Meinungen, Einstellungen und Werte, die als Handlungs- und Lebensplanungsgrundlage dienen. Nur auf der Basis einer solchen sicheren Identität kann eine Person flexibel mit den Veränderungen der eigenen Person und der Lebensumstände umgehen.

Auf dem Modell von Erikson aufbauend, unterscheidet Marcia (1980) anhand der Dimensionen „Exploration" und „Verpflichtetheit" vier verschiedene Identitätszustände (s. Tabelle 6.1 Identitätszusände nach Marcia, 1980):

▶ **Erfolgreiche Identitätsbildung** entsteht durch das Testen alternativer Wert- und Zielvorstellungen und einer anschließenden Festlegung und Verpflichtung für eine dieser Alternativen/ (erlangte Identität).

▶ **„Moratorium"** bezeichnet die Phase der Exploration verschiedener Alternativen mit der Absicht, sich in naher Zukunft an eine der Möglichkeiten zu binden.

▶ **Übernommene Identität** ist die Festlegung auf bestimmte Werte und Ziele, ohne zunächst Alternativen getestet zu haben.

▶ Als **Identitätsdiffusion** wird ein Zustand bezeichnet, in dem keine Verpflichtung gegenüber einer Wert- oder Zielhaltung besteht.

Tabelle 6.1 Identitätszustände nach Marcia (1980)

Exploration	Verpflichtetheit	
	niedrig	hoch
Noch keine Alternativen getestet	Identitätsdiffusion	Übernommene Identität
Gegenwärtiges Testen	Moratorium	
Alternativen getestet	Identitätsdiffusion	Erlangte Identität

Diese Identitätszustände können als eine entwicklungspsychologische Sequenz der Identitätsbildung aufgefasst werden (Waterman & Archer, 1990):

(1) **Kinder** befinden sich aufgrund der mangelnden Klarheit von Werten und Zielen zwangsläufig im Zustand der Identitätsdiffusion.

(2) In der **mittleren Kindheit** besteht eine Tendenz zur vorzeitigen Festlegung auf soziale Normen, die von Eltern oder der Schule vermittelt werden (übernommene Identität).

(3) In der **Adoleszenz** erfolgt eine Prüfung der vorzeitig angenommenen Werte. In diesem Alter werden verschiedene Alternativen exploriert (Moratorium).

(4) Die Verpflichtung gegenüber zuvor getesteten Alternativen erfolgt im **frühen Erwachsenenalter** (Erlangte Identität).

Untersuchungen zu dieser postulierten Entwicklungssequenz ergaben jedoch uneinheitliche Ergebnisse, weshalb auch vorgeschlagen wurde, die Identitätszustände eher als interindividuelle Unterschiedsvariable aufzufassen.

Identitätszustände und erfolgreiche Entwicklung. Zahlreiche empirische Untersuchungen befassen sich mit dem Zusammenhang von Identitätszuständen und erfolgreicher Entwicklung. Diese Untersuchungen lassen sich nach Marcia (1980) folgendermaßen zusammenfassen:

▶ Erlangte Identität geht mit wünschenswerten Variablen wie Autonomie, internaler Kontrollüberzeugung und höherem Selbstwertgefühl einher.

▶ Identitätsdiffusion und vorzeitige Identitätsbindung hängen mit weniger erwünschten Variablen wie externaler Kontrollüberzeugung und Impulsivität zusammen.

▶ Identitätsdiffusion ist außerdem mit abweichendem Verhalten (z. B. Drogenkonsum) und einer starken Anfälligkeit gegenüber sozialem Druck verknüpft.

▶ Übernommene Identität geht mit einem sozial stark angepassten Verhaltensmuster einher, mit Konformität und Rigidität.

Selbstdefinition. In Kindheit und Jugend verändert sich recht drastisch die Art der Selbstwahrnehmung. Das Wissen über die eigene Person, also die Klarheit des Selbstkonzeptes, sowie die Selbstreflexion nimmt im Jugendalter stark zu, und das mit der Identitätsbildung einhergehende Bedürfnis, sich als einzigartige Person zu sehen, die sich von anderen unterscheidet, prägt sich stärker aus. Die Selbstdefinition bezeichnet dasjenige selbstbezogene Wissen, das für die Bestimmung der eigenen Person besonders bedeutsam ist.

Die Entwicklung der Selbstdefinition in Kindheit und Jugend ist stark von der Entwicklung der kognitiven und insbesondere der verbalen Fertigkeiten abhängig. Der Umfang, die Abstraktheit und Differenziertheit der Selbstdefinition und die Bezugnahme auf Persönlichkeitseigenschaften, Motive, Werte, Gefühle und Selbstreflexion sind mit zunehmendem Alter stärker ausgeprägt, während Kinder sich sehr viel konkreter anhand von erlebten Episoden, dem eigenen Aussehen sowie Aktivitäten und Hobbys definieren (eine Zusammenfassung leistet Freund, 1995).

Zusammenfassung. Die Jugend stellt eine Phase der Identitätsfindung dar, in der verschiedene Alternativen in Bezug auf die eigenen Werte, Meinungen und Ziele getestet werden (Moratorium). Wenn dieser Prozess erfolgreich verläuft, mündet er in einem stabilen Gefühl der Identität im Sinne der Kontinuität der eigenen Person über die Zeit, das als Grundlage für eine flexible Auseinandersetzung einer Person mit sich selbst und ihrer sich verändernden Lebenswelt dient. Die Selbstdefinition wird im Jugendalter mit zunehmenden verbalen und allgemeinen kognitiven Fähigkeiten abstrakter und differenzierter und bezieht sich stärker auf Dispositionen und innere Zustände.

6.2 Erwachsenenalter: Stabilisierung und Kontinuität

Das Erwachsenenalter gilt als eine Phase der Persönlichkeitsstabilisierung. Neugarten (1972) spricht von einer Institutionalisierung der Persönlichkeit; Erwachsene befinden sich meist in relativ stabilen Lebenskontexten, die sie im Einklang mit ihrer Persönlichkeit gesucht oder sogar geschaffen haben. Tatsächlich zeigt sich dies auch für Persönlichkeitsmerkmale. Sich verändernde Anforderungen im familiären und beruflichen Bereich können jedoch zu großen Veränderungen im Selbstkonzept führen.

Kriterien für Stabilität. Unter Stabilität kann die Unveränderbarkeit eines bestimmten psychologischen Merkmals über die Zeit verstanden werden. Es können mindestens drei zentrale Formen der Stabilität unterschieden werden:

► **Positionsstabilität:** Die Rangordnung der Ausprägung eines Merkmals in einer Stichprobe bleibt über die Zeit hinweg stabil (Korrelation eines Merkmals zwischen zwei Messzeitpunkten)

► **Mittlere Stabilität:** Die mittlere Ausprägung des Merkmals bleibt über die Zeit durch die untersuchte Stichprobe hinweg stabil (Vergleich des Mittelwerts eines Merkmals innerhalb einer Stichprobe zu mindestens zwei Messzeitpunkten)

► **Strukturelle Stabilität:** Die Äquivalenz der Faktorenstruktur verschiedener psychologischer Merkmale querschnittlich über verschiedene Altersgruppen hinweg oder längsschnittlich über die Zeit hinweg

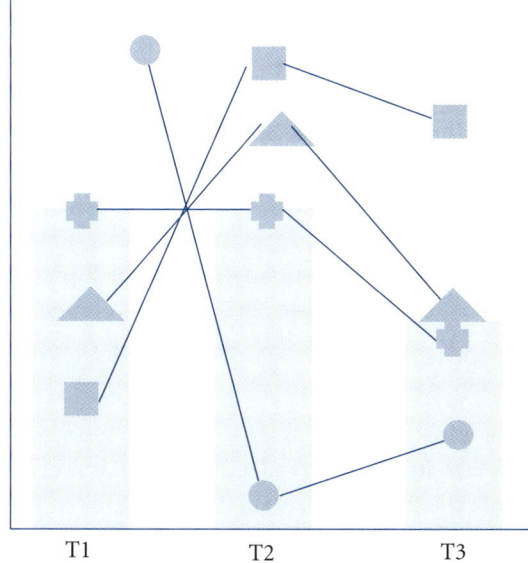

T1   T2   T3

Abbildung 6.3 Beispielhafte Verdeutlichung des Unterschieds zwischen Positions- und mittlerer Stabilität. Dargestellt ist der Verlauf der Ausprägung eines Merkmals bei vier Personen über drei Messzeitpunkte (T1, T2, T3); die Stichprobenmittelwerte sind als Balken dargestellt. Hinsichtlich der Positionsstabilität würde man zwischen T1 und T2 zum Schluss kommen, dass das Merkmal bei einer Null-Korrelation keine Stabilität besitzt. Hinsichtlich der Mittelwerte unterscheidet sich die Stichprobe von T1 zu T2 jedoch überhaupt nicht, was für eine hohe Stabilität der Ausprägung des Merkmals spricht. Umgekehrt würde man bei der perfekten Korrelation zwischen T2 und T3 von einer maximalen Positionsstabilität sprechen, während das Merkmal im Mittelwert jedoch stark abnimmt. Die relative Rangordnung der Ausprägung eines Merkmals kann also über die Zeit hinweg hochgradig stabil sein, während jedes einzelne Mitglied der Stichprobe eine unterschiedliche Zu- bzw. Abnahme des Merkmals über die Zeit erfährt.

Der interessanten Frage nach interindividuellen Unterschieden in intraindividuellen Veränderungen über die Zeit gehen modernere Verfahren der Veränderungsmessung nach, die es erlauben, unterschiedliche Veränderungskurven für verschiedene Substichproben zu identifizieren, wozu jedoch eine relativ große Anzahl von Messzeitpunkten notwendig ist.
Während die mittlere und die Positions-Stabilität sich jeweils auf die isolierte Betrachtung eines Merkmals beziehen, ist die strukturelle Stabilität auf die Kovariation von verschiedenen Merk-

malen ausgerichtet. Die strukturelle Stabilität kann als ein Hinweis darauf gelten, dass die Indikatoren eines Konstrukts (beispielsweise die Items einer Skala) in gleicher Weise zusammenhängen oder, in anderen Worten, dass dieselben Items für verschiedene Altersgruppen dasselbe Konstrukt widerspiegeln. Aus diesem Grund wird die strukturelle Stabilität häufig als eine Voraussetzung für die Testung der mittleren oder Positions-Stabilität angesehen, wenn diese aufgrund von Skalenmittelwerten ermittelt wird.

Ab wann kann aber nun ein Merkmal als über die Zeit stabil bezeichnet werden? Ein mögliches Kriterium ist die statistische Signifikanz einer Korrelation über die Zeit oder die fehlende statistische Signifikanz eines Mittelwertunterschiedes. Da die statistische Signifikanz jedoch keine Aussagen über die Stärke eines Effektes trifft, sondern lediglich anzeigt, ob eine Korrelation oder ein Mittelwertunterschied *reliabel* ist (d. h. ob das Ergebnis mit einer Wahrscheinlichkeit von weniger als 5 Prozent auf den Zufall zurückgeführt werden kann) und stark von der Stichprobengröße abhängig ist, wäre dies nur ein sehr schwaches Kriterium der Stabilität. Daher scheint es eher sinnvoll zu sein, vom Ausmaß an Stabilität oder Veränderung innerhalb eines bestimmten Zeitraumes zu sprechen.

Die Frage, welcher Zeitrahmen der Untersuchung von Veränderung oder Stabilität gewählt wird, muss auf der Grundlage von theoretischen Annahmen angegangen werden. Interessiert man sich für den Einfluss von bestimmten Ereignissen wie beispielsweise dem Übergang zur Elternschaft oder der Berentung auf bestimmte psychologische Merkmale, muss das interessierende Merkmal außerdem selbstverständlich sowohl vor als auch nach dem jeweiligen Ereignis erhoben werden. Der Zeitrahmen kann dabei je nach Fragestellung zwischen Tagen, Wochen, Monaten und Jahren variieren.

Auch altersbezogene Unterschiede in der sehr kurzfristigen Stabilität/Variabilität eines Merkmals sind in diesem Kontext von Interesse. Altersbezogene Unterschiede in der kurzfristigen Variabilität von Tag zu Tag wurden in jüngerer Zeit im Bereich der kognitiven Funktionsfähigkeiten und in Bezug auf positive und negative Emotionalität untersucht. Für die positive und negative Emotionalität zeigte sich, dass die Variabilität im höheren Erwachsenenalter geringer ausgeprägt ist als im jüngeren Erwachsenenalter (Carstensen et al., 2000). Als zugrunde liegende Faktoren werden verschiedene emotionsregulative Prozesse sowie altersbedingte Veränderungen im Lebenskontext und der Alltagsroutine diskutiert, jedoch bislang nicht systematisch untersucht. Neuere Studien deuten darauf hin, dass im Rahmen kritischer Lebensereignisse (z. B. Verwitwung) ein zunächst höheres Ausmaß an emotionaler Variabilität auf adaptive Bewältigungsprozesse hinweisen könnte (Bisconti et al., 2004).

Bedingungen für Stabilität und Veränderung. Theoretisch ist insbesondere von Interesse, was einerseits die Bedingungen und Ursachen und andererseits die Konsequenzen von Veränderung bzw. Stabilität sind. Stabilität in der Selbstdefinition und der Identität kann auf zwei Weisen zustande kommen:

▶ durch stabile Lebensbedingungen,
▶ aufgrund der Fähigkeit, bei sich verändernden persönlichen oder Umweltbedingungen die Selbstwahrnehmung unverändert beizubehalten. Hierzu können zeitlich übergeordnete persönliche Ziele beitragen, die das Verhalten über die Zeit hinweg auf einen Zweck ausrichten und damit zur Stabilität der Identität und der Selbstdefinition beitragen (s. Kap. 7.2).

Absolute Stabilität in der Selbstdefinition oder der Identität ist keine sinnvolle Annahme: Unsere Lebensbedingungen verändern sich fortlaufend und erfordern eine Anpassung der Selbstdefinition, um flexibel mit diesen Veränderungen umgehen zu können. Aus diesem Grund wird häufig statt von Stabilität von einer relativ zum Jugendalter stattfindenden Stabilisierung und Kontinuität der Identität und Selbstdefinition gesprochen.

Kontinuität. In Bezug auf die Persönlichkeit gibt es vor allem zwei Formen der Kontinuität im Erwachsenenalter:

▶ **Kumulative Kontinuität:** Die Selbstdefinition und Persönlichkeit leitet die Auswahl jener Lebenskontexte, die die bestehenden Eigenschaften verstärken und aufrechterhalten (vgl. Neugarten, 1972: „Institutionalisierung" der Persönlichkeit)

▶ **Interaktionale Kontinuität:** Reziproke, dynamische Interaktion von Individuum und Umgebung. *„The person acts, the environment reacts, and the person reacts back"* (Caspi et al., 1987, p. 308).

Welche Funktionen haben die Kontinuität und eine gewisse Stabilität der Selbstdefinition?

▶ Die Vermittlung eines Gefühls der Identität und der Einzigartigkeit

▶ Reduziert die Komplexität der Auseinandersetzung mit der Umwelt und trägt damit zur Organisation und Strukturierung der Interaktion mit der Umwelt bei

▶ Kommunikation eigener Präferenzen, Ziele etc. an Sozialpartner, was die wahrgenommene Vorhersagbarkeit von Verhalten oder anderen Reaktionen sowohl für einen selbst als auch für Sozialpartner erhöht

Ein recht drastisches Gedankenexperiment, das die Funktion der Kontinuität in der Selbstdefinition verdeutlicht, stammt von dem Sozialpsychologen Swann:

> Stellen Sie sich vor, Sie wachen eines Morgens auf und haben keine Ahnung, wer Sie sind. Das erste, was Sie bemerken, ist, dass nichts eine bestimmte Bedeutung oder Wichtigkeit für Sie hat. Sie würden die Bilder an Ihrer Schlafzimmerwand nicht erkennen, das Bettzeug oder die Person, die neben Ihnen schläft. Während Sie daliegen und versuchen, allem einen Sinn zu geben, realisieren Sie, dass Sie keine Ahnung haben, was Sie als nächstes tun sollen. Ohne ein Gefühl des Selbst hätten Sie keine Pläne, keine Ziele und keine Grundlage, auf der Sie solche Pläne oder Ziele entwickeln könnten. Sie wären in einem existenziellen Niemandsland, paralysiert von vollkommener Verwirrung (Swann, 1996, S. 53; eigene Übersetzung).

Eine der wenigen längsschnittlichen Studien zur Veränderung der Selbstdefinition im Erwachsenenalter stammt von Mortimer, Finch und Kumka (1982). Die Autoren untersuchten verschiedene Maße der Stabilität in der Selbstdefinition, die mithilfe einer semantischen Differenzialskala über einen Zeitraum von insgesamt 14 Jahren bei einer Stichprobe männlicher Studenten erfasst worden waren. Mortimer et al. fanden eine substanzielle strukturelle (faktorielle) Stabilität für die Dimensionen Wohlbefinden, Kompetenz, Unkonventionalität und Geselligkeit, die auch eine hohe Positionsstabilität mit Korrelationen (zwischen $r = .5$ und $r = .6$) aufwiesen. Gleichzeitig ergaben sich jedoch auch signifikante Altersunterschiede: die Mittelwerte für Wohlbefinden, Kompetenz und Geselligkeit nahmen zwischen den ersten beiden Messzeitpunkten ab, stiegen aber für Wohlbefinden und Kompetenz zum dritten Messzeitpunkt (zehn Jahre später) wieder etwa auf Höhe des ersten Messzeitpunktes an, wohingegen Geselligkeit und Unkonventionalität abnahmen. Diese Ergebnisse sind im Großen und Ganzen konsistent und kompatibel mit der Ebene 1 des Dreiebenenmodells der Persönlichkeit von McAdams (1995), nach dem basale Persönlichkeitseigenschaften (*traits*) hohe Stabilität aufweisen (s. Abb. 6.1, Drei-Ebenen-Modell der Persönlichkeit nach McAdams, 1995).

Stabilität der Identität im Erwachsenenalter. Nach Erikson (1959) ist eine sichere Identität, verstanden als das Gefühl, über Veränderungen der Person und über die Zeit hinweg dieselbe Person zu sein, per definitionem ein äußerst stabiles Konstrukt. Ganz anders konzeptualisiert McAdams (1990) die Identität als sehr variabel, indem er die Identität einer Person als deren (Re-)Konstruktion der eigenen Lebensgeschichte und Biografie auffasst, die je nach dem Publikum und dem Kontext der jeweiligen Erzählung variiert. Dies bedeutet jedoch nicht, dass die Lebensgeschichte, auch wenn sie inhaltlich je nach Kontext verschieden ist, nicht in manchen Hinsichten eine hohe Stabilität besitzen kann. So zeigte sich in einer drei Jahre umfassenden Längsschnittstudie mit Studierenden tatsächlich, dass die Komplexität und der allgemeine positive oder negative emotionale Ton der Lebensgeschichte recht stabil waren. Über die drei Jahre hinweg veränderte sich die Lebensgeschichte jedoch in Bezug auf eine zunehmende Selbstdifferenzierung, die emotionale Nuanciertheit und das Verständnis der eigenen Entwicklung.

Übersicht

Die zentralen Bestimmungsmerkmale der Identität als Lebensgeschichte nach McAdams (1990):

▶ (Re-)Konstruktion der eigenen Vergangenheit, Gegenwart und Zukunft als integrative Erzählung über die eigene Person

▶ Umfasst (wie andere Geschichten auch) bestimmte Settings, Szenen, Darsteller, Themen und einen Plot

▶ Basiert auf biografischen Fakten, die ständig rekonstruiert werden, um je nach neuer „Faktenlage" der eigenen Geschichte einen Sinn zu geben

▶ Variiert je nach Interaktionspartner und soziokulturellem Kontext

Nach McAdams ist die Art, wie Personen ihre Lebensgeschichte rekonstruieren, nicht zufällig. Sie hängt vielmehr von den jeweiligen soziokulturellen Erwartungen und Anforderungen ab. Außerdem hat nach McAdams die Art, wie eine Lebensgeschichte konstruiert wird, auch wichtige Verhaltenskonsequenzen. In seiner Forschung befasst sich McAdams besonders mit dem Thema der Generativität, die nach Erikson (1982) ein zentrales Thema des Erwachsenenalters ist.

Generativität. Generativität bezeichnet das Sorgetragen für das Wohlbefinden künftiger Generationen, das sich im Engagement in der Erziehung (als Lehrer, Eltern) und in anderen Formen der Weitergabe von Wissen oder dem Schaffen guter Lebensbedingungen für die nachfolgenden Generationen manifestiert.

McAdams fand in mehreren Untersuchungen (Zusammenfassung in McAdams, 2006), dass eine sogenannte „Generativitätsgeschichte" mit der mithilfe der *Loyola Generativity Scale* erfassten Generativität und generativem Verhalten einhergeht.

Eine **„Generativitätsgeschichte"** weist vornehmlich folgende Merkmale auf:

▶ Einen frühen eigenen Startvorteil im Leben (*blessing*). Zum Beispiel liebende Eltern, gute Ausbildung, hohe intellektuelle Fähigkeiten etc.

▶ Erfahrung des Leidens oder der Benachteiligung anderer führt zu dem Gefühl, dass die Welt verändert werden müsste und hebt den eigenen Startvorteil noch stärker hervor. Zum Beispiel Armut, ungerechte Behandlung, Krankheit Anderer.

▶ Überzeugung von der eigenen moralischen Tiefe und Standhaftigkeit.

► *Redemption:* Selbst erfahrene negative Zustände oder Ereignisse werden mit der Kraft des frühen Startvorteils zu positiven Ergebnissen gewendet. Zum Beispiel kann eine selbst erlittene Krankheit zu größerem Einfühlungsvermögen für das Leiden anderer führen.

► Überzeugung von zukünftigem Wachstum (auf individuellem, Gruppen- und gesellschaftlichem Niveau) ermöglicht generatives Verhalten mit dem Ziel, anderen zu helfen. Zum Beispiel kann die Überzeugung, dass Kriminelle sich bessern können, zu freiwilliger Arbeit in der Betreuung von Strafgefangenen führen.

Interessanterweise zeigen sich keine einfachen Entwicklungstrends für die Generativität. So fanden Whitbourne, Zuschlag, Elliot und Waterman (1992) keine Zunahme an Generativität vom jungen zum mittleren Erwachsenenalter. In einer querschnittlichen Untersuchung von McAdams, de St. Aubin und Logan (1993) zeigte sich jedoch der erwartete Zuwachs an selbstberichteter und verhaltensbezogener Generativität vom jungen zum mittleren Erwachsenenalter. Dann gehen jedoch generative Verhaltensweisen zum höheren Alter hin zurück, während die selbstberichteten Generativitätsanliegen stabil bleiben. Die mithilfe einer Selbstberichtsskala erhobenen Generativitätsanliegen sind – unabhängig vom Alter – mit höherer Lebenszufriedenheit verknüpft.

Zusammenfassung. Selbstdefinition und Identität entwickeln sich im Erwachsenenalter multidimensional und multidirektional. Stabilität und Veränderung schließen einander nicht aus, vielmehr nehmen verschiedene Aspekte unterschiedliche Entwicklungsverläufe. Die Entwicklung der Identität und der Selbstdefinition kann demnach mit dem Erreichen des Erwachsenenalters keineswegs als abgeschlossen angesehen werden.

6.3 Hohes Alter: Aufrechterhaltung von Selbstdefinition und Identität

Das hohe Alter wird von Erikson als die höchste Stufe der Identitätsentwicklung angesehen, da nach seinem Modell in dieser Lebensphase im Lebensrückblick die Integration der verschiedenen Aspekte des eigenen Lebens stattfinden kann. Die empirische Forschung zum höheren Alter bezieht sich jedoch stärker auf die Selbstdefinition als auf die Identität, weil sich im Inhalt und der Differenziertheit der Selbstdefinition insgesamt mehr Stabilität als Veränderung zeigt. Eine interessante Frage betrifft die Prozesse, die zur Aufrechterhaltung von Identität und Selbstdefinition in einer sich verändernden Lebenswelt und angesichts von Rollenverlusten (gesundheitlichen Einschränkungen, Verrentung, Verkleinerung des sozialen Netzwerkes) im höheren Alter beitragen.

Das hohe Alter als höchste Stufe der Identitätsentwicklung. In Eriksons (1982) Modell der psychosozialen Krisen bezeichnet die letzte Stufe den Konflikt zwischen dem systolischen Aspekt der Integrität und dem diastolischen Aspekt von Lebensekel und Verzweiflung. Zugleich ist diese letzte Stufe als eine Synthese aller vorangegangenen Krisen aufzufassen.

Integrität. Der Aspekt der Integrität bezieht sich auf das Akzeptieren des eigenen Lebenslaufes, die Anerkennung, dass man in seinem Leben das realisiert hat, was einem selbst möglich war, und die Wertschätzung der Rolle anderer Menschen für das eigene Leben (insbesondere der Eltern und des Lebenspartners). Eine der Aufgaben dieser Stufe besteht darin, die eigene Person in einem über den individuellen Lebenslauf hinaus reichenden Kontext zu definieren (Familie, Gesellschaft) und ein Gefühl der Verbundenheit mit anderen Menschen aufzubauen. Das Akzeptieren der eigenen Begrenztheit und Endlichkeit schließlich resultiert in geringerer Todesangst.

Verzweiflung. Die Seite der Verzweiflung dagegen ist geprägt von einer Fokussierung der Aufmerksamkeit auf die Aspekte, die sich im Leben einer Person nicht in Übereinstimmung mit den eigenen Erwartungen und Wünschen entwickelt haben (z. B. verpasste Gelegenheiten, Ungerechtigkeiten); dies resultiert in einem Gefühl der Unzufriedenheit mit dem eigenen Lebenslauf und der Verbitterung gegenüber der Welt.

Lösung des Konfliktes. Die Lösung dieses Konfliktes besteht nach Erikson nicht darin, ausschließlich den systolischen Aspekt der Krise zu repräsentieren, da dies zu dessen Überschätzung und zur Unfähigkeit führt, mit den negativen Aspekten des eigenen Lebens umzugehen. Personen, die diesen Aspekt überbetonen, ignorieren Abbauprozesse oder Gesundheitsprobleme und überbetonen damit zugleich die übermäßig positive Erwartung an die verbleibende Lebenszeit, die mit großer Wahrscheinlichkeit enttäuscht wird und zu Verzweiflung führt. Nach Erikson geht es vielmehr um die Integration beider Pole im Interesse einer Lösung des Konfliktes, die zu Weisheit führt.

Veränderung von Identität und Selbstdefinition. Die Identitätsentwicklung ist nach Waterman und Archer (1990) im höheren Erwachsenenalter aufgrund der abnehmenden Verpflichtungen im beruflichen und familiären Bereich (z. B. Kindererziehung) durch einen Wechsel von der Ausführung zur Reflexion gekennzeichnet. An die Stelle der Verwirklichung von neuen Zielen und Werten tritt das Nachdenken über frühere Lebensentscheidungen und Aktivitäten. Reminiszenz hat den Sinn, das eigene Leben gestalthaft in seiner Ganzheit wahrnehmen zu können. Waterman und Archer erkennen aber auch an, dass das hohe Alter aufgrund abnehmender Verpflichtungen im Vergleich mit früheren Lebensabschnitten einen größeren Freiraum bietet, in dem neue selbstdefinierende Ziele aufgebaut werden können. Aufgrund der lebenslangen Erfahrung mit der eigenen Person ist nach Waterman und Archer (1990) eine zunehmende Elaboriertheit und Differenzierung der Selbstdefinition zu erwarten.

Empirische Befunde zur Stabilität der Differenziertheit der Selbstdefinition. Entgegen diesen Erwartungen gibt es jedoch empirisch eher Evidenz für die Stabilität der Elaboriertheit und Differenziertheit der Selbstdefinition im Alter. Filipp und Klauer (1986) verglichen in einer mehr als zwei Jahre umfassenden Längsschnittstudie die mithilfe eines offenen Verfahrens erhobene Selbstdefinition von Männern aus fünf Geburtskohorten (Jahrgänge 1905 bis 1945). Sie fanden, dass strukturelle Aspekte (z. B. die Anzahl an Selbstdefinitionen; die Anzahl an verschiedenen Bereichen, die zur Selbstdefinition herangezogen werden) im Längsschnitt über die Zeit eher stabil bleiben und sich keine querschnittlichen Altersunterschiede zeigen. Auch für das hohe und sehr hohe Alter (70–102 Jahre) konnten Freund und Smith (1999) keine altersbezogenen Zusammenhänge mit der Anzahl an selbstdefinierenden Bereichen und deren Elaboriertheit finden. Beide Maße der Differenziertheit der Selbstdefinition waren in dieser Untersuchung jedoch mit der positiven Befindlichkeit der älteren Untersuchungsteilnehmenden assoziiert.

Empirische Befunde zur Stabilität des Inhalts der Selbstdefinition. Die empirische Befundlage verweist auch eher auf Stabilität als Veränderung im Inhalt der Selbstdefinition. Costa und McCrae (1988) untersuchten die mithilfe der offenen Frage „Wer bin ich?" erhobene Selbstdefinition von 32- bis 84-jährigen Personen hinsichtlich möglicher Altersunterschiede, die sich nur bei weniger als 30 % der betrachteten 39 Inhaltskategorien fanden.

Eine positive Korrelation mit dem Alter bestand für die Kategorien

- Alter (Nennung des eigenen Alters)
- Gesundheit
- Lebensereignisse
- Lebenssituation
- Hobbys/Interessen
- Einstellungen

Eine negative Korrelation mit dem Alter fand sich für die Kategorien

- Familienrolle
- soziale Beziehungen
- Neurotizismus
- allgemeine Persönlichkeitseigenschaften
- Routineaufgaben

Filipp und Klauer (1986) fanden keine querschnittliche Evidenz für altersbezogene Unterschiede im Inhalt der Selbstdefinition zwischen fünf Altersgruppen, während sich über einen Zeitraum von 2 Jahren längsschnittlich jedoch Veränderungen zeigten: In 36 % der Kategorien (soziale Rollen, politische oder religiöse Einstellungen, Körperbild, sozialer Stil) nahm die mittlere Antworthäufigkeit zu, in 18 % (Emotionalität, Autonomie) nahm sie dagegen ab.

Andere Untersuchungen fanden noch stärkere Evidenz für eine Stabilität des Inhaltes der Selbstdefinition im Erwachsenenalter. So fanden George und Okun (1985) in einer drei Altersgruppen (45–54, 55–64 und 65+ Jahre) umspannenden Querschnittsuntersuchung bei nur 6 % der insgesamt 35 Kategorien bedeutsame altersabhängige Unterschiede.

Der weitaus größte Teil der Studien über die Stabilität bzw. Veränderung der Selbstdefinition schließt das sehr hohe Alter nicht ein; das Höchstalter der Untersuchungsteilnehmer beläuft sich meist auf ca. 70 Jahre. Eine Ausnahme ist die bereits erwähnte Untersuchung von Freund und Smith (1999) im Rahmen der Berliner Altersstudie. Auch hier zeigte jedoch ein querschnittlicher Vergleich von „jungen Alten" (70–84 Jahre) und „alten Alten" (85–102 Jahre), dass der Inhalt der Selbstdefinition sich eher durch Stabilität als durch Veränderung auszeichnet.

Zusammenfassung. Die Selbstdefinition zeigt sowohl bezüglich des Inhaltes als auch der Differenziertheit bis ins hohe Alter eine recht hohe Stabilität. Insgesamt gibt es aber nur sehr wenige empirische Studien, die die Selbstdefinition im höheren und im sehr hohen Alter untersuchen, sodass die Datenbasis zur Entwicklung der Identität und Selbstdefinition im höheren Alter als für definitive Aussagen unzureichend gelten muss.

Aufrechterhaltung der Identität und Selbstdefinition im höheren Alter. In der Forschungsliteratur wird als eine zentrale Entwicklungsaufgabe im höheren Alter oft die Aufrechterhaltung der Identität und der Selbstdefinition genannt (z. B. Brandtstädter & Greve, 1994) Veränderungen im höheren Erwachsenenalter, die zu einer Bedrohung der Identität und Selbstdefinition in dieser Lebensphase führen können (s. Teil III), sind

- gesundheitliche Einschränkungen
- die Einschränkung des Aktionsradius
- die Verkleinerung des sozialen Netzwerkes

- der Abbau der kognitiven Leistungsfähigkeit
- der Verlust sozialer Rollen (z. B. der Berufstätigkeit).

Zwei-Komponenten-Modell. Diese Einschränkungen können nach Brandtstädter und Greve (1994) als eine Bedrohung der Identität gelten, wenn sie bewirken, dass wichtige selbstdefinierende und identitätsstiftende Ziele nicht mehr verfolgt bzw. aufrechterhalten werden. Das Zwei-Komponenten-Modell des Copings von Brandtstädter unterscheidet zwei komplementäre und einander entgegengesetzte Prozesse, die die Diskrepanz zwischen erwünschtem (Ziel-)Zustand und tatsächlich gegebenem (Ist-)Zustand verringern und damit der Aufrechterhaltung der Identität dienen:

- **Akkommodation**, also die Anpassung der eigenen Ziele an die Umweltgegebenheiten
- **Assimilation**, also die hartnäckige Zielverfolgung

Wie aus Abbildung 6.4 ersichtlich ist, sind folgende Einflussfaktoren für den Einsatz von assimilativen bzw. akkommodativen Strategien zur Reduktion einer Zieldiskrepanz entscheidend:

- Je mehr Handlungsressourcen eine Person hat, desto eher setzt sie assimilative Strategien ein.
- Je höher die wahrgenommene Kontrolle über die Zielerreichung ist, desto eher werden assimilative Strategien verwendet.
- Je flexibler die eigenen Zielvorstellungen sind, desto eher werden akkommodative Prozesse in Gang gesetzt.
- Je eher Ziele durch andere ersetzt werden können (Substituierbarkeit), desto wahrscheinlicher ist Akkommodation.
- Im Zusammenhang mit den beiden ersten Faktoren (Abnahme der Handlungsressourcen und wahrgenommener Kontrolle) nehmen im höheren Alter akkommodative Prozesse zu.

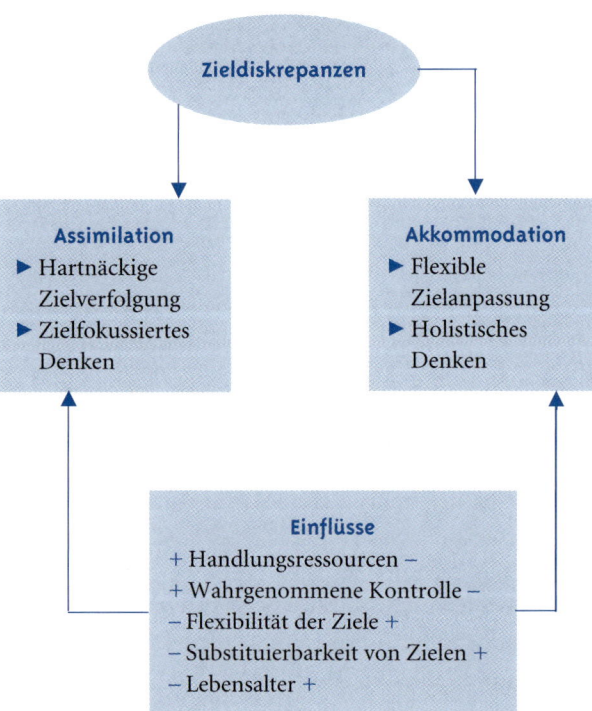

Abbildung 6.4 Das nach Brandstädter (2007) empirisch gut belegte Zwei-Komponenten-Modell des Copings („Bewältigens") verdeutlicht, wie identitätsbedrohende Einflüsse durch Prozesse der Assimilation oder Akkommodation beantwortet werden, die darauf ausgerichtet sind, Zieldiskrepanzen zu verringern und somit die Identität aufrechtzuerhalten.

Das Zwei-Komponenten-Modell des Copings ist in Bezug auf die postulierten Altersunterschiede in den bevorzugten Coping-Strategien und den altersabhängigen Effekten von Assimilation und Akkommodation zur Bewältigung von Zieldiskrepanzen empirisch gut belegt (eine Zusammenfassung leistet Brandtstädter, 2007).

Immunisierungsprozesse. Insbesondere in Bezug auf die Aufrechterhaltung der Selbstdefinition und Identität postulieren Brandtstädter und Greve (1994) zusätzlich zur Assimilation und Akkommodation eine dritte Art von Prozessen, die sogenannten Immunisierungsprozesse. Diese Prozesse beschreiben kognitive Verzerrungen wie z. B. eine unrealistisch positive Wahrnehmung der eigenen Zielerreichung. Eine andere Form von Immunisierung liegt vor, wenn die Indikatoren für die Zielerreichung so umdefiniert werden, dass sie die eigene Zielerreichung positiver aussehen lassen. So kann beispielsweise als Indikator für ein gutes Gedächtnis von jungen Menschen die Leichtigkeit des Lernens von Vokabeln angesehen werden, von älteren Personen hingegen das Erinnern autobiografischer Episoden. Auf diese Weise können sich ältere Erwachsene gegenüber der Selbstwahrnehmung einer negativen Gedächtnisentwicklung immunisieren.

Tabelle 6.2 Assimilation, Akkommodation und Immunisierung als Prozesse der Aufrechterhaltung der Identität und der Selbstdefinition bei einer Zieldiskrepanz

Prozess	Definition	Strategien
Assimilation	Anpassung der Umstände an Ziele; problemorientiertes Handeln	Instrumentelle u. kompensatorische Aktivitäten
Akkommodation	Anpassung der Ziele an gegebene Umstände	Aufgeben blockierter Ziele; Anpassung von Standards; selbstwertdienliche Vergleiche
Immunisierung	Kognitive Verzerrungen, die die Wahrnehmung einer Diskrepanz zwischen bestehender Selbstdefinition und Realität verhindern	(a) Datenorientiert (z. B. selektive Wahrnehmung) (b) Konzeptorientiert (z. B. Veränderung der subjektiven Gewichtung von Indikatoren für das eigene Leistungs- und Funktionsniveau)

Beim Zwei-Komponenten-Modell des Copings von Brandtstädter geht es vor allem um die Erklärung von Prozessen der Aufrechterhaltung der Selbstdefinition und Identität bei Zieldiskrepanzen. Es werden vor allem die hartnäckige Zielverfolgung (Assimilation) und, im höheren Alter häufiger angewandt, die flexible Zielanpassung (Akkommodation) unterschieden. Diese werden durch Immunisierungsprozesse ergänzt, die eine kognitive Verzerrung beschreiben, sodass eine Zieldiskrepanz erst gar nicht mehr als solche wahrgenommen wird. Empirisch sind alle drei Prozesse in ihrer Nützlichkeit für die Bewältigung von identitätsbedrohenden Einschränkungen gut belegt (s. Kap. 7.4).

Zusammenfassung

Die Jugend wird oft als der für die Identitätsfindung zentrale Lebensabschnitt dargestellt. Wenn der Prozess des Austestens möglicher alternativer Wert- und Zielvorstellungen in Bezug auf die eigene Person und das eigene Leben erfolgreich verläuft, so führt dies nach Erikson zu einer sicheren Identität. Diese erlaubt eine flexible Auseinandersetzung einer Person mit sich selbst und ihrer sich verändernden Lebenswelt. Eine „erlangte Identität" ist auch empirisch mit Indikatoren positiver Entwicklung verbunden.

Für das Erwachsenenalter gibt es eine vergleichsweise geringe Datenbasis zur Stabilität des Inhaltes und der Struktur von Identität und Selbstdefinition. Auf dieser Basis kann geschlussfolgert werden, dass im Erwachsenenalter und bis ins hohe Alter hinein eine recht große Stabilität vorherrscht.

Die Frage, welche Prozesse zur Stabilität von Selbstdefinition und Identität angesichts einer sich verändernden Lebenswelt beitragen, lässt sich insbesondere mithilfe des empirisch gut belegten Zwei-Komponenten-Modell des Copings von Brandtstädter klären. Nach der ergänzten Modellversion sind assimilative, akkommodative und immunisierende Prozesse bei der Bewältigung von identitätsbedrohenden Zieldiskrepanzen hilfreich.

Übungsaufgaben

► Erläutern Sie unterschiedliche Arten von Stabilität.

► Welches sind nach Erikson die zentralen psychosozialen Krisen für die Jugend, das mittlere und das höhere Erwachsenenalter?

► Erläutern Sie die Identitätszustände nach Marcia (1980) und fassen Sie die empirischen Befunde hierzu kurz zusammen.

► Was versteht man unter der „Identität als Lebensgeschichte"?

► Wenn Sie die empirische Befundlage zur Entwicklung der Identität und Selbstdefinition von der Jugend bis ins hohe Erwachsenenalter zusammenfassen müssten, wie würden Sie diese in groben Zügen beschreiben?

► Erläutern Sie das Zwei-Komponenten-Modell von Brandtstädter und Greve (1994) in seiner Erweiterung um Immunisierungsprozesse.

Weiterführende Literatur

► Ein mehrfach mit Preisen ausgezeichnetes Buch zur Identität im Sinne der Lebensgeschichte und ihrer altersbezogenen Veränderungen sowie insbesondere auch zu ihrer kulturellen Verankerung ist: McAdams, D.P. (2006). The redemptive self: Stories Americans live by. Oxford: Oxford University Press.

► Eine neuere Monographie, die die theoretische und empirische Literatur zur Frage der Veränderung und Stabilität des Selbst insbesondere aus Sicht des Zwei-Komponenten-Modells des Coping von Brandtstädter betrachtet, ist: Brandtstädter, J. (2007). Das flexible Selbst. München: Elsevier Verlag.

7 Motivation und sozioemotionale Entwicklung

Wie entwickeln sich Motive und Ziele in Kindheit und Jugend? Wie im Erwachsenenalter? Welche Aspekte der Motivation sind eher durch Stabilität charakterisierbar, welche verändern sich und warum? Nimmt die Größe unseres sozialen Netzwerkes konstant mit dem Alter zu? Oder werden wir wählerischer, was unsere sozialen Beziehungen anbelangt?

Während sich Motive im vorsprachlichen Alter entwickeln und dann relativ stabil bleiben, bilden sich längerfristige, persönliche Ziele, die einen handlungsleitenden Charakter haben, oft erst im Jugendalter heraus. Das Herausbilden eigener Ziele ist ein wichtiger Aspekt der Identitätsfindung, denn sie sagen etwas darüber aus, was für ein Mensch ich bin und vor allem auch sein will. Im Erwachsenenalter verändern sich Ziele nicht nur hinsichtlich ihres Inhaltes in Abhängigkeit von Entwicklungsaufgaben und sozialen Anforderungen, sondern auch hinsichtlich ihrer Ausrichtung auf Gewinne und Verluste. Hierfür spielt die sich verändernde Ressourcenlage mit ihren zunehmenden Verlusten und einer immer kürzeren Zukunftsperspektive eine entscheidende Rolle. Diese Faktoren stehen auch im Mittelpunkt der sozioemotionalen Selektivitätstheorie von Carstensen (Carstensen et al., 1999), nach der die Konzentration auf wenigere, bedeutsame Sozialkontakte im höheren Alter vor allem mit einer geringeren Zukunftsperspektive zusammenhängen. Die Rolle von Zielen wird auch in einigen Modellen der erfolgreichen Entwicklung wie dem Zwei-Komponenten-Modell von Brandtstädter und Kollegen, dem Modell der Primären und Sekundären Kontrolle von Heckhausen und Schulz (1995), sowie dem SOK-Modell von Baltes und Baltes (1990) betont.

Die aktive Rolle der Person in ihrer Entwicklung

Eine zentrale Grundannahme der Entwicklungspsychologie der Lebensspanne ist, dass Entwicklung ein dynamischer Prozess der Auseinandersetzung einer Person mit sich selbst und ihrer Lebenswelt ist. Die Rolle der Person für ihre Entwicklung wird nicht nur in der Anpassung an sich verändernde Umweltbedingungen gesehen, sondern auch in der aktiven Gestaltung und Auswahl von Umweltbedingungen. Personen schaffen selbst bestimmte Umweltbedingungen innerhalb des Rahmens der jeweiligen sozialen, kulturellen und biologischen Gegebenheiten mit dem Ziel, die Umwelt entsprechend den eigenen Wünschen oder Zielen zu gestalten. Will man Entwicklungsprozesse angemessen beschreiben und erklären, muss demnach die aktive Rolle der Person berücksichtigt werden.

Handlungstheoretisch orientierte Modelle der Entwicklung gehen davon aus, dass persönliche Ziele eine zentrale Rolle in der aktiven Gestaltung der Entwicklung einnehmen. Ziele beeinflussen die Entwicklung, indem sie Verhalten über die Zeit und über Situationen hinweg organisieren.

Welche Ziele man verfolgt, bestimmt die Richtung der Entwicklung mit. So werden sich Lebensweg und Entwicklung einerseits einer Person, die das Ziel hat, Diplomatin zu werden, und andererseits einer Person, die das Ziel hat, Schreinerin zu werden, sicherlich erheblich voneinander unterscheiden.

Da das Verfolgen von Zielen mit dem Erwerb von zielrelevanten Mitteln und Fertigkeiten einhergeht, spielen Ziele auch eine wichtige Rolle für das Erreichen eines bestimmten Funktionsniveaus in verschiedenen Fertigkeitsbereichen. So erwirbt man für eine Diplomatenlaufbahn unter anderem fremdsprachliche, wirtschaftliche und politische Kenntnisse, während der Beruf der Schreinerin ganz andere Fertigkeiten mit sich bringt. Die Verfolgung von Zielen erweitert damit individuelle Kompetenzen und erschließt neue Ressourcen.

7.1 Motive und persönliche Ziele in Kindheit und Jugend

Grundlegende Motive (Leistung, Anschluss, Macht) bilden sich hinsichtlich ihrer Ausprägung und auch hinsichtlich der Dimension der Annäherungs- und Vermeidungsmotivation bereits im Säuglingsalter und in der frühen Kindheit aus. Persönliche Ziele setzen nicht nur die Fähigkeit zum kontrafaktischen Denken, sondern auch das Wissen um Mittel-Zweck-Relationen und eine gewisse Zukunftsperspektive voraus. Überdauernde, handlungsleitende Ziele entwickeln sich erst im Jugendalter.

Definition

Motive (z. B. Leistung, Anschluss, Macht/Kontrolle) sind situationsübergreifende, überdauernde Beweggründe oder Dispositionen, bestimmte Zustände herbeizuführen oder zu vermeiden.

Motive
- ▶ können implizit (nicht-bewusst) oder explizit (bewusst) sein
- ▶ steuern Verhalten nicht direkt, sondern kanalisieren Aufmerksamkeit und Verhalten in eine allgemeine Richtung (auf Erfüllung des Motivs hin)

Definition

Ziele sind überdauernde, kognitive Repräsentationen von (a) erwünschten, zu erreichenden Zuständen (als Annäherungsziele) oder von unerwünschten, zu vermeidenden Zuständen (als Vermeidungsziele) sowie von (b) den notwendigen (Handlungs-)Mitteln.

Ziele
- ▶ unterscheiden sich hinsichtlich verschiedener Dimensionen wie Wichtigkeit, Zeitperspektive, Konkretheit oder persönlicher Verpflichtetheit (*commitment*)
- ▶ strukturieren Verhalten in situations- und zeitübergreifende Handlungssequenzen
- ▶ sind bewusstseinsfähig, auch wenn sie aufgrund von Automatisierungsprozessen nicht zu jedem Zeitpunkt bewusst sein müssen

Frühe Entstehung und Stabilität grundlegender Motive. In der motivationspsychologischen Literatur wird im Allgemeinen davon ausgegangen, dass grundlegende Motive teilweise genetisch verankert sind und teilweise als eine Konsequenz des frühen Bindungs- und Erziehungsverhaltens anzusehen sind, das im vorsprachlichen Alter die Ausprägung von Leistungs-, Macht- und Anschlussmotiven stark prägt. Aus diesem Grund wird auch häufig von impliziten Motiven gesprochen, die nicht notwendigerweise dem Bewusstsein zugänglich und nur schwer veränderbar sind (Heckhausen, 1989). Motive weisen eine sehr hohe Stabilität hinsichtlich der interindividuellen Unterschiede über die Lebensspanne auf (Rangordnungsstabilität). Dies bezieht sich nicht nur auf die Ausprägung der Grundmotive selbst, sondern auch, ob eine Person eher annäherungs- oder vermeidungsmotiviert ist.

Im Bereich des Anschlussmotives wird davon ausgegangen, dass teilweise das angeborene Temperament (Kagan & Snidman, 1991) und teilweise die Reaktionsfreudigkeit und -konsistenz von Bezugspersonen in der Reaktion auf die Bedürfnisse des Säuglings und Kleinkindes (McClelland & Pilon, 1983) dafür verantwortlich sind, ob sich als Motiv eher die Furcht vor Ablehnung herausbildet oder die Hoffnung auf Anschluss. Die (Rangordnungs-)Stabilität dieser motivationalen Ausrichtung ist für das Kindesalter von verschiedenen Autoren (z. B. von der Arbeitsgruppe um Kagan) empirisch gut belegt.

Konsequenzen von Annäherungs- und Vermeidungsmotivation im Anschlussmotiv wurden in einer Längsschnittstudie von Seiffge-Krenke (1995) untersucht. Sie fand, dass Jugendliche und junge Erwachsene mit sozialer Annäherungsmotivation (hier: sicheres Bindungsmodell im Sinne von Bowlby und Ainsworth, s. Kap. 4.2) in ihren sozialen Beziehungen weniger Stress erleben und ihr soziales Netzwerk aktiv zur Bewältigung von Anforderungen heranziehen. Jugendliche und Erwachsene mit sozialer Vermeidungsmotivation (hier: unsicheres Bindungsmodell) erlebten dagegen ihre soziale Beziehungen als eher stressvoll und nutzten weniger aktive Bewältigungsstrategien. Dies zeigt, dass die bereits in der frühen Kindheit erworbenen grundlegenden Motive und motivationalen Ausrichtungen auch in der Jugend und im jungen Erwachsenenalter eine wichtige Rolle für die Interaktion mit der Umwelt besitzen.

Motive lenken die Aufmerksamkeit auf bestimmte Stimuli in einer Situation, beeinflussen deren Interpretation und die allgemeine Richtung des Verhaltens. Daher werden Motive vornehmlich mit projektiven Verfahren erfasst (z. B. dem Thematischen Apperzeptionstest oder TAT; Murray, 1943), in denen uneindeutiges Stimulusmaterial von den Probanden interpretiert werden soll. Die zugrunde liegende Annahme ist, dass die individuelle Ausprägung der Motive die Interpretation des Stimulusmaterials leitet, ohne dass dies dem Probanden bewusst ist.

Leistungsmotivation. Das wohl am besten untersuchte Themengebiet der Motivation im Kindes- und Jugendalter ist aufgrund seiner großen pädagogischen Relevanz die Leistungsmotivation. Auch hier wird grundsätzlich zwischen Annäherungs- und Vermeidungsmotivation unterschieden (Hoffnung auf Erfolg vs. Furcht vor Misserfolg). Eine hohe Ausprägung der Hoffnung auf Erfolg führt zum Aufsuchen von Leistungssituationen mittlerer Schwierigkeit. Die Furcht vor Misserfolg ist dagegen eher durch das Vermeiden von Situationen gekennzeichnet, die ein Versagen zur Folge haben könnten; entsprechend Motivierte geben in Leistungssituationen schneller auf. Wie die Annäherungs- und Vermeidungsmotivation im Bereich des Anschlussmotives werden die Hoffnung auf Erfolg und die Furcht vor Misserfolg mit frühkindlichen Erziehungserfahrungen in Zusammenhang gebracht (Belohnung guter Leistungen führt zur Hoffnung auf Erfolg; Bestrafung schlechter Leistungen führt zur Furcht vor Misserfolg); sie werden als stabile Persönlichkeitsdispositionen aufgefasst (Heckhausen, 1989).

Eine weitere zentrale Unterscheidung auf dem Gebiet der Leistungsmotivation stellt die von Dweck (Dweck & Legett, 1988) getroffene Unterscheidung von Lern- und Leistungsorientierung (*mastery* vs. *performance*) dar.

Die Traditionen der Annäherungs- und Vermeidungsmotivation (Heckhausen 1989) und der Leistungs- vs. Lernorientierung (Dweck & Leggett, 1988) integriert Elliot (1999) in seinem Modell der Leistungsmotivation (s. Abb. 7.1).

Entwicklung von Zielen in der Kindheit. Ziele sind kognitive Repräsentationen von Mittel-Zweck-Relationen. Der Aufbau überdauernder, handlungsleitender Ziele, die sich von reinen Wunschvorstellungen unterscheiden, setzt komplexe kognitive Fertigkeiten voraus. Zum einen ist hierzu *kontrafaktisches Denken* notwendig, also die Fähigkeit, von der Repräsentation gegenwärtiger, faktischer Zustände abzusehen und ihnen Ziele als eine Form der mentalen Simulation

Tabelle 7.1 Lern- vs. Leistungsorientierung nach Dweck

	Lernorientierung	Leistungsorientierung
Fokus	Fokus liegt auf dem Lernen und der Aneignung von Fertigkeiten	Fokus liegt auf der tatsächlich erbrachten Leistung, insbesondere im sozialen Bereich
Basis	Überzeugung, dass Fertigkeiten erworben, d. h. durch Lernen und Übung veränderbar sind	Überzeugung, dass Fertigkeiten auf angeborene Fähigkeiten zurückgehen und deshalb sehr stabil sind
Leistungsverständnis	Leistung als Rückmeldung über bereits erworbene Fertigkeiten und als Mittel, diese Fertigkeiten weiter auszubauen	Leistung als Indikator für die eigene Fähigkeit
Positive Auswirkungen	Fördert Interesse und Spaß bei/an der Bewältigung einer Aufgabe	Steigert die tatsächliche Leistung bei der Verfolgung einer Aufgabe

	Annäherungs-motivation	Vermeidungs-motivation
Lern-orientierung	**Lern-Annäherungsziele:** Erweiterung von Wissen und Fähigkeiten	**Lern-Vermeidungsziele:** Vermeiden des Abbaus von Wissen und Fähigkeiten
Leistungs-orientierung	**Leistungs-Annäherungsziele:** Nachweis von Erfolg (= Vorhandensein von Fähigkeiten)	**Leistungs-Vermeidungsziele:** Vermeiden des Zeigens von Misserfolg (= Mangel an Fähigkeiten)

Abbildung 7.1 Das Modell der Leistungsmotivation nach Elliot integriert die Ansätze der Annäherungs- und Vermeidungsmotivation einerseits und der Leistungs- vs. Lernorientierung andererseits. Das Resultat sind vier kombinierte Zielbereiche.

von möglichen Zuständen entgegenzusetzen. Diese Fähigkeit entwickelt sich während des Vorschulalters. Als weitere Voraussetzung ist ein Verständnis von Mittel-Zweck-Relationen notwendig. So können 5-jährige Kinder zwar auf die Frage nach ihren Berufszielen problemlos Antworten wie „Prinzessin" oder „Astronaut" geben, sie haben aber keinerlei Vorstellungen davon, welche Mittel zur Erreichung dieser Berufsziele notwendig wären. Grundsätzlich handelt es sich bei solchen Aussagen auch deshalb nicht um Ziele, da sie nicht von überdauernder Natur sind, sondern sehr stark fluktuieren. Das hat zum einen damit zu tun, dass Kinder in diesem Alter noch keine klaren Konzepte von Berufen haben, zum anderen liegt es daran, dass diese vagen Vorstellungen keinerlei Verpflichtungscharakter haben.

Das Entstehen persönlicher Ziele im Schulalter. Erst im Verlauf des Schulalters ist es aufgrund des erworbenen Wissens um Mittel-Zweck-Relationen und eine wachsende Zukunftsperspektive möglich, überdauernde Ziele aufzubauen. Während im Kindesalter die Eltern noch einen zentralen Einfluss auf den Inhalt der Ziele haben, nehmen im Verlauf des Jugendalters die Gleichaltrigen (*peers*) und individuelle Wertvorstellungen zunehmend an Wichtigkeit für das Setzen persönlicher Ziele zu.

Vorgehensweisen der Zielerfassung

Ziele werden meist verbal erfasst, indem Probanden gebeten werden, ihre persönlichen Vorhaben für die nähere oder weitere Zukunft frei zu generieren (idiographisches Vorgehen). Die

Liste dieser Ziele wird dann oft nach Lebensbereichen kategorisiert, um ein Profil der für eine Altersgruppe vordringlichen Ziele zu erhalten. Außerdem schätzen die Probanden selbst ihre Ziele wiederholt hinsichtlich verschiedener Dimensionen wie Wichtigkeit, Konkretheit oder zeitlicher Ausdehnung auf einer Rating-Skala ein (nomothetisches Vorgehen; s. Abbildung 7.2).

Personal Projects Rating Matrix: What do you think about what you are doing?																
Projects	Importance	Difficulty	Visibility	Control	Responsibility	Time Adequacy	Outcome (Likelihood of Success)	Self Identity	Other's View	Value Congruency	Progress	Challenge	Absorption	Support	Competence	Autonomy
1																
2																
3																
4																
5																

Abbildung 7.2 Personal Projects Analysis nach Little (1983)

Ziele als Teil der Identitätsfindung. Eine der Aufgaben im Rahmen der Identitätsfindung im Jugendalter (s. Kap. 6.1) besteht im Ausloten von persönlichen Zielen, die nicht mehr von den Eltern oder der Schule vorgegeben werden. Baumeister et al. (1985) bezeichnen denn auch eine motivationale Krise als Identitätsdefizit, wenn sich eine Person keiner der gegebenen Alternativen verpflichten und daher keine klaren handlungsleitenden Ziele aufbauen kann. Nach Nurmi (1991) übernehmen Ziele im Jugendalter eine wichtige entwicklungsregulative Funktion, indem sie sowohl zur übergreifenden Lebensplanung als auch zur Entwicklung von konkreteren Handlungsplänen und -strategien beitragen.

Tabelle 7.2 Rangordnung der positiven und negativen Zielinhalte Jugendlicher (nach Nurmi, 1991)

Rang	Ziele/Erwartungen	Sorgen/Befürchtungen
1.	Ausbildung/berufliche Zukunft	Nichterfüllung normativer Lebensaufgaben (Beruf, Familie)
2.	Heirat/Familiengründung	Nichtnormative Ereignisse bezüglich der Herkunftsfamilie (z. B. Scheidung)
3.	Freizeitgestaltung	Gesellschaftliche Probleme/Bedrohungen
4.	Finanzieller Wohlstand	

Zukunftsperspektive. Wenn Jugendliche nach ihren Zielen befragt werden, so reichen diese bis ins junge Erwachsenenalter hinein. Dieser Zeitrahmen spiegelt die Ziel-Inhalte wieder, die sich auf die Ausbildung und den Beruf sowie die Familiengründung beziehen (s. Tabelle 7.2). Eine Ausrichtung auf die Zukunft hat für Jugendliche im Allgemeinen positive Auswirkungen.

Übersicht

Adaptivität der Zukunftsperspektive

Zaleski et al. (2001) fanden in einer Studie mit N = 306 Schülern (M = 18.6 Jahre):
▶ Vorhandene Langzeitziele und Pläne sind signifikant mit Indikatoren subjektiven Wohlbefindens assoziiert:
  – emotionaler Disstress (negative Korrelation)

  – Bedeutungserleben (positive Korrelation)
  – Interpersonelle Beziehungen und soziale Selbstwirksamkeit (positive Korrelation)
▶ Gegenwartsorientierung geht mit höherem emotionalem Disstress einher

Zusammenfassung. Motive und Ziele entwickeln sich in unterschiedlichen Altersphasen. Die impliziten, nicht bewussten Motive entstehen wahrscheinlich im vorsprachlichen Säuglings- und Kleinkindalter im Zusammenspiel von Temperament und Erziehungs- oder Bindungsstil und bleiben dann recht stabil. Die sprachgebundenen, expliziten Ziele hingegen sind eng an die kognitive Entwicklung gebunden und werden erst im Jugendalter als überdauernde, kognitive Strukturen gut elaboriert; sie tragen zur Identitätsfindung in dieser Altersphase bei.

7.2 Entwicklung von Zielen über das Erwachsenenalter

Der Inhalt von persönlichen Zielen spiegelt die zentralen altersbezogenen Anforderungen wider. Aufgrund des sich verändernden Verhältnisses von Gewinnen und Verlusten im Erwachsenenalter verschiebt sich die Zielorientierung von einer primären Ausrichtung auf Zugewinne zu einer Betonung von Aufrechterhaltens- und Verlustvermeidensprozessen.

Zielinhalte. Welche persönlichen Ziele eine Person entwickelt, ist zum einen von kontextuellen Faktoren wie sozialen Normen und Erwartungen (z. B. „Bis zum 20. Lebensjahr sollte man die Schule abgeschlossen haben.") sowie von Gelegenheitsstrukturen (z. B. Zugang zu schulischer Bildung in Kindheit und Jugend) abhängig, zum anderen von individuellen Faktoren wie Interessen, Talenten, Ressourcen und der eigenen Lerngeschichte.

Soziale Erwartungen und soziale Vergleiche. Die Wichtigkeit sozialer Erwartungen für die persönliche Zielsetzung ist nicht nur in der steuernden Funktion von sozialen Sanktionierungen (z. B. in Form von sozialem Ausschluss bei Normverletzungen oder sozialer Anerkennung bei Erfüllung von sozialen Erwartungen) zu sehen, sondern auch darin begründet, dass sie eine Art Zeitplan für den Lebenslauf vorgeben. Nach Neugartens „Social Clock"-Theorie (Neugarten, 1972; s. Kap. 5) zeigen altersbezogene Normen und Erwartungen an, ob eine Person in Bezug auf ihre Entwicklung „on-time" (d. h. pünktlich) oder „off-time" (d. h. zu früh oder zu spät) ist. Obwohl es im Allgemeinen eher positiv bewertetet wird, der Zeit voraus zu sein (und negativ, zu spät zu sein), ist eine Bewertung von dem jeweils betrachteten Lebensbereich und der Lebensphase abhängig (Heckhausen, 1999). Beispielsweise wird eine Schwangerschaft im Jugendalter in modernen, westlichen Gesellschaften eher negativ bewertet, auch wenn sie – gemessen an den sozialen Erwartungen – frühzeitig eingetreten ist.

Das Ergebnis solcher Vergleiche des eigenen Entwicklungsverlaufes mit sozialen Normen und Erwartungen kann auch bei der Bewertung der eigenen Gewinn-Verlust-Bilanzierung eine maßgebliche Rolle spielen. Da bei einem niedrigen Vergleichsstandard (z. B. soziale Erwartung eines Abbaus der Gedächtnisleistung mit dem Alter) die Wahrscheinlichkeit eher hoch ist, dass man selbst besser abschneidet, führt dies zur Selbstwerterhöhung. Empirisch belegt ist dieser Effekt von Heckhausen und Krueger (1993); deren Ergebnisse zeigen, dass die meisten Erwachsenen sich im Vergleich mit ihrer eigenen Altersgruppe besser bewerten. Die Diskrepanz zwischen sozialen Erwartungen und Selbsteinschätzung ist im höheren Alter besonders stark ausgeprägt; dies kann als eine Form der Immunisierung (s. Kap. 6.3) angesehen werden.

Zielbereiche. Betrachtet man nun die Inhalte von persönlichen Zielen im Erwachsenenalter, so weisen diese eine hohe Übereinstimmung mit den sozialen Erwartungen auf. Die zentralen Zielbereiche im Erwachsenenalter und die wichtigsten Veränderungen in deren Relevanz verdeutlicht Tabelle 7.3.

Tabelle 7.3 Zentrale Zielbereiche des Erwachsenenalters und wichtigste Veränderungen in deren Relevanz

Zentrale Zielbereiche	Wichtigste Veränderungen
Beruf	besonders hohe Wichtigkeit im jungen und mittleren Erwachsenenalter, verliert im höheren Alter an Wichtigkeit
Partnerschaft	besonders hohe Wichtigkeit im jungen Erwachsenenalter
Familie	nimmt an Wichtigkeit über das Erwachsenenalter hin zu
Freizeit	nimmt im späten mittleren und höheren Erwachsenenalter an Wichtigkeit zu
Freundschaft	nimmt an Wichtigkeit im mittleren und höheren Erwachsenenalter zu
Gesundheit	nimmt ab dem mittleren Erwachsenenalter und besonders im höheren Alter an Wichtigkeit zu
Materielle Belange	steigen an Wichtigkeit zum mittleren Erwachsenenalter an und werden im hohen Alter wieder weniger wichtig

Gewinn- und Verlustorientierung

Nicht nur die Inhalte von Zielen sind für die Gestaltung der eigenen Entwicklung relevant, sondern auch die Art, wie Personen ihre Ziele formulieren. So hat die Zielforschung beispielsweise gezeigt, dass konkrete, schwierige Ziele im beruflichen Kontext mit besserer Leistung verbunden sind als einfachere, vage Ziele. Eine andere wichtige Dimension von persönlichen Zielen ist deren Ausrichtung auf die Annäherung an Gewinne und die Vermeidung von Verlusten. Wie auch im Kontext von Motiven, kann in Bezug auf persönliche Ziele zwischen Annäherungs- und Vermeidungszielen unterschieden werden. Bezogen auf das lebensspannenpsychologische Prinzip, dass Entwicklung immer Gewinne und Verluste umfasst, bedeutet dies, dass Personen in ihren persönlichen Zielen entweder stärker auf die Gewinne fokussieren können (z. B. „ich möchte beruflich weiterkommen") oder auf Verluste (z. B. „ich möchte nicht beruflich absteigen"). Entsprechend des sich verändernden Verhältnisses von Gewinnen und Verlusten über die Lebensspanne (s. Einführung), sollte sich auch die relative Allokation von Ressourcen entsprechend verändern (Staudinger et al., 1995; s. Abb. 7.3): Während mit zunehmendem Alter mehr Ressourcen in die Verlustvermeidung investiert werden sollten, sollten für die Gewinnmaximierung aufgewandte Ressourcen abnehmen.

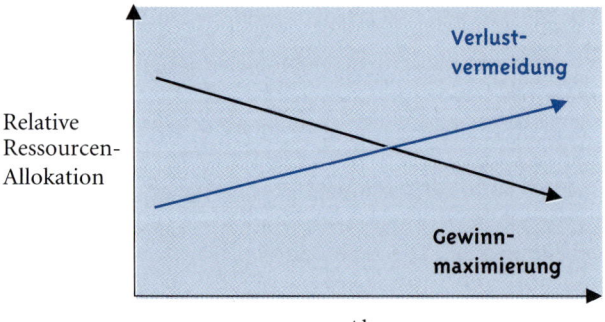

Abbildung 7.3 Angenommene Veränderung der Ressourcenallokation über die Lebensspanne (nach Staudinger et al., 1995): Mit zunehmendem Alter nimmt die Inanspruchnahme von Ressourcen für das Annäherungsziel der Gewinnmaximierung ab, während verstärkt Ressourcen zur Erreichung des Ziels der Verlustvermeidung mobilisiert werden.

Diese Annahme beinhaltet ein differenziertes Bild für die einzelnen Gruppen des Erwachsenenalters:

Junge Erwachsene sollten primär motiviert sein, Gewinne in ihren Leistungen und Ressourcen zu maximieren, da sie

► großes Potenzial für Entwicklungs- und Leistungsgewinne haben
► wenig Verluste erfahren
► sich ihre Entwicklungsaufgaben auf Zugewinn beziehen (Berufseinstieg, Familiengründung)

Mittelalte Erwachsene sollten sich in einer Phase der Verschiebung von einer Ausrichtung auf Gewinnmaximierung hin zu einer stärkeren Gewichtung der Verlustvermeidung befinden, da

► ihr Potenzial für zusätzliche Entwicklungs- und Leistungsgewinne aufgrund des Erreichens einer individuellen Leistungsasymptote in vielen Funktionsbereichen abnimmt
► sie erste Verluste erfahren (Gesundheit, physische Leistungsfähigkeit)
► sich ihre Entwicklungsaufgaben auf die Beibehaltung und Konsolidierung im beruflichen und familiären Bereich beziehen

Alte Erwachsene sollten primär motiviert sein, Verluste in ihren Leistungen und Ressourcen zu vermeiden, um ihr Funktionsniveau aufrechtzuerhalten, da sie

► weniger Potenzial für Entwicklungs-/Leistungsgewinne haben
► relativ viele Verluste erfahren
► sich ihre Entwicklungsaufgaben auf die Aufrechterhaltung von Ressourcen und auf das Vermeiden von Verlusten beziehen (Gesundheit, Selbstständigkeit im Alltag, soziale Kontakte)

Empirische Evidenz. Als Evidenz für diese Veränderung in der motivationalen Orientierung berichtet Heckhausen (1999) eine Studie, nach der jüngere im Vergleich zu mittelalten und älteren Erwachsenen mehr Ziele in Lebensbereichen berichten, die eine Gewinnorientierung reflektieren, und weniger Ziele in Lebensbereichen, die mit einer Verlustorientierung einhergehen. Dieses Befundmuster bestätigt sich auch, wenn man junge, mittelalte und ältere Erwachsene ihre persönlichen Ziele hinsichtlich ihrer Gewinn- bzw. Verlustorientierung selbst einschätzen lässt (idiographisch-nomothetisches Vorgehen in Anlehnung an Little, s. Abb. 7.2). Diese Veränderung der Gewinn- und Verlustorientierung in den persönlichen Zielen scheint sich darüber hinaus auf das subjektive Wohlbefinden und, wie in experimentellen Studien gezeigt werden konnte, auch auf die Persistenz in der Zielverfolgung positiv auszuwirken. Eine Zusammenfassung hierzu leisten Freund und Ebner (2005).

Zusammenfassung. Soziale Erwartungen haben einen großen Einfluss auf die Formulierung von Zielen im Erwachsenenalter. Deren Inhalte weisen sowohl Gemeinsamkeiten als auch systematische Veränderungen hinsichtlich der relativen Wichtigkeit von zentralen Lebensbereichen wie Beruf, Partnerschaft und Familie auf. Die Orientierung persönlicher Ziele auf Leistungs- und Ressourcengewinne und -verluste verschiebt sich in der Lebensspanne des Erwachsenenalters.

7.3 Sozioemotionale Entwicklung

Hinsichtlich der Frage, ob sich mit zunehmendem Alter die Motivation zur Teilhabe am sozialen Leben systematisch verändert, entspann sich eine Debatte zwischen der sogenannten Disengagement-Theorie und der Aktivitäts-Theorie. Diese Debatte ist heute weitestgehend mit Verweis auf die Rolle interindividueller Unterschiede insofern gelöst, als davon ausgegangen wird, dass es weder einen universellen Rückzug noch eine universelle soziale Involviertheit gibt. Dennoch gibt es auch eine aktuelle Theorie der sozialen Motivation, die besagt, dass die Beweggründe für soziale Kontakte sich mit dem Alter systematisch verändern: die Sozioemotionale Selektivitätstheorie (SST).

Disengagement-Theorie

Eine der historisch wichtigen Motivationstheorien, die sich mit der quantitativen Entwicklung des Zielengagements befassen, ist die Disengagement-Theorie (Cumming & Henry, 1961). Ihr zufolge nimmt mit zunehmendem Alter die „psychische Energie" einer Person ab. Insbesondere mit Rollenverlusten im höheren Alter (z. B. Pensionierung) und der Antizipation des eigenen Todes führe die verminderte Energie zu einem Wechsel des Lebensstils weg von Aktivität hin zur Beschäftigung mit der eigenen Person, dem Lebensrückblick und dem Tod. Die Disengagement-Theorie sieht die Aufgabe des hohen Alters darin, sich nach innen zu wenden und von der Gesellschaft und anderen Personen zurückzuziehen, altersbezogene Einschränkungen und die eigene Endlichkeit zu akzeptieren. Gemäß der Disengagement-Theorie sollte demnach die soziale Motivation mit dem Alter abnehmen.

Die Kritik an der Disengagement-Theorie setzt vor allem an zwei Punkten an:

▶ Interindividuelle Unterschiede des Aktivitätsniveaus im mittleren Erwachsenenalter setzen sich bis ins hohe Alter fort, sodass ein sozialer Rückzug nicht als universeller Prozess angesehen werden kann.

▶ Der Verlust bestimmter sozialer Rollen (z. B. Berufstätigkeit) kann durch andere Aktivitäten (z. B. ehrenamtliche Tätigkeit) ersetzt werden.

Aktivitäts-Theorie

Die Gegenposition zur „Disengagement"-Theorie stellt die Aktivitäts-Theorie dar (Lemon et al., 1971). Sie postuliert, dass die Aufrechterhaltung von sozialen Rollen, sozialen Kontakten und Aktivitäten wichtig sei, um die Identität und die Selbstdefinition aufrechtzuerhalten (s. Kapitel 6.3 Hohes Alter: Aufrechterhaltung von Selbstdefinition und Identität).

Auch die Aktivitätstheorie vernachlässigt jedoch interindividuelle Unterschiede in der Persönlichkeit und im Lebensstil. Nach Thomae (1974) geht es darum, ein Gleichgewicht zwischen den Bedürfnissen des Individuums und den Anforderungen der Umwelt zu finden.

Größe des sozialen Netzwerkes. Dennoch gibt es einen empirisch gut belegten Befund der sozialen Entwicklung, der eher der „Disengagement"-Theorie recht zu geben scheint: In der Phase des Erwachsenenalters nimmt die Größe des sozialen Netzwerks deutlich ab. Bedeutet dies nicht, dass Personen sich sozial zurückziehen? Um diese Frage zu beantworten, ist es hilfreich genauer zu untersuchen, welche Arten von sozialen Beziehungen abnehmen. In Abbildung 7.4 ist die Entwicklung der Netzwerkgröße über das Erwachsenenalter für verschieden enge Sozialpartner in Anlehnung an Lang (2004) schematisch dargestellt. Es zeigt sich, dass insbesondere die Anzahl der weniger engen Netzwerkpartner stark abnimmt, während die Anzahl sehr enger Vertrauter bis ins sehr hohe Alter (bei durchschnittlich ca. 3 Personen) stabil bleibt.

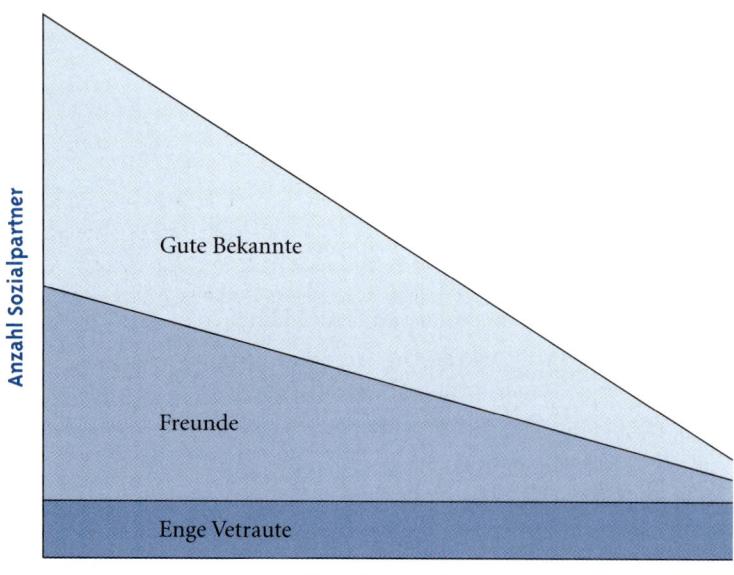

Abbildung 7.4 Entwicklung der Größe des sozialen Netzwerkes, getrennt nach der Nähe der Sozialpartner (Darstellung in Anlehnung an Lang, 2004): In der Phase des Erwachsenenalters nimmt die Anzahl der weniger engen Netzwerkpartner stark ab, während die Anzahl der engen Vertrauten bis ins sehr hohe Alter stabil bleibt.

Sozioemotionale Selektivitätstheorie

Trotz der Verkleinerung des sozialen Netzwerkes verringert sich die subjektive Einschätzung der Zufriedenheit mit sozialen Kontakten nicht. Die Sozioemotionale Selektivitätstheorie (SST) nach Carstensen (Carstensen et al., 1999) erklärt diesen scheinbar paradoxen Befund damit, dass es sich bei der Einschränkung der Sozialkontakte um einen gewollten Prozess handelt. Der SST zufolge ist die Verkleinerung des sozialen Netzwerkes mit dem Alter auf die sich verändernde Zeitperspektive zurückzuführen. Wenn die Zukunft als begrenzt wahrgenommen wird, so beschränken sich Personen auf für sie emotional bedeutsame soziale Interaktionen. Aus diesem Grund kommt es auch zu einer Konzentration auf enge Vertraute, während eher periphere und weniger bedeutsame Sozialkontakte nur eine untergeordnete Rolle spielen.

Die SST geht davon aus, dass es zwei zentrale Motive für soziale Kontakte gibt, die sich in ihrer Wichtigkeit über die Lebensspanne verändern (s. Abbildung 7.5):

▶ **Emotionsregulation:** Im Säuglingsalter, im Kleinkindalter und in der Kindheit sind die selbstregulativen Fähigkeiten und die eigenen Handlungsmöglichkeiten zur Veränderung der Umwelt gemäß den eigenen Wünschen und Bedürfnissen nur zu einem sehr geringen Maße ausgebildet. Deshalb sind Sozialpartner von zentraler Wichtigkeit für die (externe) Regulation des Wohlbefindens. Mit zunehmender Selbstregulationsfähigkeit nimmt die Bedeutung des Emotionsregulationsmotivs für soziale Kontakte dann ab. Mit zunehmendem Alter wird das Motiv, das Leben als emotional bedeutsam zu erfahren, schließlich wieder wichtiger, da die Zukunftsperspektive abnimmt und gegenwartsorientierte Ziele wie das eigene Wohlbefinden und befriedigende soziale Kontakte an Bedeutung zunehmen.

▶ **Informationssuche:** In Kindheit, Jugend und jungem Erwachsenenalter ist die Suche nach Informationen und Wissen zentral für die Motivation zu sozialen Kontakten. Denn in diesen Lebensphasen muss zum einen noch sehr viel Wissen erworben werden und zum anderen stellen soziale Interaktionspartner zumindest potenziell wichtige Quellen für den Erwerb neuer Informationen dar. Dies können durchaus auch Personen sein, die einem emotional nicht sehr nahe stehen. Außerdem ist in diesen Altersgruppen die Zukunftsperspektive sehr weit, sodass aus den Informationen ein großer Gewinn für die eigene Zukunft geschöpft werden kann. Je geringer die eigene Zukunftsperspektive, desto weniger sinnvoll ist es, neue Informationen zu suchen, da diese ohnehin nur von beschränktem Nutzen sein können.

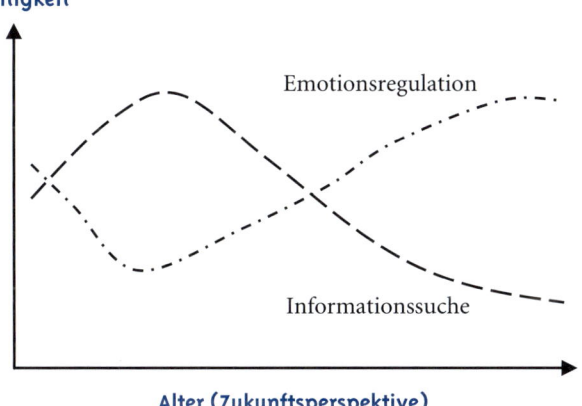

Abbildung 7.5 Nach Carstensens Sozioemotionaler Selektivitätstheorie (Carstensen et al., 1999) verändern sich die Motive für soziale Interaktion mit dem Alter (genauer: der Zukunftsperspektive). In den ersten Lebensabschnitten und dann wieder im zunehmenden Alter dominiert das Motiv der Emotionsregulation. Eine gegenteilige Entwicklung erfährt das Motiv der Informationssuche.

Empirische Belege für die SST. Empirisch ist die SST sowohl in altersvergleichenden als auch in experimentellen Studien, in denen die Zukunftsperspektive manipuliert wird, gut belegt (einen Überblick leisten Carstensen et al., 1999).

Eine typische Untersuchung zur sozialen Präferenz im Rahmen der SST

Fragen:

A – Unbegrenzte Zukunftsperspektive: „Stellen Sie sich vor, Sie haben eine halbe Stunde lang frei und nichts vor. Mit wem würden Sie diese Zeit verbringen?"

B – Begrenzte Zukunftsperspektive: „Stellen Sie sich vor, Sie ziehen in ein paar Tagen in ein anderes Land und wissen nicht, ob Sie jemals wieder in Ihre Heimat zurückkommen werden. Sie haben eine halbe Stunde lang frei und nichts vor. Mit wem würden Sie diese Zeit verbringen?"

Antwortvorgaben:

1 – Enges Familienmitglied/Freund/-in

2 – Autor/in eines Buches, das Sie gerade gelesen haben

3 – Neue/r Bekannte/r bzw. neuer Person, mit dem bzw. der Sie viel gemeinsam zu haben scheinen

Ergebnisse (verschiedener Studien):

▶ Bei unbegrenzter Zukunftsperspektive wählen ältere Erwachsene bevorzugt das enge Familienmitglied/Freund/-in als Sozialpartner, während junge Erwachsene keine klare Präferenz zeigen

▶ Bei begrenzter Zukunftsperspektive wählen sowohl jüngere als auch ältere Erwachsene bevorzugt das enge Familienmitglied/Freund(-in).

Emotionsregulation als Motiv. Die SST sagt ganz generell vorher, dass mit abnehmender Zukunftsperspektive emotionalen Aspekten der Umgebung mehr Aufmerksamkeit geschenkt wird. Hierbei postuliert sie einen sogenannten *Positivity Bias*, nach dem positive emotionale Aspekte mit zunehmendem Alter (bzw. abnehmender Zeitperspektive) mehr Aufmerksamkeit auf sich ziehen als negative Aspekte. Dies könnte eine Strategie der Emotionsregulation darstellen.

Empirische Evidenz. Einige empirische Studien belegen diesen *Positivity Bias*. Als ein Beispiel sei eine Studie von Charles, Mather und Carstensen (Charles et al., 2003) referiert. Die Autorinnen zeigten jungen, mittelalten und älteren Erwachsenen Bilder, die entweder eine positive oder negative Valenz hatten (z. B. lachende Kinder, Trauergemeinde) oder neutral waren (z. B. neutrales Gesicht). Danach sollten die Studienteilnehmenden die dargebotenen Bilder erinnern. Es zeigte sich, dass alle Altersgruppen die emotionalen Bilder besser als die neutralen erinnerten. Hinsichtlich der relativen Häufigkeit, mit der positive gegenüber negativen Bilder erinnert wurden, zeigten sich jedoch deutliche Altersunterschiede. So erinnerten junge Erwachsene etwa gleich häufig positive und negative Bilder, mittelalte Erwachsene bereits etwas mehr positive als negative Bilder und ältere Erwachsene deutlich mehr positive als negative Bilder. Dies kann als ein Hinweis auf eine bevorzugte Informationsverarbeitung von positiven im Vergleich zu negativen Stimuli im höheren Alter gewertet werden.

Zusammenfassung. Die Kontroverse zwischen der „Disengagement"-Theorie und der Aktivitäts-Theorie bezüglich eines universellen Verlaufs der sozialen Motivation kann insofern als gelöst angesehen werden, als interindividuelle Unterschiede für die soziale Entwicklung im Erwachsenenalter prinzipiell als zentral gelten. Zwar nimmt die Größe des sozialen Netzwerkes mit dem Alter ab, aber dies ist nicht als ein genereller sozialer Rückzug aufzufassen. Die SST erklärt die Verkleinerung des sozialen Netzwerkes damit, dass über das Erwachsenenalter die Zukunftsperspektive abnimmt und aus diesem Grund eine Konzentration auf emotional bedeutsame, enge Sozialpartner stattfindet. Die SST ist empirisch gut belegt.

7.4 Handlungstheoretische Modelle der erfolgreichen Entwicklung im Erwachsenenalter

Subjektives Wohlbefinden ist eines der wichtigsten subjektiven Kriterien für erfolgreiche Entwicklung. Aufgrund der Zunahme von Entwicklungsverlusten und der Abnahme von Entwicklungsgewinnen würde man einen Rückgang von subjektivem Wohlbefinden über das Erwachsenenalter vorhersagen. Empirisch zeigt sich dies jedoch nicht. Welche Prozesse spielen hierfür eine Rolle? Die drei zentralen Theorien zur erfolgreichen Entwicklung im Erwachsenenalter – das SOK-Modell von Baltes und Baltes, das Zwei-Komponenten-Modell des Copings von Brandtstädter und das Modell der primären und sekundären Kontrolle von Heckhausen und Schulz) – werden vorgestellt und durch empirische Beispiele erläutert.

In aktuellen Theorien zur erfolgreichen Entwicklung spielen Zielprozesse eine zentrale Rolle, da sie die Auseinandersetzung des Menschen mit den Veränderungen in seiner internen und externen Ressourcenlage thematisieren. Die zentrale Frage dieser Forschungsrichtung ist, wie eine erfolgreiche Auseinandersetzung mit den Anforderungen der verschiedenen Lebensphasen gelingen kann.

Kriterien erfolgreicher Entwicklung. Es gibt derzeit kein allgemein anerkanntes Kriterium für den „Erfolg" der Entwicklung. Einige Gründe hierfür sind:

▶ Es gibt keinen klaren Endpunkt der Entwicklung, zu dem deren Erfolg konstatiert werden könnte.

▶ Entwicklung verläuft multidirektional, also in unterschiedlichen Funktions- oder Fertigkeitsbereichen in unterschiedliche Richtungen (z. B. Zunahme an Lebenserfahrung bis ins sehr hohe Alter vs. Abnahme einiger Aspekte der kognitiven Leistungsfähigkeit ab dem jungen Erwachsenenalter). Wie sollten diese verschiedenen Verläufe zu einem Kriterium des Erfolgs „verrechnet" werden?

▶ Entwicklung ist kontextabhängig: Während manche Personen günstige Entwicklungbedingungen vorfinden, sind andere mit sehr schwierigen Kontexten (z. B. Krieg) konfrontiert. Ein Vergleich über verschiedene Kontexte hinweg scheint wenig sinnvoll.

Definition

Aspekte, die in einer Definition des Konstrukts „erfolgreiche Entwicklung" zu berücksichtigen sind:
▶ Gleichzeitige Maximierung von Gewinnen und Minimierung von Verlusten

▶ Gleichgewicht zwischen den Bedürfnissen des Individuums und den Anforderungen der Umwelt
▶ Subjektives Wohlbefinden und Zufriedenheit als Indikatoren

Ziele und erfolgreiche Entwicklung. Da persönlichen Zielen eine zentrale Rolle für die Lebensgestaltung und das Finden eines Gleichgewichts zwischen individuellen Bedürfnissen und Anforderungen der Umwelt zugeschrieben wird, ist es nicht erstaunlich, dass aktuelle Modelle erfolgreicher Entwicklung Zielprozesse in den Vordergrund stellen. Übereinstimmend gehen diese Modelle davon aus, dass Prozesse der Zielauswahl, -verfolgung und -aufrechterhaltung angesichts von Verlusten von zentraler Wichtigkeit sowohl für den Erwerb (interner und externer) Ressourcen als auch für die Bewältigung von Ressourcenverlusten sind. Die gegenwärtig einflussreichsten Modelle sind das Zwei-Komponenten-Modell von Brandtstädter und Kollegen, das Modell der primären und sekundären Kontrolle von Heckhausen und Kollegen sowie das Modell der Selektion, Optimierung und Kompensation von Baltes und Kollegen.

Modell des assimilativen und akkommodativen Copings

Da das Zwei-Komponenten-Modell des Copings von Brandtstädter und Kollegen (z. B. Brandtstädter & Renner, 1990) bereits dargestellt wurde (s. 6.3), soll hier nur noch einmal erwähnt werden, dass auch dieses Modell Zielprozesse als zentral für die Bewältigung von Entwicklungsherausforderungen auffasst. Es werden hierbei zwei Bewältigungsstrategien unterschieden:

▶ Die Assimilation als Festhalten an Zielen und hartnäckige Zielverfolgung
▶ Die Akkommodation als flexible Anpassung der Ziele an die gegebenen Umstände

Im höheren Lebensalter nimmt aufgrund der zunehmenden Anzahl blockierter Ziele die Wirksamkeit assimilativer Prozesse ab, während die Bedeutsamkeit akkommodativer Prozesse zunimmt.

Modell der primären und sekundären Kontrolle

Nach diesem Modell von Heckhausen und Schulz (1995) ist die Gestaltung der eigenen Lebenswelt gemäß den eigenen Zielen im Sinne einer Maximierung der persönlichen Kontrolle über die Umwelt zentral für die erfolgreiche Entwicklung über die Lebensspanne (s. Teil III Alter). Es werden zwei Kontrollprozesse unterschieden:

(1) Primäre Kontrolle: Aktive Veränderung der Umwelt gemäß eigenen Zielen.
   ▶ Beispiel-Item aus dem Fragebogen: „Wenn ich Probleme habe, gebe ich nicht auf, bis ich sie löse"
   ▶ Fokus: external, äußere Gegebenheiten
   ▶ Prozess: Handlung
   ▶ Zentrale Funktionen:
      – Aktive Gestaltung der Umwelt gemäß eigenen Wünschen und Zielen
      – Optimierung von Entwicklungsverläufen
   ▶ Primäre Kontrolle als Königsweg erfolgreicher Entwicklung

(2) Sekundäre Kontrolle: Reaktive Anpassung eigener Ziele an die Gegebenheiten, wenn primäre Kontrolle nicht mehr möglich ist.
   ▶ Beispiel-Item aus dem Fragebogen: „Ich finde auch in den schlimmsten Situationen etwas Positives"
   ▶ Fokus: internal, „Selbst"
   Prozess: Kognitionen (z. B. selbstwertdienliche Attributionen, soziale Vergleiche)
   ▶ Zentrale Funktionen:
      – Aufrechterhaltung von Funktionsbereichen
      – Minimierung von Verlusten
      – Abfangen negativer motivationaler Konsequenzen aus dem Scheitern primärer Kontrollbestrebungen

Nach Heckhausen und Schulz können primäre und sekundäre Kontrolle jeweils dahin gehend unterschieden werden, ob sie selektiv oder kompensatorisch sind (s. Tabelle 7.4).

Tabelle 7.4 Selektive und kompensatorische Formen primärer und sekundärer Kontrolle nach Heckhausen und Schulz: Definition der Prozesse und Beispiele

	Primäre Kontrolle	**Sekundäre Kontrolle**
Selektiv	Investieren interner Ressourcen ▶ Anstrengung aufwenden ▶ Zeit aufwenden ▶ Neue Fertigkeiten entwickeln ▶ Schwierigkeiten bekämpfen	Veränderung des Wertes des Ziels ▶ Aufwertung des Ziels ▶ Abwertung anderer Ziele ▶ Erhöhtes Kontrollgefühl für gewähltes Ziel ▶ Positive Konsequenzen der Zielerreichung antizipieren
Kompensatorisch	Investieren externer Ressourcen ▶ Hilfe von Anderen ▶ Rat von Anderen ▶ Neue Hilfsmittel ▶ Umwege zum Ziel	Zielablösung ▶ Selbstschützende Attribution ▶ Sozialer Abwärtsvergleich mit Anderen ▶ Temporaler Abwärtsvergleich mit Selbst

Primat primärer Kontrolle. Das Modell postuliert ein Primat der primären Kontrolle. Dies bedeutet, dass die adaptive Funktion der primären Kontrolle höher ist als die der sekundären Kontrolle. Primäre Kontrolle setzt jedoch voraus, dass die Umwelt überhaupt aktiv durch zielgerichtetes Handeln des Individuums veränderbar ist und dieses über die Möglichkeiten hierzu verfügt. Falls dies nicht der Fall ist, wird primäre Kontrolle maladaptiv, da sie zwangsläufig zu Misserfolg führt und damit die Selbstwahrnehmung und Motivation negativ beeinflusst und wertvolle Ressourcen verbraucht. Personen sollten die eingesetzten Kontrollstrategien daher den jeweiligen Handlungsgelegenheiten anpassen:

▶ Gute Gelegenheiten → Primäre Kontrolle
▶ Schlechte Gelegenheiten → Sekundäre Kontrolle

Empirische Evidenz. Das Modell der primären und sekundären Kontrolle ist empirisch gut belegt. Als ein Beispiel soll eine Untersuchung von Wrosch und Heckhausen (1999) kurz referiert werden.

Beispiel

In einer Studie von Wrosch und Heckhausen (1999) wurden kürzlich getrennte und in Partnerschaft lebende junge und mittelalte Erwachsene hinsichtlich ihrer Kontrollstrategien und deren Adaptivität verglichen. Eine zentrale Frage war dabei, ob Erwachsene ihre Kontrollstrategien an die tatsächlich gegebenen Gelegenheitsstrukturen anpassen. Gelegenheiten für das Finden neuer Partner nehmen mit zunehmendem Alter ab, da der „Partnerschaftsmarkt" sich zunehmend einschränkt. Entsprechend dem Primat der primären Kontrolle zeigte sich, dass beide Altersgruppen ein stärkeres primäres Kontrollstreben berichteten.

Gleichzeitig ergaben sich aber auch die erwarteten altersbezogenen Unterschiede: Jüngere berichteten im Vergleich zu mittelalten Erwachsenen eine höhere primäre Kontrolle, während sich für die sekundäre Kontrolle der umgekehrte Alterseffekt abzeichnete. Dieser Altersunterschied erwies sich insofern als adaptiv, als die höhere sekundäre Kontrolle für mittelalte Erwachsene mit höherem positivem Affekt einherging, während für jüngere Erwachsene eine höhere sekundäre Kontrolle mit niedrigerem positiven Affekt verbunden war.

Dies ist nur ein Beispiel für empirische Untersuchungen zum Modell der primären und sekundären Kontrolle. Andere Studien zeigen unterstützende Befunde in Bereichen wie dem Übergang von der Schule ins Berufsleben, dem Kinderwunsch oder der Bewältigung gesundheitlicher Probleme.

Modell der Selektion, Optimierung und Kompensation

Das Modell der Selektion, Optimierung und Kompensation (kurz: SOK-Modell) wurde von Baltes und Baltes (1990) als ein allgemeines Modell der Entwicklungsregulation (s. Teil III Alter) konzipiert. Es soll hier in seiner handlungstheoretischen Formulierung vorgestellt werden, die sich auf Prozesse des Setzens, Verfolgens und Aufrechterhaltens persönlicher Ziele bezieht (Freund, 2007). Das SOK-Modell unterscheidet in Anlehnung an die motivationspsychologische Literatur zwischen Prozessen der Zielsetzung und der Zielverfolgung auf der einen Seite und Prozessen der Annäherung an Gewinne und dem Vermeiden von Verlusten auf der anderen Seite. Daraus ergibt sich ein Vierfelderschema, das in Tabelle 7.5 dargestellt ist.

(1) **Selektion:** Entwicklung und Auswahl persönlicher Ziele entweder **elektiv** (auf Zugewinne ausgerich-

Tabelle 7.5 Prozesse der Zielsetzung und -verfolgung, die auf die Maximierung von Gewinnen oder die Minimierung von Verlusten ausgerichtet sind

	Zielsetzung	**Zielverfolgung**
Gewinn	Elektive Selektion	Optimierung
Verlust	Verlustbasierte Selektion	Kompensation

tet) oder als Antwort auf Verluste **(verlustbasiert)** durch:

- ▶ Fokussierung auf eine Teilmenge prinzipiell verfügbarer Entwicklungsoptionen
- ▶ Konzentration auf wenige Zielbereiche zur Bündelung von Ressourcen (insbesondere unter Bedingungen der starken Ressourcenbeschränkung adaptiv)
- ▶ Auswahl von konvergierenden Zielen, die einander unterstützen und nicht miteinander konfligieren
- ▶ Hierarchisierung von Zielen nach Priorität
- ▶ Kontextualisierung von Zielen
- ▶ Dauerhafte Zielbindung

Zielsetzung kanalisiert unspezifisches Entwicklungspotenzial und trägt damit zur Spezialisierung und Differenzierung von Funktionen bei.

(2) **Optimierung:** Prozesse der Zielverfolgung. Erwerb und Investition von Ressourcen zur Erreichung von ausgewählten Zielen durch:

- ▶ Erlernen neuer Fertigkeiten
- ▶ Übung von Fertigkeiten
- ▶ Investition von Zeit und Anstrengung
- ▶ Fokussierung der Aufmerksamkeit auf die Zielverfolgung
- ▶ Modellierung erfolgreicher Anderer
- ▶ Spezifikation von günstigen Handlungsgelegenheiten
- ▶ Integration einzelner Fertigkeiten in größere Handlungsabläufe
- ▶ Persistenz in der Zielverfolgung

Trägt zu Entwicklungsgewinnen bei.

(3) **Kompensation:** Prozesse der Aufrechterhaltung von bereits erreichten Zielen trotz Verlusten durch:

- ▶ Verstärkung von Anstrengung
- ▶ Substitution verlorener Handlungsmittel durch vorhandene, alternative Mittel
- ▶ Aktivierung ungenutzter Reserven
- ▶ Erwerb neuer zielrelevanter Ressourcen
- ▶ Inanspruchnahme von sozialer Unterstützung
- ▶ Nutzung externer Hilfsmittel (z. B. Hörgerät)

Trägt zur Aufrechterhaltung der Funktionsfähigkeit bei.

Empirische Evidenz. Auch das handlungstheoretische SOK-Modell ist empirisch gut belegt (eine Zusammenfassung leistet Freund 2007). In einer Reihe von Fragebogenuntersuchungen über das gesamte Erwachsenenalter konnte beispielsweise gezeigt werden, dass die im SOK-Modell spezifizierten Zielsetzungs- und -verfolgungsprozesse zu subjektiven Indikatoren erfolgreicher Entwicklung wie

- ▶ positiven Emotionen und
- ▶ höherer Lebenszufriedenheit sowie zur
- ▶ Abwesenheit negativer Emotionen und Einsamkeit

beitragen.

Die Adaptivität von Selektion, Optimierung und Kompensation verändert sich diesen Studien zufolge vom jungen bis ins sehr hohe Alter nicht. Es zeigen sich jedoch altersbezogene Unterschiede im Hinblick auf den selbstberichteten Einsatz der SOK-Prozesse: Während alle SOK-Prozesse vom jungen zum mittleren Erwachsenenalter zunehmen, nehmen sie zum höheren Alter – wahrscheinlich infolge der zunehmenden Ressourceneinschränkungen – bis auf die Elektive Selektion wieder ab.

Studien zur Wichtigkeit von Selektion

In mehreren Studien konnte die Wichtigkeit von Selektion und deren besondere Rolle im späteren Erwachsenenalter gezeigt werden. So zeigte beispielsweise eine Untersuchung mithilfe von Tagebuchverfahren von Riediger und Freund (2006), dass ältere Erwachsene den jüngeren in diesem Prozess überlegen zu sein scheinen. Ältere Erwachsene beschränkten nicht nur insgesamt die Anzahl ihrer Ziele stärker, sondern sie wählten ihre Ziele so aus, dass sie sich auf die für sie zentralen Lebensbereiche beziehen. Dadurch erreichen ältere Erwachsene eine höhere Kongruenz und geringe Konflikte zwischen ihren Zielen. Im Kontext des Zieles, regelmäßig Sport zu treiben, führte dies dazu, dass ältere Erwachsene ihr Ziel im Alltag eher verfolgten und über einen Zeitraum mehrer Monate auch eher erreichten als jüngere Erwachsene. Außerdem trug ein solches Zielsystem auch zum positiven emotionalen Befinden im Alltag und längsschnittlich zu höheren Werten des subjektiven Wohlbefindens bei. Dieses Befundmuster deutet darauf hin, dass Prozesse der Zielauswahl sich über das Erwachsenenalter hinweg positiv entwickeln und zur erfolgreichen Entwicklung bis ins höhere Alter beitragen.

Nach handlungstheoretischen Modellen der erfolgreichen Entwicklung können Prozesse der Zielauswahl und -verfolgung als zentral für die aktive Gestaltung der Entwicklung angesehen werden. Der Schwerpunkt wird je nach Modell auf unterschiedliche, spezifische Zielprozesse gelegt. So hebt das SOK-Modell im Vergleich zu den anderen Modellen die Wichtigkeit der Formulierung und Auswahl von Zielen stärker hervor, während das Zwei-Komponenten-Modell des Copings und das Modell der primären und sekundären Kontrolle die Rolle der Ablösung von Zielen bei Verlusten und ungünstiger Ressourcenlage vergleichsweise stärker betonen. Alle drei Modelle sind empirisch gut belegt.

Zusammenfassung

Motivation und persönliche Ziele sind nicht nur Konstrukte, die sich über die Lebensspanne hinweg entwickeln und verändern, sondern sie tragen auch maßgeblich zur Entwicklung bei. So haben im Säuglings- und frühkindlichen Alter entwickelte Motive einen Einfluss auf das Erleben und Verhalten im Jugend- und Erwachsenenalter. Dies ist insbesondere für das Anschluss- und das Leistungsmotiv untersucht. Persönliche Ziele entwickeln sich dagegen erst im Jugendalter zu stabilen, handlungsleitenden kognitiven Repräsentationen bezüglich anzustrebender und zu vermeidender Zustände. Ziele bestimmen die Richtung der Entwicklung mit und beeinflussen auch das Funktionsniveau, das in einem bestimmten Funktionsbereich erreicht und aufrechterhalten wird. Der Inhalt von Zielen verändert sich mit dem Alter und den sich verändernden Lebensumständen genauso wie ihre Ausrichtung auf Gewinne und Verluste in Abhängigkeit von der sich mit dem Alter verändernden Ressourcenlage.

Wie viel verbleibende Lebenszeit einer Person (subjektiv) zur Verfügung steht, ist eine der Ressourcen, die nach der Sozioemotionalen Selektivitätstheorie insbesondere für die soziale Motivation grundlegend sind. Nach dieser Theorie geht die Verkleinerung des sozialen Netzwerkes mit dem Alter auf die sich verkürzende Zeitperspektive zurück. Als je kürzer die eigene Zukunft wahrgenommen wird, desto wichtiger wird die zeitnahe Emotionsregulation und desto weniger wichtig wird die Informationssuche als Motiv für soziale Kontakte.

In den aktuellen Modellen der erfolgreichen Entwicklung spielen Zielprozesse eine zentrale Rolle. Damit wird auch der Rolle der Person als einer Mitgestalterin ihrer eigenen Entwicklung, wie sie von der Lebensspannenpsychologie betont wird, Rechnung getragen. Diese Modelle befassen sich mit der Frage nach der Beschreibung und Erklärung der Regulation von Entwicklungsgewinnen und -verlusten.

Übungsaufgaben

► Beschreiben Sie das Modell der Leistungsmotivation nach Elliot (1999) und die Auswirkungen der verschiedenen motivationalen Orientierungen auf das Interesse und die Leistung bei Aufgaben.

► Kontrastieren Sie die Entwicklung von Motiven und Zielen über die Lebensspanne.

► Wie entwickelt sich die Ausrichtung von Zielen auf Gewinne und Verluste im Erwachsenenalter?

► Erläutern Sie die historische Debatte um die sozioemotionale Entwicklung im Erwachsenenalter und umreißen Sie die heute allgemein anerkannte Sicht dieser Debatte.

► Welches sind die zentralen Annahmen der SST und wie werden sie empirisch überprüft?

► Stellen Sie die drei handlungstheoretischen Modelle erfolgreicher Entwicklung dar und arbeiten Sie dabei deren Gemeinsamkeiten und Unterschiede heraus.

Weiterführende Literatur

► Einen neueren deutschsprachigen Überblick über Theorie und Empirie der sozioemotionalen Selektivitätstheorie leisten:
Carstensen, L.L. & Lang, F.R. (2007). Sozi-emotionale Selektivität über die Lebensspanne: Grundlagen und empirische Befunde. In J. Brandtstädter & U. Lindenberger (Hrsg.), Entwicklungspsychologie der Lebensspanne (S. 389–412). Stuttgart: Kohlhammer.

► Eine umfassende Zusammenfassung der Literatur zur erfolgreichen Entwicklung mit einem Fokus auf das Altern und eine ausführliche Diskussion der verschiedenen Definitionen und Kriterien erfolgreicher Entwicklung findet sich bei:
Freund, A.M., & Riediger, M. (2003). Successful aging. In R.M. Lerner, A. Easterbrooks & J. Mistry (Eds.), Comprehensive handbook of psychology: Volume 6: Developmental psychology (pp. 601–628). New York: Wiley.

8 Spezielle Themen des Erwachsenenalters

Was Sie in diesem Kapitel erwartet

Im Erwachsenenalter geht es vor allem um die Lebenskontexte der beruflichen und der familiären Entwicklung. Welches sind hier die zentralen Entwicklungsschritte? Wie können Beruf und Familie vereinbart werden? Und schließlich: Kann das mittlere Erwachsenenalter sinnvoll als eine Lebensphase der Krisen verstanden werden?

Für das gesamte Erwachsenenalter sind Entwicklungsaufgaben in den beiden Lebensbereichen Beruf und Familie vorherrschend. Beide Bereiche werden traditionell von Phasen des Aufbaus (Berufseintritt, Familiengründung), der Konsolidierung (Sicherung der beruflichen Karriere, Aufziehen der Kinder) und des Abbaus (Verrentung, Auszug der Kinder) gekennzeichnet. Allerdings ist diese Beschreibung der Entwicklungsverläufe zu sehr vereinfacht. Dieses Kapitel zeigt auf, wie komplex die berufliche und die familiäre Entwicklung und deren Zusammenspiel sind.

Die meisten Theorien der beruflichen Entwicklung heben die Wichtigkeit einer Passung zwischen dem Beruf und der Arbeit auf der einen und Person auf der anderen Seite hervor. Sie unterscheiden sich jedoch darin, ob die Wirkrichtung dieser Passung vor allem von der Person ausgeht, die einen zu ihren Interessen passenden Beruf sucht, oder ob, wie es eher soziologisch orientierte Ansätze sehen, die berufliche Tätigkeit die Fertigkeiten und die Persönlichkeit eines Individuums prägen. Entwicklungspsychologische Modelle erkennen vor allem

▶ die längerfristige Herausbildung beruflicher Interessen,
▶ die Exploration der beruflichen Möglichkeiten,
▶ den Entscheidungsprozess der Berufsfindung und
▶ möglicherweise die wiederholte Revision dieser Entscheidung

als beschreibungs- und erklärungsrelevante Aspekte beruflicher Entwicklungsverläufe.

Die familiäre Entwicklung ist allein schon wegen der verschiedenen Beziehungen komplex: Die Paarbeziehung, die Eltern-Kind-Beziehung und die Geschwisterbeziehungen entwickeln sich jeweils sehr unterschiedlich über die Lebensspanne. Während der Partner/die Partnerin in modernen westlichen Gesellschaften frei gewählt wird, kann man sich – entsprechend dem alten Sprichwort – die Verwandtschaft nicht selbst aussuchen. Alle drei Beziehungsarten sind im Vergleich zu Freundschaften jedoch von großer emotionaler Nähe und Wichtigkeit und nehmen daher einen besonderen Stellenwert ein. Jenseits der einzelnen Beziehungsarten – Paarbeziehung, Eltern-Kind-Beziehung und Geschwisterbeziehung – innerhalb von Familien entwickelt sich auch die Familie als ein System über die Zeit.

Die Vielfalt der beruflichen und familiären Anforderungen wird noch einmal verstärkt, wenn Personen versuchen, berufliche und familiäre Ziele gleichzeitig zu verwirklichen. Der Begriff der *Work-Life-Balance* bezeichnet die Schwierigkeit der Balancierung beider Lebensbereiche. Aber nicht nur in diesem Spannungsfeld von Beruf und Familie ist nach potenziellen Problemen des

Erwachsenenalters zu suchen. Dieser Lebensphase werden auch sonst eher Krisen zugeordnet, von denen die Midlife-Crisis sicher die bekannteste ist. In diesem Kapitel wird auch der Frage nachgegangen, was es mit dieser (und anderen) Krisen aus wissenschaftlicher Sicht auf sich hat.

8.1 Berufliche Entwicklung

Obwohl neuere Modelle davon ausgehen, dass die berufliche Entwicklung bereits in der Jugend beginnt und über die Berentung hinausgeht, sind die zentralen beruflichen Übergänge und Ereignisse im Erwachsenenalter angesiedelt. Wir konzentrieren uns hier auf den Schwerpunktbereich der Berufswahl und die zentralen Annahmen eines entwicklungspsychologischen Ansatzes, der berufliche Entwicklung als einen (fast) lebenslangen Prozess versteht.

Theorien der beruflichen Entwicklung unterscheiden sich hinsichtlich der Schwerpunktsetzung auf

▶ die Sozialisation (Beruf/Arbeit beeinflusst die individuellen Fertigkeiten und die Persönlichkeit) oder

▶ die Selektion/Gravitation (Personeneigenschaften bestimmen, welchen Beruf man ausübt).

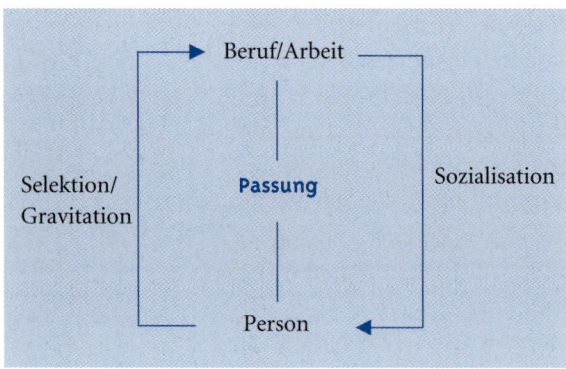

Abbildung 8.1 Passung zwischen Beruf/Arbeit und Person als Funktion der Sozialisation (soziologisch orientierte Theorien) oder der Selektion bzw. Gravitation (differenzial- und entwicklungspsychologische Theorien). Die Pfeile symbolisieren die durch die Theoriewahl gegebene Richtung der Beeinflussung/Bestimmung.

Sozialisationsthese. Diese aus der Soziologie stammende These besagt, dass Bedingungen des Arbeitsmarktes und gesellschaftliche Bedingungen (z. B. Schichtzugehörigkeit) primär dafür verantwortlich sind, welchen Beruf eine Person wählt. Darüber hinaus beeinflussen Beruf und Arbeitsbedingungen die Person nicht nur in Bezug auf die bei der Arbeit erworbenen Fertigkeiten, sondern auch in Bezug auf die Persönlichkeit mit ihren Werthaltungen und Interessen sowie der Ausbildung von bestimmten Eigenschaften. In der Psychologie ist diese These seit Aufkommen des interaktionistischen Modells der Entwicklung, nach dem von einer wechselseitigen, dynamischen Beeinflussung einer Person mit ihrer Lebenswelt ausgegangen wird, wenig populär. Außerdem spricht die empirische Evidenz gegen eine solche einseitige Prägungsthese.

Selektions- bzw. Gravitationsthese. Diese These besagt, dass zeitlich stabile Personeneigenschaften (Persönlichkeitsmerkmale, Fähigkeiten) nicht nur die Berufswahl beeinflussen (vgl. die Theorie von Holland, 1997), sondern auch, dass diese die spezifische Ausgestaltung der Arbeitsbedingungen und den beruflichen Karriereverlauf bestimmen. Demnach suchen sich Personen nicht nur die zu ihrem Persönlichkeits- und Fähigkeitsprofil passenden beruflichen Tätigkeiten (Selektion), sondern gestalten auch ihre berufliche Umwelt so, dass die Passung weiter erhöht wird (Gravitation). Diese These spricht damit der Person eine aktive Rolle in ihrer beruflichen Entwicklung zu. Es gibt einige empirische Evidenz aus Längsschnittstudien, die die Selektions-/ Gravitationshypothese recht gut bestätigen (eine Zusammenfassung leistet Hoff, 2005). Nach Hoff (2005) ist jedoch die moderne Arbeitswelt dadurch gekennzeichnet, dass der externe Zwang zur subjektiven Ausgestaltung der beruflichen Arbeit stark zugenommen hat. Aufgrund dieses Drucks zur Eigeninitiative und der Gestaltung von Arbeitsabläufen – und in manchen Berufen auch von Arbeitsinhalten – könne nicht mehr sinnvoll zwischen Sozialisation und Gravitation unterschieden werden.

Beruflicher Entscheidungsprozess. Die Entscheidung für einen Beruf ist ein komplexer Prozess, der mindestens die folgenden Aspekte berücksichtigt:
▶ Welches sind die verschiedenen beruflichen Alternativen?
▶ Welche Konsequenzen haben diese?
▶ Stehen die Konsequenzen in Einklang mit den persönlichen Zielen?
▶ Mit welcher Wahrscheinlichkeit ist eine bestimmte berufliche Alternative erreichbar? (Hier fließen die Einschätzung der eigenen Fähigkeiten und die Arbeitsmarktsituation ein.)
▶ Wie gut muss eine berufliche Alternative zu den persönlichen Zielen (mindestens) passen (Entscheidungskriterium)?
Der Prozess der Informationssuche für diese komplexe Entscheidungssituation wird als berufliche Exploration bezeichnet.

Berufliche Exploration. Es gibt gegenwärtig kein psychologisches Berufswahlmodell, das nicht die Wichtigkeit der beruflichen Exploration betont. Die Exploration kann sich einerseits auf die Interessen und Fähigkeiten der eigenen Person und andererseits auf die Anforderungen verschiedener Berufe sowie die Arbeitsmarktsituation beziehen.
Die empirische Befundlage unterstreicht die Wichtigkeit beruflicher Exploration im Jugendalter (Kracke, 2004). Tatsächlich sind Personen, die intensiv exploriert haben, mit der gewählten Ausbildung zufriedener. Dagegen engagieren sich Jugendliche, die zu Beginn der Exploration in der Auseinandersetzung mit Berufsfragen Schwierigkeiten erfahren (z. B. aufgrund einer hohen Unklarheit bezüglich der eigenen Interessen), immer weniger explorativ, was dann wiederum zu schlechteren beruflichen Wahlen führt. Nach vollzogener Berufswahl ist eine geringere Exploration jedoch durchaus adaptiv: Eine getroffene Wahl wird durch mögliche Alternativen nicht immer wieder in Frage gestellt.

Hollands Modell der beruflichen Passung. Das wohl bekannteste und einflussreichste Modell der Berufswahl stammt von Holland (1997). Im Mittelpunkt dieses Modells steht der „Fit" (von engl. „to fit" für dt. „passen") zwischen Persönlichkeitsorientierungen und dem Anforderungs- und Tätigkeitsprofil des jeweiligen Berufs. Hierzu teilt Holland sowohl die Persönlichkeit als auch die Berufe nach sechs zentralen Charakteristika ein. Im Falle der optimalen Berufswahl liegt eine Maximierung des *Fits* zwischen individuellen Charakteristika und dem gewählten Beruf vor (Holland, 1997).

Kritik an Hollands Modell
▶ Mangelnde theoretische Untermauerung des Persönlichkeitsmodells
▶ Vielen Jugendlichen fehlt es an klaren beruflichen Interessen und Wertorientierungen (das ist ja für sie eine zentrale Entwicklungsaufgabe)

Tabelle 8.1 Holland (1997) unterscheidet sechs allgemeine Persönlichkeitsorientierungen, denen er bevorzugte Tätigkeiten und Aktivitäten zuordnet

Persönlichkeitsorientierung	Beschreibung	Beruflicher Bereich
Realistisch (R)	bevorzugt Tätigkeiten, die Kraft, Koordination und Handgeschicklichkeit erfordern und zu konkreten, sichtbaren Ergebnissen führen	handwerklicher, technischer, landwirtschaftlicher Bereich
Intellektuell (I)	bevorzugt Aktivitäten, bei denen Aufgaben oder Probleme durch Denken und systematische Beobachtung angegangen werden	natur- oder kulturwissenschaftlicher Bereich
Künstlerisch (A)	bevorzugt offene, unstrukturierte, kreative Tätigkeiten, die sprachliche oder künstlerische Selbstdarstellung ermöglichen	Kunsthandwerk, ausübende Künstler
Sozial (S)	bevorzugt Tätigkeiten, die andere Menschen involvieren	soziale, erzieherische, pflegende Berufe
Unternehmerisch (E)	bevorzugt machtbezogene Aktivitäten, in denen Situationen oder Personen beeinflusst werden können	Vertreter, Manager
Konventionell (C)	bevorzugt strukturierten, regelhaften Umgang mit wohldefinierten Situationen	buchhalterische, administrative Berufe

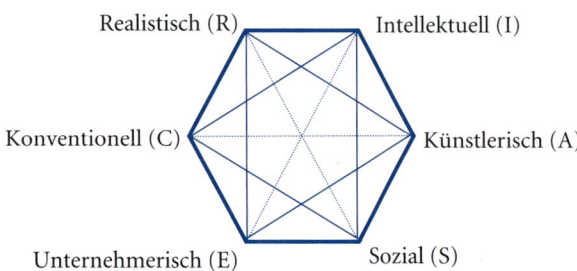

Abbildung 8.2. Das Hexagon-Modell der Persönlichkeit von Holland (1997), das die gleichen Daten wie Tabelle 8.1 darstellt, findet in der Berufs- und Laufbahnforschung Verwendung. Die Dicke der Verbindungslinien weist auf ähnliche Orientierungstypen hin; die ähnlichsten Orientierungstypen liegen nahe beieinander, die unähnlichsten einander diagonal gegenüber.

▶ Die Passung ist nicht statisch, denn sowohl berufliche Interessen als auch Berufsbilder und -anforderungen verändern sich über die Zeit
▶ Die Arbeitsmarktsituation setzt der *Fit*-Maximierung Grenzen
▶ Ausbildung von *Soft-Skills* (z. B. soziale Kompetenzen) und *Meta-Skills* (z. B. selbstinitiiertes Lernen) ist längerfristig wichtiger als Vermittlung spezifischer beruflicher Fertigkeiten

Entwicklungspsychologischer Ansatz. Zentral für einen entwicklungspsychologischen Ansatz der beruflichen Entwicklung sind die folgenden Annahmen:
▶ Berufliche Entwicklung als (fast) lebenslanger Prozess
▶ Persönliche Ziele und Fertigkeiten verändern sich über die Jugend und das Erwachsenenalter

▶ Berufliche Anforderungen verändern sich über die Zeit
▶ Person spielt eine aktive Rolle in der Ausgestaltung des Berufs (nicht lediglich ein passiver „Fit")

- Exploration der eigenen Fähigkeiten und Interessen, der Anforderungsprofile verschiedener Berufszweige, sowie der Gelegenheitsstrukturen (z. B. Erfordernisse des Arbeitsmarktes) als sich wiederholender Prozess

Das Phasenmodell nach Super (1993). Der prominenteste Vertreter des entwicklungspsychologischen Ansatzes, Super (1993), unterscheidet fünf Phasen der beruflichen Entwicklung über die gesamte Lebensspanne:

(1) Phase des Wachstums (bis 14. Lebensjahr): Entwicklung des Selbstkonzeptes durch Identifikation mit Bezugspersonen. Phantasievorstellungen (z. B. Berufswunsch „Prinzessin") werden durch das Herausbilden von Zielen und Interessen abgelöst

(2) Phase der Exploration (15–25 Jahre): Erprobung der eigenen Interessen und Fähigkeiten bei Hobbys und in der Schule; Informationssuche über berufliche Optionen

(3) Phase der beruflichen Festlegung (25–44 Jahre): Berufseintritt und Sicherung einer dauerhaften Position in einem Beruf

(4) Phase der beruflichen Festigung (45–65 Jahre): Aufrechterhaltung als zentrale Entwicklungsaufgabe im späten mittleren Erwachsenenalter

(5) Phase des beruflichen Abbaus (ab 65 Jahre): Aufgabe der Berufstätigkeit aufgrund der Abnahme der Leistungsfähigkeit (Verrentung)

Da sich die berufliche Entwicklung häufig nicht als eine geordnete Sequenz dieser Phasen darstellt, sondern sich Karrierewechsel und -brüche entweder aufgrund einer sich verändernden Arbeitsmarktstruktur (z. B. Abbau bestimmter Berufsfelder) oder aufgrund anderer Lebensereignisse (z. B. Familiengründung, Krankheit) ergeben können, können diese Phasen auch zyklisch auftreten. Ferner gibt es in der modernen Arbeitswelt einen großen Anteil an Berufen, bei denen kontinuierliche Fort- und Weiterbildung sowie Flexibilität in der Ausgestaltung der Arbeit erwartet wird und damit von einer beruflichen Festigung ab dem mittleren Erwachsenenalter kaum die Rede sein kann.

Berufliche Entwicklung im mittleren Erwachsenenalter. Der weitaus größte Teil der Theorien und Modelle beruflicher Entwicklung befasst sich mit den beiden zentralen, normativen beruflichen Transitionen: dem Berufseintritt (und der vorhergehenden Berufsfindung in der Jugend und dem jungen Erwachsenenalter) und dem Berufsaustritt (und der Frage nach Prädiktoren der erfolgreichen Bewältigung der Pensionierung). Vergleichsweise wenig Forschung befasst sich explizit mit der beruflichen Entwicklung über das Erwachsenenalter. Erst mit dem Stichwort des *„lebenslangen Lernens"* ist ein Forschungsinteresse daran entstanden, in welchem Ausmaß und welche Arten von Wissen und Fertigkeiten im Erwachsenenalter neu erworben werden können. Dies ist jedoch mehr ein Thema der kognitiven als der beruflichen Entwicklung (s. Teil IV).

Übersicht

Allgemeine Bedingungen und individuelle Konsequenzen des Desiderates für „lebenslanges Lernen"

Schnelle technologische Veränderungen machen ständigen Erwerb neuer Kompetenzen und neuen Wissens notwendig, aufgrund

- der Zunahme von Informationen und Wissen
- des schnelleren Verfalls der Aktualität von Wissen
- des Wandels in den Kommunikationstechnologien
- des durch die Globalisierung verstärkten internationalen Konkurrenzkampfes

Lebenslanges Lernen – im Sinne der Lernbereitschaft und -fähigkeit – wird zunehmend wichtiger werden zur Sicherung und Erweiterung

- der individuellen *employability* (im Sinne der Marktfähigkeit aufgrund des spezifischen Kompetenzprofils)
- der globalen Wettbewerbsfähigkeit

Berufliche Herausforderungen im mittleren Erwachsenenalter. Eine besondere Anforderung der beruflichen Entwicklung im mittleren Erwachsenenalter ist das annähernd gleichzeitige Erreichen einerseits einer persönlichen Asymptote im Sinne der (kognitiven, sensomotorischen und physischen) Leistungsfähigkeiten sowie der individuell maximalen beruflichen Karrierestufe, nach der keine größeren beruflichen Aufstiege mehr zu erwarten sind, und andererseits der Konkurrenz mit den nachfolgenden Kohorten, die über aktuelleres Wissen und auch noch größere Leistungsreserven verfügen. Andererseits verfügen Personen im mittleren Erwachsenenalter über eine gute berufliche, soziale Vernetzung, eine große Berufserfahrung und Expertise in für die erfolgreiche Bewältigung der beruflichen Anforderungen zentralen Aufgaben, die Ihnen bei einer erfolgreichen Ausübung ihres Berufs sehr zugutekommt.

Zusammenfassung. Die berufliche Entwicklung kann als zentral für das Erwachsenenalter angesehen werden. Während in der Jugend und dem frühen Erwachsenenalter Fragen der Berufswahl und des Eintritts in das Berufsleben im Vordergrund stehen, nehmen im mittleren Erwachsenenalter die berufliche Etablierung und die Auseinandersetzung mit der Vereinbarkeit von Beruf und Familie einen immer größeren Stellenwert ein. Die berufliche Entwicklung im späten mittleren Erwachsenenalter ist bisher wenig aus einer Lebensspannenperspektive untersucht worden, obwohl sie aufgrund des Spannungsfeldes zwischen dem Erreichen einer karrierebezogenen Asymptote einerseits und der erreichten beruflichen Expertise andererseits ein sehr interessantes Forschungsfeld darstellen würde.

8.2 Familiäre Entwicklung

Die zentralen Entwicklungsübergänge für das Erwachsenenalter sind im Bereich der familiären Entwicklung vor allem die Partnerwahl, die Familiengründung und das *Empty-Nest*.

Partnerwahl

Wer wünscht sich nicht eine dauerhafte Beziehung zu einem anderen Menschen, die durch Liebe, Intimität, Vertrauen, *commitment* (Verpflichtetheit) und Leidenschaft gekennzeichnet ist? Die Frage ist: Wie kann man diese Person finden? Unterschiedliche (insbesondere sozial-) psychologische Ansätze geben auf diese Frage recht unterschiedliche Antworten, wie beispielsweise die Reziprozität im Austausch verschiedener materieller oder immaterieller Güter sowie instrumenteller und emotionaler Unterstützung oder das Erleben von Anerkennung und der Verifikation der Selbstdefinition (vgl. 6.2). Besonders stark hat sich für die Untersuchung der Partnerwahl die evolutionspsychologische Perspektive durchgesetzt (vgl. Buss, 1999).

Aus **evolutionspsychologischer Sicht** geht es bei der Partnerwahl darum, eine Person zu finden, die für das Zeugen von Nachkommen optimal ausgestattet ist. Eine solche Person zeichnet sich aus dieser Perspektive insbesondere durch gute Gene aus, denn diese sorgen wiederum dafür, dass die Überlebenswahrscheinlichkeit der eigenen Gene erhöht wird. Da Gene nicht sichtbar sind, stellt sich allerdings die Frage, wie sich phänotypisch zeigt, ob eine Person über geeignete Gene verfügt. Es gibt sogenannte „sexual cues" die etwas über die Fitness ihrer Träger aussagen. Zu Trägern dieser „cues" fühlt man sich automatisch sexuell hingezogen, ohne sich bewusst sein zu müssen, welche Merkmale dies sind und warum sie „sexy" wirken. Merkmale, die als Indikatoren für fortpflanzungrelevante Eigenschaften gelten können, sind:

- Indikatoren für Gesundheit: Taille/Hüfte-Index, Körpergröße (bei Männern), Gesichts-Symmetrie, Gewicht (diese Merkmale bestimmen die physische Attraktivität)
- Indikatoren für Ressourcenreichtum: Bildung, Status, Einkommen, Besitz (diese Merkmale bestimmen den sozialen Status)
- Indikatoren für die neurophysiologische Effizienz: Wortschatz, Humor, Wissen, Kreativität (diese Merkmale bestimmen die Intelligenz)
- Indikatoren der Fähigkeit zu kooperativen Beziehungen: Moral, Freundlichkeit, Anpassungsfähigkeit, Großzügigkeit (diese Merkmale bestimmen die Persönlichkeit)

Tatsächlich zeigen viele Untersuchungen, dass Personen, die diese Eigenschaften aufweisen, als attraktiver eingeschätzt werden. Die physische Attraktivität ist dabei insbesondere für den ersten Eindruck und das Kennenlernen wichtig, während Intelligenz und Persönlichkeit längerfristig an Bedeutung für die Anziehungskraft einer Person gewinnen.

Wichtigkeit des Interaktionsstils in Partnerschaften. Ob Partner langfristig zusammen bleiben, wird zentral von ihrem gegenseitigen Interaktionsverhalten bestimmt. So betonen Gottman und Levenson (1992), dass negative Interaktionen ein sehr viel stärkeres Gewicht haben als positive. Außerdem sei die Art, wie Partnerschaftskonflikte verlaufen, sehr wichtig. In Beobachtungsstudien zum Konfliktverhalten von Paaren erwiesen sich folgende Faktoren als wichtig für die Vorhersage der Beziehungsdauer und -zufriedenheit (z. B. Gottman & Levenson, 1992):

- *Agree to disagree:* Anerkennen, dass der/die Partner/in ein bestimmtes Thema ebenfalls als problematisch wahrnimmt.
- Kein *stonewalling:* Insbesondere Männer scheinen Konflikte regulieren zu wollen, indem sie möglichst ihren emotionalen Ausdruck zu einem neutralen Pokerface kontrollieren. Dies führt bei Frauen dazu, dass sie das Gefühl haben, dass der Konflikt nicht so ernst genommen wird, wie dies aus ihrer Sicht notwendig wäre.
- Versicherung der wechselseitigen, grundsätzlichen Anerkennung: Trotz negativer Emotionen im Konflikt verdeutlichen, dass diese nicht die grundsätzlich positive Haltung, die Achtung und den Respekt vor der anderen Person oder die Beziehung ganz allgemein in Frage stellen.
- Keine Eskalation negativer Emotionen: Insbesondere Frauen versuchen, der Ernsthaftigkeit des Konfliktes dadurch Nachdruck verleihen zu wollen, dass sie ihre negativen Emotionen (Trauer, Wut) verstärkt zum Ausdruck bringen. Für Männer scheint dies emotional sehr belastend zu sein (und führt zu verstärktem *stonewalling*).

Kinderwunsch und Erstelternschaft. Befragt man Jugendliche und junge Erwachsene, so gibt eine überwältigende Mehrzahl an, dass es ein zentraler Bestandteil ihres Lebensentwurfes ist, eines Tages eigene Kinder zu haben. Aus evolutionärer Sicht ist dieser Kinderwunsch vor allem darauf zurückzuführen, dass durch die eigenen Nachkommen das Fortbestehen der eigenen Gene gesichert wird. Wie andere evolutionär entstandene Motive bleibt auch dieses unbewusst. Fragt man – wie Cowan und Cowan (2000) – Paare nach den Vor- und Nachteilen des Kinderkriegens, so taucht die Weitergabe der eigenen Gene als Motiv nicht auf. Die lange Liste der Nachteile ist wohl auch mit dafür verantwortlich, dass dieser Übergang immer wieder als eine Krise beschrieben wird. Empirisch gibt es jedoch keine gute Evidenz dafür, dass ein Großteil der (Erst-)Eltern eine Krise erlebt. Cowan und Cowan (2000) fassen die Literatur so zusammen, dass die Beziehungsqualität vor der Geburt des ersten Kindes ganz entscheidend für die Bewältigung der multiplen Anforderungen danach ist. Als Prädiktoren für die Bewältigung der Veränderungen, die mit dem Übergang zur Elternschaft verbunden sind, gelten:

- Beziehungen, die für beide Partner befriedigend und unterstützend sind, bleiben dies mit hoher Wahrscheinlichkeit auch nach der Geburt des ersten Kindes
- Je ungleicher die Verantwortung für die Säuglingspflege verteilt ist, desto größer ist insbesondere bei Frauen der Rückgang der Zufriedenheit nach der Geburt
- Je später der Übergang zur Elternschaft erfolgt, desto leichter fällt er

Die meisten Eltern sagen außerdem aus, dass Kinder für sie eine Quelle des Glücks und der Erfüllung sind. Dies trifft keinesfalls nur auf Säuglinge oder kleine Kinder zu. Erwachsene Kinder werden im höheren Alter als besondere Quelle der Zufriedenheit erlebt (vgl. Lang, 2004).

Familiäre Entwicklung. Die Familie stellt ein System dar, dass nicht nur aus sich entwickelnden Einzelindividuen unterschiedlichen Alters besteht, sondern auch selbst einer Entwicklung unterliegt. Hierbei ist nicht nur der Übergang zur (Erst-)Elternschaft für die familiäre Entwicklung bedeutsam; vielmehr sind auch andere Transitionen wichtig wie z. B. die Einschulung der Kinder, die zunehmende Autonomie und abnehmende Wichtigkeit von Eltern und Familie für Jugendliche sowie der Auszug aus dem Elternhaus. Die meisten Ansätze der Familienentwicklung orientieren sich an den Transitionen und Entwicklungsaufgaben der Kinder bzw. Jugendlichen und beziehen die der Eltern wenig mit ein, die ja in dieser Lebensphase wichtige berufliche Aufgaben bewältigen und sich mit den verschiedenen altersbezogenen Veränderungen des Erwachsenenalters (z. B. berufliche Karriere, Menopause) auseinandersetzen müssen. Als prominentes Beispiel für theoretische Ansätze sei hier das Stufenmodell der Familienentwicklung nach Duvall (1957) erwähnt.

Tabelle 8.2 Stufen der familiären Entwicklung nach Duvall (1957).

Stufe		Zentrale Entwicklungsaufgaben für Eltern
1	Kinderlose Paare	- Entwicklung einer guten Paar-Beziehung - Knüpfen verwandtschaftlicher Beziehungen - Anpassung an Schwangerschaft
2	Familie mit Kleinkindern	- Anpassung an Bedürfnisse des Säuglings - Zuhause für Eltern und Kinder aufbauen
3	Familie mit Vorschulkindern	- Anpassung an Bedürfnisse der Vorschulkinder - Anpassung an neue Bedingungen der Partnerschaft (weniger Privatsphäre) - Anpassung an abnehmende Energie
4	Familie mit Schulkindern	- Unterstützung des Lernens und der Schulleistungen
5	Familie mit Jugendlichen	- Finden einer Balance zwischen Autonomie der Jugendlichen und Verantwortlichkeit der Eltern - Herausbilden von Interessen und Hobbys jenseits der Elternschaft
6	Familie mit ausziehenden Kindern	- Unterstützung der Transition der Kinder ins Erwachsenenalter - Ausbau erwachsener Beziehung zu Kindern
7	„Empty-Nest"	- Rückbesinnung auf Paarbeziehung - Aufbau eines größeren Verwandtschaftsnetzwerkes über verschiedene Generationen

Empty-Nest. Der Auszug der Kinder aus dem elterlichen Haushalt wird – ebenso wie der Übergang zur (Erst-)Elternschaft – immer wieder als eine Krise thematisiert. Die Eltern und insbesondere die Mütter, so die Annahme, würden in einem leeren Nest zurückbleiben und wüssten ohne die zu versorgenden Kinder nicht recht etwas mit sich und ihrem Leben anzufangen. Diese durchaus kinderzentrierte Sicht mag zu Zeiten, in denen Frauen sozial primär über ihrer Mutterrolle definiert wurden, vielleicht zutreffend gewesen sein. Die empirischen Studien zu diesem Thema zeigen jedoch, dass diese Lebensphase nicht besonders schwierig ist, sondern dass vielmehr die Paarbeziehungen sehr oft hinsichtlich der Partnerschaftszufriedenheit profitieren. Außerdem nimmt die allgemeine Lebenszufriedenheit keineswegs ab, sondern zu.

Geschwisterbeziehungen. Geschwister sind besonders wichtige, lebenslange Bezugspersonen, da sie miteinander zumeist das Elternhaus und damit viele Kindheitserinnerungen teilen und aufgrund der geteilten Gene und Umgebungsfaktoren einander oft recht ähnlich sind. Die Beziehungsqualität im Sinne der emotionalen Nähe, der Intimität und der sozialen Unterstützung verändert sich jedoch über die Lebensspanne. Nach Schneewind und Grandegger (2005) lässt sich die Entwicklung der Geschwisterbeziehung folgendermaßen charakterisieren:

▶ Während der Kindheit sind Geschwisterbeziehungen durch wechselseitige emotionale Unterstützung, Kameradschaft und Solidarität (beispielsweise gegenüber anderen Kindern oder den Eltern) geprägt.

▶ In der Jugend bewegen sich Geschwister immer weiter weg von der Herkunftsfamilie, da Freundschaften und Liebesbeziehungen einen höheren emotionalen Stellenwert erhalten.

▶ Im jungen Erwachsenenalter nehmen die Kontakthäufigkeit und die Beziehungsqualität zwischen Geschwistern oft weiter ab, wenn geographische Entfernung, die zunehmende Bedeutung des Freundschaftsnetzwerkes, die Gründung einer eigenen Familie und der Beruf an Bedeutung zunehmen.

▶ Eine Zunahme der Bedeutung von Geschwisterbeziehungen im späteren Erwachsenenalter wird insbesondere auf das hohe Ausmaß an Vertrauen zurückgeführt, das zwischen Geschwistern oft besteht. Wenn alternde Eltern pflegebedürftig werden und gemeinsame Pflichten den Eltern gegenüber bestehen, kommt es wieder zu einer Zunahme des Kontakts und der Beziehungsqualität.

Qualität von Geschwisterbeziehungen

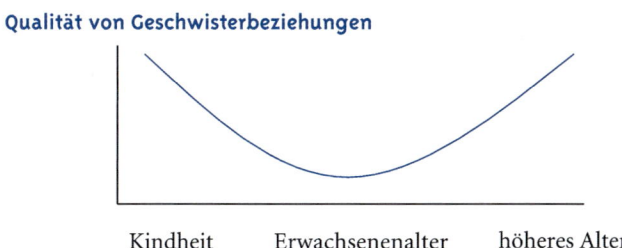

Kindheit   Erwachsenenalter   höheres Alter

Abbildung 8.3 Schematisierter Verlauf der Qualität geschwisterlicher Beziehung (emotionale Nähe, Intimität, Unterstützung) über die Lebensspanne nach Schneewind und Grandegger (2005). Die Geschwisterbeziehung mit ihrer anfänglichen familiären Nähe weicht schon in der Jugend Beziehungen mit höherem emotionalen Stellenwert; Erfordernisse des Erwachsenenalters reduzieren die Kontakthäufigkeit, bis im späteren Erwachsenenalter die Beziehungsqualität jener der Kindheit wieder ähnlich wird.

Zusammenfassung. Die familiäre Entwicklung umfasst mindestens drei Arten von Beziehungen, nämlich die Paarbeziehung, die Eltern-Kind-Beziehung und die Geschwisterbeziehung. Alle drei Beziehungsarten verändern sich über die Zeit. Stufen- oder Phasenmodelle scheinen den großen interindividuellen Unterschieden in den Beziehungsentwicklungen kaum angemessen Rechnung tragen zu können. Die Annahme, dass die Geburt des ersten Kindes für die Eltern eine Krise darstellt, kann als empirisch nicht haltbar angesehen werden. Auch das *Empty-Nest* wird von nur wenigen Eltern als ein negatives Ereignis wahrgenommen. In Bezug auf die Nähe in Geschwisterbeziehungen ergibt sich ein u-förmiger Verlauf über die Lebensspanne.

8.3 Besondere Anforderungen im Erwachsenenalter

Der Fokus der Betrachtung des mittleren Erwachsenenalters steht oft unter einem negativen Vorzeichen. Wie bereits in Bezug auf den Übergang zur (Erst-)Elternschaft oder den Auszug der Kinder aus dem Elternhaus, so werden auch in Bezug auf die Vereinbarkeit von Beruf und Familie (Work-Life-Balance) vor allem die Konflikthaftigkeit dieser multiplen Anforderungen gesehen und weniger die positiven Aspekte der wechselseitigen Bereicherung dieser beiden Lebensbereiche. Ähnlich wird die sogenannte Sandwich-Generation als eine sehr stressreiche Lebensphase mit den Anforderungen der Versorgung der eigenen Kinder und der alternden Eltern charakterisiert. Schließlich kann auch das mittlere Erwachsenenalter als solches zu einer Krise erklärt werden, wie es bei dem Begriff der Midlife-Crisis geschieht. Die empirische Evidenz spricht größtenteils gegen das Vorliegen besonderer Krisen im mittleren Erwachsenenalter. Im Gegenteil deutet vieles darauf hin, dass es sich um eine von vielen Menschen als positiv erlebte Phase handelt.

Work-Life-Balance

Eine weitere zentrale Herausforderung im Erwachsenenalter ist die Bewältigung der multiplen Anforderungen aufgrund der Gleichzeitigkeit zentraler Entwicklungsaufgaben im beruflichen und familiären Bereich. Die sogenannte „Work-Life-Balance" ist geradezu ein Modebegriff aus Frauenzeitschriften und Lifestyle-Magazinen. Der Begriff ist insofern unpassend, als er eine Dichotomie zwischen Arbeit und Leben aufstellt, obwohl nicht nur zeitlich, sondern auch von der Wichtigkeit her der Beruf einen sehr großen Teil des Lebens einnimmt. Besser geeignet ist daher der Begriff der „Work-Family-Balance" oder, falls es zusätzlich auch um die Gestaltung von Freundschafen oder von Freizeit geht, der Begriff der balancierten Lebensgestaltung. Im Vordergrund der meisten Ansätze zum Thema der Vereinbarkeit von Beruf und Familie stehen die aus den Anforderungen entstehenden negativen Konsequenzen. Weniger Beachtung fanden bisher die möglichen positiven Aspekte des gleichzeitigen Verfolgens von beruflichen und familiären Zielen.

Ansätze zur Untersuchung der Work-Life-Balance. Nach Wiese (2008) können vor allem zwei Ansätze unterschieden werden:
- ▶ Stress-, ressourcen- und tätigkeitsbezogene Ansätze: Diese weitaus größte Gruppe nimmt eine Rollenstressperspektive ein, nach der sich Konflikte zwischen Beruf und Familie aus der wechselseitigen Behinderung multipler Rollen in Beruf und Familie angesichts begrenzter Ressourcen wie Zeit und Energie ergeben. So ist es schwierig, sich um ein krankes Kind zu kümmern, wenn gleichzeitig ein wichtiges berufliches Projekt abgeschlossen werden muss. In Einklang mit diesen Ansätzen erweist sich empirisch ein hohes Engagement und eine starke Beanspruchung im beruflichen bzw. familiären Bereich als ein zentraler Prädiktor für das Konflikterleben.
- ▶ Entwicklungs- und biografieorientierte Ansätze: In diesen Ansätzen steht die mittel- und längerfristige Koordination der beiden Lebensbereiche entweder in der Lebensplanung oder

im Lebensrückblick im Vordergrund. Subjektiv scheint ein Großteil von Jugendlichen und Erwachsenen das Engagement und den Erfolg im beruflichen wie auch im familiären Bereich als zentral für die eigene Lebensgestaltung anzusehen. Eine Möglichkeit der Vereinbarkeit besteht darin, eine zeitliche Zielstruktur aufzubauen, nach der zeitweise je einer der beiden Lebensbereiche Priorität erhält (z. B. durch Teilzeitarbeit nach der Geburt eines Kindes oder zeitliche Planung der Familiengründung nach dem Erreichen einer bestimmten Karrierestufe).

Strategien zur Vereinbarkeit von Beruf und Familie. Wiese (2008) unterscheidet individuelle und partnerschaftliche Strategien, die die Vereinbarkeit von Beruf und Familie verbessern können. Abbildung 8.4 gibt Beispiele für solche Strategien in Bezug auf die Selbstregulation, die externen Anforderungen und soziale Ressourcen.

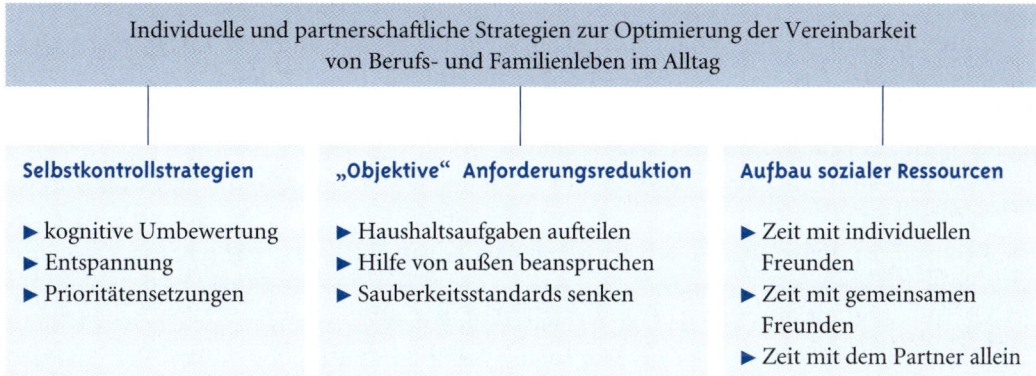

Abbildung 8.4 Strategien zur Optimierung der Vereinbarkeit von Berufs- und Familienleben im Alltag (Wiese, 2008): Wiese unterscheidet Strategien der Selbstkontrolle, der „objektiven" Anforderungsreduktion und des Aufbaus sozialer Ressourcen.

Sandwich-Generation. Eine andere Form der besonderen Herausforderungen im mittleren Erwachsenenalter stellt die sogenannte Sandwich Generation dar. Der Terminus bezeichnet die Generation der 30- bis 40-Jährigen, die gleichzeitig für die Erziehung und Versorgung ihrer eigenen Kinder und für Versorgung und Pflege ihrer pflegebedürftigen Eltern verantwortlich sind. Die älteste Tochter scheint die Pflege alternder Eltern besonders häufig zu übernehmen. Tatsächlich kann die Pflege der eigenen Eltern sowohl emotional als auch vom Zeitbudget und den physischen Anforderungen her belastend sein. Dennoch findet sich empirisch kein starker, direkter Zusammenhang zwischen der Pflege von Angehörigen und einer physischen und/oder psychischen Erschöpfung (*Burn-out*) oder dem subjektiven Wohlbefinden. Vielmehr scheint das Ausmaß der Belastung stark durch die Beziehung zu den zu versorgenden Personen (Kindern, pflegebedürftigen Eltern) bestimmt zu sein. Darüber hinaus werden die positiven Folgen der instrumentellen und emotionalen Unterstützung pflegebedürftiger Angehöriger bei der Charakterisierung als Sandwich-Generation nicht berücksichtigt. Hierzu gehört insbesondere das Gefühl, etwas zurückzugeben, was man selbst erhalten hat, nämlich für andere da zu sein und gebraucht zu werden.

Midlife-Crisis. Wer kennt nicht die Bilder des Mannes mittleren Alters, der mit einer jungen, schönen Frau im Arm in einem Cabrio-Sportwagen durch die Gegend braust? Wer dächte da nicht an eine Midlife-Crisis? Dieser Begriff bezeichnet das Gefühl der Unzufriedenheit in der Mitte des Lebens, das daher rührt, dass man sich in berufliche und familiäre Lebensumstände eingezwängt fühlt, ohne die Perspektive von Veränderungsmöglichkeiten zu haben. Dabei werden Ziele, Prioritäten und das bisher Erreichte in Frage gestellt. Die verrinnende Zeit bis zum eigenen Tod und die dadurch entstehende Einschränkung der Möglichkeiten werden einem schmerzlich bewusst. Dieses Konzept geht auf Levinsons (1977) Stufenmodell der Entwicklung im Erwachsenenalter zurück.

Die *midlife transition* ist nach Levinson (1977) der bedeutendste Wechsel; er vollzieht sich im Alter zwischen ca. 40 und 45 Jahren. Er ist ein normativer Prozess, der ein fester Bestandteil der Entwicklung im Erwachsenenalter ist. Die Datengrundlage für die Entwicklung dieses Modell bestand aus qualitativen Interviews einer kleinen Stichprobe (N = 40) von ausschließlich amerikanischen Männern der weißen Mittelklasse im Alter von Mitte 30 bis Mitte 40 Jahren. Die Inhaltsanalyse dieser Interviews ergab die folgenden zentralen Themen der Midlife-Crisis:

- ▶ Ernüchterung: Ablösung von nicht erfüllbaren Jugendträumen und neue (realistischere) Ansprüche setzen
- ▶ Entscheidungen treffen bezüglich der Lebensstruktur für das mittlere Erwachsenenalter
- ▶ Betrifft alle Lebensbereiche (Ehe, Kinder, Beruf)
- ▶ Polaritäten ausbalancieren: Maskulinität vs. Femininität, Leben vs. Tod, Unabhängigkeit vs. Abhängigkeit

Die Kritik an der Studie bezieht sich vor allem darauf, dass die Stichprobe sehr klein und ausschließlich aus einer sehr homogenen Gruppe von Männern (weiße Mittelschicht, hoher Bildungsgrad und beruflicher Erfolg) bestand, sodass die Interviewergebnisse nicht generalisierbar sind. Da es sich um eine retrospektive Befragung handelte, sind darüber hinaus Verzerrungen unumgänglich (Erinnerungsfehler, Reinterpretation der Vergangenheit etc.). Eigentlich wäre für die Feststellung einer Krise eine längsschnittliche Studie notwendig, in der prospektiv die Veränderung der Befindlichkeit und Persönlichkeit über die Zeit untersucht wird.

Empirische Evidenz. In nachfolgenden Untersuchungen wurde keine Evidenz für das Vorhandensein einer Krise im mittleren Erwachsenenalter gefunden. So zeigt beispielsweise eine groß angelegte Untersuchung von McCrae und Costa (1990) mit einer Stichprobe von 650 Männern, dass Emotionen wie Bedeutungslosigkeit, innerer Aufruhr, Verwirrung, Unzufriedenheit mit Beruf und Familie oder Angst vor dem Altern/Tod im mittleren Erwachsenenalter keine Zunahme aufweisen. Das in anderen Studien replizierte Ergebnis, dass Männer mit hohen Neurotizismuswerten 10 Jahre später höhere Werte auf einer Midlife-Crisis-Skala aufwiesen, kann dabei sowohl bedeuten, dass hohe Neurotizismuswerte zum Erleben einer Krise führen oder dass eine hohe Ausprägung von Neurotzismus zum Erleben von solchen Emotionen in jeder Übergangsphase führt. Es fehlt also auch hier die Evidenz dafür, dass es sich um eine spezifische Midlife-Crisis handelt. Insgesamt scheint es sich bei der Midlife-Crisis also eher um einen populären Mythos zu handeln als um ein wissenschaftlich haltbares Konzept.

Menopause. Die Menopause gilt oft als das Äquivalent zur (vermeintlichen) „Midlife-Crisis" des Mannes. Sie geht mit zahlreichen biologischen Veränderungen wie dem Abfall der Östrogenproduktion und dem Ende der Menstruation einher, die von emotionalen und körperlichen Symptomen (Stimmungsschwankungen, Hitzewallungen, Röte, Schwitzen, Schlaflosigkeit) begleitet werden können. Die Menopause tritt etwa zwischen dem 42. und 58. Lebensjahr auf. Die Lebensführung scheint einen erheblichen Einfluss auf das Einsetzen der Menopause zu haben:

Frauen, die rauchen und keine Kinder geboren haben, kommen früher in die Menopause. Insbesondere im Erleben der Menopause gibt es erhebliche interindividuelle Unterschiede. Während manche Frauen von einer Einschränkung des subjektiven Wohlbefindens berichten, fühlen sich andere eher von der Möglichkeit einer Schwangerschaft befreit und insgesamt subjektiv besser als vor der Menopause. Helson und Wink (1992) fanden in einer Längsschnittstudie mit Frauen, dass die Menopause nicht zu einer insgesamt negativen Veränderung führte.

Zusammenfassung. Das mittlere Erwachsenenalter ist keineswegs als eine Zeit der Krisen aufzufassen: Weder die Sandwich-Generation noch die Midlife-Crisis oder eine Krise beim Eintritt in die Menopause sind empirisch gut gestützt. Dies bedeutet jedoch nicht, dass in dieser Lebensphase nicht besonders hohe Anforderungen bestünden. Die Vereinbarkeit von Beruf und Familie ist eine schwierige Herausforderung, die die berufliche und familiäre Zufriedenheit durchaus beeinträchtigen kann. Die Forschung zu den möglichen positiven Konsequenzen des gleichzeitigen Verfolgens von beruflichen und familiären Zielen steht erst am Anfang.

Zusammenfassung

Das Erwachsenenalter ist durch die Lebenskontexte Beruf und Familie charakterisiert. Die Entwicklung in diesen Bereichen ist komplex, sodass einfache Stufenmodelle oder unidirektionale Phasenverläufe keine optimale Beschreibung zu leisten scheinen.

Die zentralen Themen der **beruflichen** Entwicklung sind:

▶ Exploration der eigenen beruflichen Interessen und der beruflichen Optionen
▶ Herstellung einer Passung zwischen Arbeit/Beruf und Person (z. B. Holland, 1997)
▶ Berufliche Entwicklung als lebenslanger Prozess verschiedener, sich möglicherweise wiederholender Phasen (z. B. Super, 1993)
▶ Lebenslanges Lernen
▶ Erlangen und Aufrechterhalten beruflicher Expertise

Die **familiäre** Entwicklung umfasst mindestens drei Beziehungsarten:

▶ Paarbeziehung
▶ Eltern-Kind-Beziehung
▶ Geschwisterbeziehungen

Diese Beziehungsarten entwickeln sich über die Lebensspanne sehr unterschiedlich, aber, da es sich bei der Familie um ein System mit wechselseitig abhängigen Beziehungen handelt, nicht unabhängig voneinander. Die familiäre Entwicklung kann als mit der Partnerwahl beginnend beschrieben werden, der der Übergang zur Elternschaft folgt. Bereits diese Beschreibung zeigt jedoch, dass jegliche Stufenzuordnung eine zu große Vereinfachung darstellt. Ein Paar kann sich beispielsweise auch deshalb binden, weil die Partnerin ungewollt schwanger wurde.

Festzuhalten ist, dass der Übergang zur Elternschaft ein einschneidendes Lebensereignis ist, das die meisten Eltern jedoch gut bewältigen. Auch der Auszug der Kinder aus dem Elternhaus ist entgegen ursprünglichen Annahmen eher positiv als negativ besetzt.

Die Vereinbarkeit von Beruf und Familie wird insbesondere von ressourcen- und stresstheoretischen Ansätzen als problematisch gesehen, da die multiplen Anforderungen sich teilweise wechselseitig ausschließen und teilweise die individuell verfügbaren Ressourcen überschreiten. Entwicklungspsychologische Ansätze können neue Aspekte offenlegen, da sie den zeitlichen Verlauf mit einbeziehen. So ist die zeitliche Schwerpunktsetzung auf den einen oder den anderen Lebensbereich eine Möglichkeit, Beruf und Familie zu vereinbaren, auch wenn dies nicht notwendigerweise in ein und demselben Ausmaß zu ein und derselben Zeit stattfindet.

Die Charakterisierung des mittleren Erwachsenenalters als einer Zeit der Krisen (Sandwich-Generation, Midlife-Crisis, Empty-Nest, Menopause) ist nach dem derzeitigen Forschungsstand nicht haltbar. Die meisten Erwachsenen bewältigen die Herausforderungen dieser Lebensphase erfolgreich.

Übungsaufgaben

▶ Stellen Sie die Sozialisationsthese und die Selektions- bzw. Gravitationsthese einander gegenüber. Welche Argumente sprechen jeweils für und gegen diese beiden Thesen?

▶ Wo und wie würden Sie als Berufsberater/-in ansetzen, um die berufliche Entscheidungsfindung zu fördern?

▶ Beschreiben Sie das Modell von Holland und erläutern Sie dabei kritisch, worin aus Ihrer Sicht der wissenschaftliche und der anwendungsbezogene Nutzen dieses Modells besteht.

▶ Wie kann man aus evolutionspsychologischer Sicht erklären, dass sich Frauen und Männer in Hinblick auf die Kriterien ihrer Partnerwahl unterscheiden?

▶ Die Geburt des ersten Kindes wird ebenso wie das „Empty-Nest" häufig als Krise bezeichnet. Erläutern Sie, ob diese Bezeichnung aus Ihrer Sicht gerechtfertigt ist.

▶ Charakterisieren Sie den Verlauf von Geschwisterbeziehungen über die Lebensspanne.

▶ Wie erklären Sie sich, dass der Mythos der „Midlife-Crisis" sich so hartnäckig hält?

Weiterführende Literatur

Wer die Literatur zu den beiden zentralen Lebenskontexten des Erwachsenenalters detaillierter nachlesen möchte, sei auf zwei neuere Enzyklopädieartikel verwiesen, die den gegenwärtigen Forschungsstand zusammenfassen und strukturieren und dabei einen Überblick über die zentralen Theorien geben:

▶ Hoff, E. (2005). Arbeit und berufliche Entwicklung. In S.-H. Filipp & U.M. Staudinger (Hrsg.), Entwicklungspsychologie des mittleren und höheren Erwachsenenalters. Enzyklopädie der Psychologie, Serie Entwicklungspsychologie (Band 6; S. 525–557). Göttingen: Hogrefe.

▶ Schneewind, K.A. & Grandegger, C. (2005). Familienbeziehungen im mittleren Erwachsenenalter. In S.-H. Filipp & U.M. Staudinger (Eds.), Entwicklungspsychologie des mittleren und höheren Erwachsenenalters. Enzyklopädie der Psychologie, Serie Entwicklungspsychologie (Band 6; S. 457–499). Göttingen: Hogrefe.

Teil III

Alter

9 Grundlagen: Entwicklung im Alter

Was Sie in diesem Kapitel erwartet

Der Begriff „Rentnerschwemme" wurde 1996 in Deutschland zum Unwort des Jahres gekürt. Dieses unschöne Wort beschreibt zwar einen nicht zu vernachlässigenden sozialen Sachverhalt, nämlich den der drohenden Überalterung, es wird aber den Menschen im Rentenalter nicht gerecht, insofern als es sie als homogene, undifferenzierte Masse etikettiert. Das Alter lässt sich aber, je nach Bezug zu theoretischen, demografischen, epidemiologischen oder empirischen Daten, in vielfacher Weise differenzieren. Mit jeder Definition sind auch spezifische Altersbilder verknüpft, im Folgenden aufgezeigt werden. Anschließend werden die wichtigsten theoretischen Konzepte erläutert, die die Forschung zur Entwicklung im Alter prägen. Schließlich spielen im Alter die Kontexte, in denen Entwicklung stattfindet, eine zunehmend wichtige Rolle. Hier wird dargestellt, welche Wechselwirkungen zwischen den Rahmenbedingungen der Entwicklung, den entwicklungsbeeinflussenden Aktivitäten einer alternden Person und den wichtigsten Kompetenzen bestehen.

9.1 Altersdefinitionen und Altersbilder

Die Entwicklungspsychologie des Alterns untersucht Veränderungen im Altersbereich der Über-60jährigen Menschen. Dabei wird angenommen, dass Entwicklung über die gesamte Lebensspanne stattfindet und dafür sorgt, dass sich die Gruppe alter Personen in vielen Aspekten von jüngeren Altersgruppen unterscheidet und dass sie keine homogene Gruppe darstellt, sondern sich deren Mitglieder bis ins höchste Alter verändern.

Definition von Entwicklung im Alter. „Entwicklung im Alter" wird verstanden als Veränderungen und Stabilität, bezogen auf die Zeitdimension des Lebensalters. So können Veränderungen in einzelnen Ressourcen sehr unterschiedlich verlaufen, ihre Wechselwirkung jedoch zu hoher Stabilität in Zielgrößen wie der Autonomie oder dem Wohlbefinden führen.

Altersdefinitionen. „Alter" wird meist als chronologisches Alter gefasst. Tatsächlich bestehen zwischen Personen gleichen Alters oft große Unterschiede in psychologisch wichtigen Bereichen, daher bestehen abhängig von theoretischen oder statistischen Grundannahmen eine Reihe von Altersdefinitionen nebeneinander.

Keine der gängigen Altersdefinitionen geht ausschließlich auf psychologische Aspekte zurück, sondern wird durch pragmatische, demografische oder populationsstatistische Überlegungen geprägt. Somit könnte sich mit der Verschiebung der Altersgrenze oder der Veränderung der Lebenserwartung eine Verschiebung der Altersdefinition ergeben. Alle Altersdefinitionen enthalten theoretische Annahmen und empirische Erkenntnisse darüber, was den Alternsprozess aus psychologischer Sicht kennzeichnet. So ist die Annahme, dass Altern vor allem durch körperliche Abbauprozesse, funktionale Einschränkungen oder Erkrankungen bestimmt ist, gleich in mehreren vertreten. Dagegen ist die subjektive Einschätzung als „hartes" Maß weniger gut geeignet, da bekannt ist, dass es mit zunehmendem Alter zu einer stärkeren Unterschätzung des kalendarischen Alters kommt und sich Frauen und Männer in dieser Einschätzung systematisch unterscheiden, was die differenziellen Alternsprozesse widerspiegelt.

Definition

Das spätere Erwachsenenalter lässt sich in die Bereiche des mittleren Alters (ca. 35–65 Jahre) und des Alters (über 65 Jahre) aufteilen. Die steigende Zahl von Personen im späten Erwachsenenalter, die kohortenspezifischen Veränderungen sowie die phasenspezifischen Besonderheiten von Kompetenzverläufen und Um-

weltanforderungen führen zu Differenzierungen in das frühe mittlere Alter (35–50 Jahre), das späte mittlere Alter (50–65 Jahre), das Alter (65–80 Jahre), das hohe Alter (über 80 Jahre) und das extrem hohe Alter (100 Jahre und älter).

Normales, erfolgreiches und pathologisches Altern

Definition

Beim Begriff des **normalen Alterns** orientiert man sich an durchschnittlichen oder typischen Entwicklungsverläufen. Es wird – im Gegensatz zum pathologischem Altern – auch häufig als Altern ohne chronische Erkrankungen wie Demenz, Diabetes oder Herz-Kreislauf-Erkrankungen verstanden.

Definition

Als **erfolgreiches Altern** wird bezeichnet, wenn alternde Personen selbst einen Zustand der Zufriedenheit empfinden, weil es ihnen gelingt, sich an die veränderte Lebenssituation im Alter anzupassen.

„Erfolgreiches Altern" bezeichnet also ein subjektives Kriterium, das als Resultat des Ausgleichs zwischen individuellen Bedürfnissen und dem aktuellen Entwicklungskontext gilt. Die Bezeichnung wird aber auch im Zusammenhang mit einem relativ hohen Maß an objektiver Gesundheit, Langlebigkeit und subjektivem Wohlbefinden und Lebenszufriedenheit verwendet. Die Bezeichnung „erfolgreiches Altern" ist uneindeutig, da die Definition dessen, was „Erfolg" bedeutet, wesentlich von der individuellen Lebenssituation und Zielsetzung abhängt und somit auch angesichts von erheblichen objektiven Belastungen – wie z. B. einer Erkrankung oder dem Verlust einer nahe stehenden Person – verwendet werden kann.

Keine der Definitionen geht ausschließlich auf psychologische Aspekte zurück, sondern wird durch pragmatische, demografische oder populationsstatistische Überlegungen geprägt. Somit könnte sich mit der Verschiebung der Altersgrenze oder der Veränderung der Lebenserwartung eine Verschiebung der Altersdefinition ergeben. Alle Altersdefinitionen enthalten theoretische Annahmen und empirische Erkenntnisse darüber, was den Alternsprozess aus psychologischer Sicht kennzeichnet. So ist die Annahme, dass Altern vor allem durch körperliche Abbauprozesse, funktionale Einschränkungen oder Erkrankungen bestimmt ist, gleich in mehreren vertreten. Dagegen ist die subjektive Einschätzung als „hartes" Maß weniger gut geeignet, da bekannt ist, dass es mit zunehmendem Alter zu einer stärkeren Unterschätzung des kalendarischen Alters kommt und sich Frauen und Männer in dieser Einschätzung systematisch unterscheiden, was die differenziellen Alternsprozesse widerspiegelt.

Subjektive Wahrnehmung und Bewertung des Alters. Die Frage nach dem Zeitpunkt, ab dem eine Person „alt" ist, kann nicht normativ beantwortet werden. Die subjektive Einschätzung des eigenen Alters und die für das eigene Alter bestehenden Handlungsspielräume sind entscheidender für die Bewertung von Alternsprozessen als das chronologische Alter. Die differenzierte Darstellung von Alternsveränderungen mit einem Fokus auf den Ressourcen alter Personen soll daher nicht die Verdrängung altersgebundener Verluste und Risiken fördern. Denn das Wissen um die Wahrscheinlichkeit altersgebundener Einbußen stellt eine wesentliche Voraussetzung für die Antizipation und Regulation von Entwicklungsprozessen dar. Entwicklungsverluste und -risiken sind im Vergleich zu Entwicklungsgewinnen und -chancen aufzuzeigen.

Altersstereotype. Die subjektive Wahrnehmung und die Bewertung des Alters und des Alterns müssen als zwei wichtige Aspekte zunächst getrennt betrachtet werden. Die korrekte Wahrnehmung bestimmter Aspekte des Alters, also beispielsweise besondere Stärken im Bereich der Erfahrung oder Nachteile im Bereich körperlicher Ressourcen, ist zunächst unabhängig von der Bewertung. Junge und ältere Erwachsene nehmen Entwicklung im Erwachsenenalter als gleichzeitig durch positiv und negativ bewertete Veränderungen gekennzeichnet wahr, auch wenn das Verhältnis von Entwicklungsgewinnen zu Entwicklungsverlusten in späteren Lebensabschnitten nicht mehr so günstig erscheint. Entsprechend der empirischen Befundlage wird älteren Menschen ein gewisses Maß an Lebenserfahrung und Weisheit zuerkannt, daneben wird aber eine verlangsamte Informationsverarbeitung wahrgenommen; bei jüngeren Menschen wird dagegen von einer schnelleren Informationsverarbeitung bei einem gleichzeitigen Defizit an Lebenserfahrung und Weisheit ausgegangen. Für die körperlichen Attribute zeigte sich eine mit steigendem Lebensalter der Zielperson zunehmend negativere Einstellung.

Tabelle 9.1 Prototypen des Alters: In der Arbeitsgruppe um Hummert wurden Personen gebeten, Karten mit Eigenschaftswörtern in selbst gewählte und bezeichnete Kategorien zu sortieren (z. B. Hummert, 1999). Es ließen sich mehrere Prototypen bestimmen:

Prototyp	Eigenschaften
Golden Agers	aktiv, fähig, gesellig, glücklich
Perfekte Großeltern	liebevoll, unterstützend, weise
Konservative	patriotisch, konservativ
Schwerwiegend beeinträchtigt	unfähig, schwach, senil
Mutlos und verzagt	depressiv, furchtsam, einsam
Griesgram	schlecht gelaunt, stur, verbittert
Einsiedler	still, ängstlich, naiv

Die ungünstige Wirkung aktivierter Stereotype zeigt sich darin, dass eigene Fähigkeiten sowohl von anderen wie von einem selbst fälschlicherweise unterschätzt werden (selbsterfüllende Prophezeiung). So kann beispielsweise beobachtet werden, dass alte Menschen einen Konversationsstil bevorzugen, in dem relativ schnell und häufig das eigene Alter erwähnt wird. Sie sind weitschweifig, reagieren passiv auf herablassendes Gesprächsverhalten und offenbaren kritische

Lebensereignisse, was wiederum Vorurteile bei Gesprächspartnern aktiviert und dann zu einem herablassenden Gesprächsverhalten führt, das als adressatenadäquat eingeschätzt wird. Ebenso kann die Aktivierung von negativen Altersstereotypen zu einem die Unselbstständigkeit fördernden Verhalten führen, weil stereotyp eine generelle Hilfsbedürftigkeit angenommen wird.

9.2 Theorien der Entwicklung im Alter

Theorien zur Beschreibung und Erklärung von Entwicklung im Alter müssen folgende Schlüsselkonzepte in eine geordnete und überprüfbare Beziehung setzen:

▶ Ressourcen (die sensorischen, kognitiven, verhaltens- und erlebensbezogenen Kompetenzen einer alternden Person)
▶ Ziele (das Bewältigen altersspezifischer und alterstypischer Anforderungen zur Erreichung und Erhaltung von Wohlbefinden, Autonomie und sozialer Integration)
▶ Kontexte (soziale, räumliche, kulturelle, finanziell-strukturelle und historische Rahmenbedingungen)
▶ Prozesse zur Zielerreichung (regulative Aktivitäten einer Person im Sinne einer Neubewertung der eigenen Lebenssituation und dem Setzen neuer Ziele oder der Veränderung von Ressourcen durch vermehrte Übung oder Training).

Im Folgenden werden nach den übergreifenden Konzepten der Entwicklungsaufgabe und des Vierten Alters die wichtigsten kompetenzorientierten, regulativen und kontextorientierten Ansätze zur Erklärung von Entwicklung im Alter dargestellt.

Zitat

Eine Entwicklungsaufgabe (s. Teil II) ist nach Havighurst (1948/1972) „eine Aufgabe, die zu einem bestimmten Zeitpunkt oder in einer Phase im Leben eines Individuums auftritt, deren erfolgreiche Bewältigung zu Zufriedenheit und zu Erfolg mit späteren Aufgaben führt, während Misserfolg in der Unzufriedenheit des Individuums, der Missbilligung der Gesellschaft und Schwierigkeiten mit späteren Aufgaben resultiert".

„Altern" heißt demnach, dass im Laufe des Lebens eine sequenzielle Bewältigung von Entwicklungsaufgaben geleistet werden muss. Für den Abschnitt des höheren Erwachsenenalters bestehen vor allem Entwicklungsaufgaben, die durch die für diese Phase charakteristischen Prozesse des Abbaus, des Verlustes und des nahenden Todes gekennzeichnet sind und deren Bewältigung stark durch einen (sozialen und inneren) Rückzug geprägt ist.

Drittes und viertes Alter. Im Konzept des Dritten Alters (65–80 Jahre) geht man davon aus, dass sich im Laufe der letzten Jahrzehnte die Lebensbedingungen und somit auch der psychosoziale Funktionsstatus (Ressourcen und Kontexte) dieser Altergruppe ständig und bedeutsam verbessert haben. Kulturelle und gesellschaftliche Anstrengungen (z. B. in der Medizin und Technologie) haben dafür gesorgt, dass immer mehr Menschen den im biologischen Lebenslauf angelegten Abbau kompensieren können und so in der Regel zu einem zufriedenen Altersdasein, d. h. zur erfolgreichen Bewältigung altersspezifischer und alterstypischer Anforderungen finden. Im

Gegensatz hierzu führt die nachlassende Wirksamkeit kultureller und gesellschaftlicher Kompensationsmöglichkeiten im Bereich des vierten Alters (80+) zur zunehmenden Dysfunktionalität und Gebrechlichkeit infolge des fortschreitenden biologischen Verlustes.

Kompetenzorientierte Entwicklungstheorien

Defizitmodell des Alters. Beim Defizitmodell des Alters geht man davon aus, dass Altern ein zeitabhängiger, irreversibler und fortschreitender Funktionsverlust sei, der letztlich zum Tode führe. Berücksichtigt man die Kohortenveränderungen, dann zeigt sich aber, dass es in den letzten Jahrzehnten eine Zunahme der Intelligenztestleistung gab (um etwa einen IQ-Punkt alle 4 Jahre) und dass diese Veränderung besonders im Bereich des höheren Alters festzustellen ist.

Speed-Hypothese des kognitiven Alterns. Die Speed-Hypothese (Salthouse, 1996) geht davon aus, dass Veränderungen der kognitiven Leistungsfähigkeit im höheren Erwachsenenalter zu einem großen Teil auf ein Nachlassen der Geschwindigkeit der Informationsverarbeitung zurückgehen. Dies wird dadurch belegt, dass die Verarbeitungsgeschwindigkeit als kognitive Ressource statistisch der stärkste Prädiktor für Altersunterschiede in den verschiedensten kognitiven Aufgaben ist.

Heute geht man davon aus, dass die psychometrisch definierte Wahrnehmungsgeschwindigkeit keine einfache und einheitliche Ursache des kognitiven Alterns ist. Man schließt ferner aus, dass sie direkt auf ein biologisches Äquivalent – wie z. B. die Nervenleitungsgeschwindigkeit – zurückführbar sein könnte. Es wird vielmehr angenommen, dass die Verarbeitungsgeschwindigkeit eine zusammengesetzte Größe ist, die unter anderem auch durch die Arbeitsgedächtniskapazität beeinflusst wird. Insgesamt ist die Speed-Hypothese des kognitiven Alterns aber ein Beispiel für eine relativ präzise und sparsame Theorie, die sich auf einen spezifischen, aber für die Entwicklungsregulation äußerst relevanten Ressourcenbereich bezieht und bis heute zu einer Vielzahl empirischer Arbeiten angeregt hat.

Hypothese der gemeinsamen Verursachung (Common-Cause-Hypothese). Die Common-Cause-Hypothese geht von einer gemeinsamen Ursache für alterskorrelierte kognitive Leistungsveränderungen und sensorische Veränderungen aus. Noch weiter geht die Dedifferenzierungshypothese, die vermutet, dass die Leistung in verschiedenen kognitiven Aufgaben sowie in sensomotorischen Tests mit fortschreitendem Alter konvergiert. Da sich im mittleren Alter unterschiedliche Umwelteinflüsse auf die Ressourcenentwicklung stärker auswirken, ist in dessen Verlauf mit zunehmend geringeren Korrelationen zwischen verschiedenen Ressourcen zu rechnen. Sobald psychologische und kognitive Prozesse stärker mit den (nachlassenden) physiologischen Prozessen zusammenhängen, wird eine Umkehrung der in der frühen Entwicklung erfolgten Differenzierung, d. h. eine Dedifferenzierung angenommen. Neue längsschnittliche Untersuchungen zeigen tatsächlich einen altersabhängigen Anstieg in Korrelationen zwischen kognitiven und sensorischen Variablen.

Regulative Entwicklungstheorien. Regulative Entwicklungstheorien gehen davon aus, dass Menschen über die Lebensspanne aktiv die Optimierung der Passung zwischen sich und der Umwelt anstreben, um die Autonomie des individuellen sozialen Bezugssystems unter den gewählten Bedingungen zu maximieren. So kann das Ziel der Aufrechterhaltung des eigenen Wohlbefindens auf unterschiedliche Weise erreicht werden. Generell müssen dazu die verschiedenen Ressourcen mit dem Kontext in eine subjektiv bewertete Passung gebracht werden, etwa indem man ein Berufsumfeld, ein soziales Umfeld und ein Wohnumfeld sucht und gestaltet, in dem die eigenen Stärken angemessen eingesetzt werden können. Wird das Wohlbefinden mit zunehmendem Alter gefährdet, etwa durch die Verschlechterung eigener Ressourcen oder der Kontexte, dann werden alterstypische regulative Anstrengungen unternommen, um weiterhin das persönliche Ziel erreichen zu können.

SOK-Modell im Alter. Hintergrund des Metamodells der Selektiven Optimierung mit Kompensation (SOK-Modell) ist die Lebensspannenkonzeption mit ihrer Annahme von Gewinnen, Stabilität und Verlusten im Alter. Altern und Erfolg sind somit kein Widerspruch, vielmehr bietet sich dem Menschen auch im Alter die Möglichkeit, sein Leben aktiv zu gestalten und regulativ auf die psychophysischen Herausforderungen des Alterns zu reagieren. Durch drei fundamentale Anpassungsprozesse kann es gelingen, ein relativ stabiles Funktionsniveau, ein positives Selbstbild und ein hohes subjektives Wohlbefinden aufrecht zu erhalten: Diese drei Anpassungsprozesse sind Selektion, Optimierung und Kompensation.

Eine bereichsspezifische Variante dieses Metamodells ist die sozioemotionale Selektivitätstheorie (s. Teil II). Sie geht davon aus, dass soziale Interaktionen von Individuen so reguliert werden, dass das Wohlbefinden erhalten bleibt. Der Grundgedanke ist, dass eine Person sich das soziale Umfeld aktiv zusammenstellt und dass sich dies über die Zeit verändert und anpasst. Soziale Beziehungen werden, technisch gesprochen, nach dem Kriterium einer Maximierung von Unterstützung, Begleitung und Hilfe gewählt und ausgebaut. Die Theorie widerspricht somit der Annahme, dass das soziale Netz im Alter unspezifisch kleiner werde, da sich ältere Personen aus dem sozialen Leben zurückzögen;, es beschreibt vielmehr die Altersveränderungen als Folge eines gezielten, adaptiv-funktionalen Selektions- und Konzentrationsprozesses.

Primäre und Sekundäre Kontrolle im Alter. Die emotionale Kontrolltheorie (Schulz & Heckhausen, 1999) begreift die gezielte Kontrolle als zentrales und generelles Entwicklungsmoment über die Lebensspanne. Ziel dieser Kontrolle ist das Erleben der Realität als durch das eigene Verhalten beeinflussbar. Es werden hierbei zwei Arten von Kontrolle unterschieden, zum einen die

▶ primäre Kontrolle, die für die direkte Einflussnahme auf die die Person unmittelbar umgebende externe Umwelt steht, etwa wenn zur Verringerung von Barrieren Veränderungen in der Wohnumgebung vorgenommen werden, und zum anderen die

▶ sekundäre Kontrolle, die für die Möglichkeit einer internalen Selbst-Veränderung steht, etwa wenn in Bezug auf ein verändertes Wohnungsumfeld Neu- oder Umbewertungen vorgenommen oder persönliche Mobilitätsziele neu ausgerichtet werden.

Erfolge bei den Kontrollbemühungen führen zu einem positiven Affekt, und die hiermit verbundenen Kontrollverhaltensweisen werden verstärkt. Umgekehrt führen Misserfolge zu negativen Affekten und somit zu einem verringerten Einsatz der hiermit verbundenen Initiativen.

9.3 Entwicklungskontexte im Alter

Kontextorientierte Entwicklungstheorien. Entwicklungstheorien des späten Erwachsenenalters betonen die Bedeutung von Kontexten, die für die Entwicklung Gelegenheitsstrukturen zur Verfügung stellen, aber auch von den Personen selbst beeinflusst werden. Zu den bedeutsamen Kontexten können soziostrukturelle Rahmenbedingungen der Altersversorgung oder gesellschaftlich sanktionierte Verhaltensmodelle etwa für alters- und geschlechteradäquates Verhalten gezählt werden. Die Bedeutung sozial-räumlicher Kontexte ist evident, da Über-70jährige Personen 75 bis 80 Prozent der Zeit zu Hause verbringen. Anders als man vielleicht intuitiv annehmen könnte, wirkt sich die Verringerung von Barrieren innerhalb einer Wohnung nicht notwendigerweise positiv auf Autonomie, Wohlbefinden, Aktivität oder soziale Aktivitäten aus, sondern nur wenn es eine subjektive Passung zwischen individuellen Fähigkeiten und Bedürfnissen und dem Kontext gibt.

Die Person-Kontext-Passung kann auch als ein Prozess der Anpassung des Individuums an die Umwelt angesehen werden. Der Umweltanforderungs-Kompetenz-Ansatz (Lawton & Nahemow, 1973) geht davon aus, dass alterskorrelierte Rückgänge von Ressourcen dazu führen, dass der Einfluss des Kontextes auf das Erleben und Verhalten zunehmend größer wird. Personen verhalten sich mit zunehmendem Alter demnach zunehmend reaktiver auf die jeweilige Umgebung. Der Person-Umwelt-Stress-Ansatz geht davon aus, dass einzelne Aspekte der Umwelt belastend sein können, etwa der Verlust an Privatheit. Demnach sind interindividuelle Unterschiede in der Art und im Ausmaß zu erwarten, in dem Personen sich mit solchen spezifischen Belastungen auseinandersetzen. Der Person-Umwelt-Passungs-Ansatz postuliert Wechselwirkungen zwischen den Charakteristika des Kontextes und der Person sowie den interindividuell unterschiedlichen Bedürfnissen von Personen. Demnach hat die fehlende Übereinstimmung zwischen diesen drei Faktoren negative Auswirkungen auf das Erleben der Person.

Neuere Ansätze betonen dagegen, dass Personen aktiv individuelle Ziele der Autonomie oder des Wohlbefindens erreichen, indem sie entweder Veränderungen im sozial-räumlichen Kontext (z. B. auf andere Personen zugehen, um Hilfe bitten, Barrieren abbauen), auf Personseite (z. B. Training) oder in der Bewertung von Person-Kontext-Passungen vornehmen. Personen unterscheiden sich demnach vor allem in ihren regulativen Aktivitäten zur Passungsherstellung, wobei das Wohlbefinden die treibende Kraft ist und nicht das Ergebnis einer „erlittenen" Passung.

Sozial-räumlicher Kontext. Bei bestehender Einschränkung von Fähigkeiten einer Person, etwa bei Pflegebedürftigkeit, werden sozial-räumliche Kontextqualitäten bedeutsam. Optimale Selbstständigkeit wird dann dadurch bestimmt, dass mit geringstmöglicher Unterstützung durch externe Ressourcen oder eine Entlastung von kontextuellen Anforderungen individuell positive Entwicklungsergebnisse erzielt werden können. Bei steigenden oder zu geringen kontextbedingten Anforderungen, bei verringerten individuellen Ressourcen oder in Unterstützungskontexten, die unselbstständiges stärker als selbstständiges Verhalten fördern, können vermehrt Erkrankungen auftreten. Unterstützungsbedarf im Hinblick auf einen wichtigen Lebensbereich (z. B. körperliche Mobilität) ist allerdings nicht notwendigerweise gleichbedeutend mit Unterstützungsbedarf in anderen Lebensbereichen (z. B. kognitive Leistungsfähigkeit).

Für die Bewertung ergibt sich, dass diejenigen pflegeinstitutionellen Kontexte autonomie- und wohlbefindensfördernd sind,

▶ in denen die Anforderungen der Umwelt individuell flexibel und ressourcenspezifisch variierbar sind,

▶ in denen eine ressourcenspezifische Förderung von Stärken möglich ist und

▶ eine optimale Passung zwischen spezifischem Ressourcenbedarf und Kontextanforderungen erreicht werden kann.

Räumlicher Kontext. Stationäre Einrichtungen, die sich auf die Betreuung Dementer spezialisieren, verbindet in Bezug auf den räumlichen Kontext die kleine Zahl an Bewohnern pro Einheit, die kleinere Anzahl und die privatere Gestaltung der Zimmer, das Vorhandensein separater und größerer Räume für einzelne Aktivitäten sowie häufiger ein Zugang ins Freie. Eine der Hauptursachen für die positiven Effekte spezialisierter Pflegekontexte dürfte die geringere Zahl der Bewohner pro Einheit sein, die für ein geringeres Maß an Überstimulation, Agitation, Eindringen in den Privatbereich und Aggressivität gegenüber anderen Bewohnern sorgt und damit Kontextanforderungen vermindert. Keine Auswirkungen scheinen die speziellen Einrichtungen auf Rastlosigkeit, kognitive Leistungsfähigkeit und funktionale Gesundheit der Bewohner zu haben. Hingegen kann die bauliche Anordnung Auswirkung auf die Orientierung der Bewohner haben. So scheint eine bessere räumliche Orientierung durch eine L- oder H-förmige oder aber durch eine quadratische Raumanordnung begünstigt zu werden. Auch hier werden durch die baulichen Kontextveränderungen spezifische Kontextanforderungen besser auf die individuell vorhandenen Ressourcen abgestimmt.

Historischer und sozialstruktureller Kontext. Der historische und kulturelle Kontext von Altersveränderungen lässt sich zunächst an sozialstrukturellen Veränderungen z. B. in der Einkommens- und Vermögensverteilung oder der Zugänglichkeit von Bildungs- oder gesundheitlichen Versorgungssystemen ablesen. Ebenso können Veränderungen in der Wohnversorgung oder der Zugang zu Mobilitätsressourcen wie öffentlicher oder privater Verkehr darunter fallen. Unterschiede in der Bildung, im beruflichen Status oder dem Einkommen und Vermögen (sozioökonomischer Status) sind mit vielen psychologischen Ressourcen wie beispielsweise dem Wohlbefinden oder der körperlichen und mentalen Gesundheit korreliert. Darüber hinaus stellen sozialstrukturelle Kontexte Rahmenbedingungen für autonome Handlungsentscheidungen dar. Historisch wichtige Veränderungen in der Sozialstruktur Deutschlands stellen die Tabellen 9.2 und 9.3 dar.

Tabelle 9.2 Der Halbierung der Haushaltsgröße von 1900 auf 2005 entspricht eine enorm hohe Zunahme des Anteils der Ein-Personen-Haushalte, während der Anteil der Zwei-Personen-Haushalte zwar ebenfalls deutlich, aber bei weitem nicht vergleichbar stark zugenommen hat

Haushaltsgrößen in Deutschland in den Jahren 1900 und 2005

	1900	2005
Anteil Ein-Personen-Haushalte	7 %	37 %
Anteil Ein-Personen-Haushalte	15 %	36 %
Durchschnittliche Haushaltsgröße*	4,5	2,2

* Haushaltsgröße in Personen

Alter und demografische Veränderungen. Eine verlässlich erwartbare Lebensdauer ist eine Voraussetzung für eine sinnvolle Lebensplanung und Altersvorsorge und insbesondere auch für die Bereitschaft, in (Weiter-)Bildung und Humankapital zu investieren. Gleichzeitig schafft sie auch neuen Bedarf für die Unterstützung lebenslanger Bildung und Entwicklung. Der gesellschaftliche Kontext des Alters wird stark von der Zunahme der Langlebigkeit, dem Rückgang der Alterssterblichkeit und dem Anstieg des Anteils alter Personen an der Gesamtbevölkerung beeinflusst.

Tabelle 9.3 Der Anteil der Universitätsabsolventen eines Jahrgangs im Gebiet der alten Bundesländer hat von 1960 bis 1995 kontinuierlich zugenommen und ist 2005 erstmals wieder zurückgegangen

Anteil der Universitätsabsolventen eines Jahrgangs im Gebiet der alten Bundesländer

Jahrgang	Anteil in Prozent
1960	6
1970	12
1980	14
1989	20
1995	23
2005	20

Geschlecht und Alter. In Bezug auf Langlebigkeit und Morbidität zeigen sich erhebliche Geschlechterunterschiede. Obwohl Frauen im Durchschnitt länger leben als Männer, ist für sie das Risiko für Erkrankungen höher als für Männer. Als Ursachen dafür sind vor allem Faktoren des Lebensstils zu vermuten, so die Unterschiede im Ausmaß an Berufstätigkeit und im Gefühl der Anfälligkeit für Erkrankungen sowie Unterschiede in zeitlichem Druck und emotionalem Stress und in der körperlichen Aktivität.

Biografie und Alter. Die biografischen Merkmale werden oft als Hauptaspekt der Besonderheit und Einzigartigkeit des Alters bezeichnet. Als Beispiel kann dazu ein Paar dienen, das sich gerade erst kennen gelernt hat und bei dem einer der Partner schwer erkrankt ist. Hier zeigt die Befundlage, dass es wenig wahrscheinlich ist, dass dieses Paar lange zusammenbleiben wird. Ist nun das Ehepaar bereits viele Jahre zusammen und teilt gemeinsame Erinnerungen, hat es eine Geschichte von gegenseitiger Unterstützung, dann kann auch im Fall einer schweren Erkrankung eines Partners vermutet werden, dass das Paar dennoch lange zusammen bleiben kann – obwohl die Austauschbeziehung auf instrumenteller Seite deutlich ungleichgewichtiger geworden ist. Aber auch bei Einzelpersonen zeigt sich, dass das Alter kaum als guter Prädiktor für das Verhalten dienen kann, genauso wenig wie die aktuelle Ressourcenlage, sondern dass spezifische Ereignisse und deren Bewältigung und Bewertung für die Prädiktion erforderlich sind.

Zusammenfassung

Gegenstand der Entwicklungspsychologie im Alter sind Veränderungen und Stabilität in Fähigkeiten, Eigenschaften, Verhalten und Erleben älter werdender Menschen. Für die Erforschung von Entwicklung im Alter können verschiedene Altersdefinitionen nützlich sein, so etwa die chronologische, die funktionale, die demografische oder die soziale Altersdefinition.

Sehr viel mehr als in der Entwicklung bis ins Erwachsenenalter ist die Frage von Bedeutung, wie es älter werdenden Personen gelingen kann, Verhalten, Erleben und Fähigkeiten zu stabilisieren. Aktuelle theoretische Ansätze betonen, dass die Entwicklung im Alter facettenreich und multidirektional verläuft und dass die Entwicklung wesentlich von den regulativen Aktivitäten der alten Personen differenziell beeinflusst wird. Bei geringerem Fähigkeitsniveau spielen Kontexte eine zunehmend wichtige Rolle für die Entwicklung im Alter. Die individuelle, subjektive und biografische Sichtweise älterer Personen ist insbesondere für die Untersuchung von Lebensqualität im Alter von herausragender Bedeutung.

Übungsaufgaben

▶ Wie werden alte Menschen von jungen Menschen eingeschätzt? Welche Altersstereotype können sich auf die Entwicklung alter Menschen negativ, welche positiv auswirken?

▶ Welchen Einfluss können die individuelle und die Partnerschaftsbiografie auf die Entwicklung im Alter haben?

▶ Welche historischen Veränderungen können sich auf die Kohorte der heute 80-jährigen Personen ausgewirkt haben? Was sind deren typische Erlebnisse in Kindheit, Jugend und Erwachsenenalter gewesen?

Weiterführende Literatur

▶ Ausführlicher kommentierte Grundlagen:
Brandtstädter, J. & Lindenberger, U. (Hrsg.) (2007). Entwicklungspsychologie der Lebensspanne. Stuttgart: Kohlhammer.
Martin, M. & Kliegel, M. (2005). Psychologische Grundlagen der Gerontologie. Stuttgart: Kohlhammer.
Kruse, A. & Martin, M. (2004). Enzyklopädie der Gerontologie. Bern: Huber.

▶ Psychologische Alterstheorien:
Bengtson, V.L. & Schaie, K.W. (Hrsg.) (1999). Handbook of theories of aging. New York: Springer.
Wahl, H.-W. & Heyl, V. (2004). Gerontologie – Einführung und Geschichte. Stuttgart: Kohlhammer.

10 Ressourcenentwicklung im Alter

Was Sie in diesem Kapitel erwartet

Lange wurde das Alter als eine defizitäre Entwicklungsphase erachtet. Wie aber ist das Alter wirklich? Diese Frage beschäftigt die Forschenden im Bereich der Entwicklungspsychologie. Gegenstand empirischer Forschung zum späten Erwachsenenalter sind für alle alternden Personen gültige, allgemeine Altersunterschiede, Altersveränderungen und Unterschiede zwischen Personen in den individuellen Alternsverläufen (differenzielles Altern) in den Bereichen Kognition, soziale Beziehungen, Persönlichkeit, Emotion und Wohlbefinden.

Die interindividuellen Unterschiede in der intraindividuellen Veränderung, die zur *Variabilität* in der Verfügbarkeit von Ressourcen innerhalb der Gruppe alter Personen führen, werden betont, ebenso die *Multidimensionalität* und *Multidirektionalität* von Alternsveränderungen. Keine einzelne Ressource steht somit stellvertretend für „DAS Altern".

10.1 Kognitive Ressourcen

Im Folgenden soll beschrieben werden, wie die Entwicklung wichtiger Gedächtnis- und Lernleistungen nach heutigem Kenntnisstand verläuft, wenn keine krankhaften Prozesse auftreten.

Intelligenz. Mithilfe von Längsschnittdaten der *Seattle Longitudinal Study* kann gezeigt werden, dass in den fünf Primärfähigkeiten der Intelligenz (induktives Denken, räumliche Orientierung, Zahlenfertigkeit, Verbalfähigkeit und Wortflüssigkeit) durchschnittliche Altersveränderungen auftreten. Dabei unterscheiden sich die Mittelwertsverläufe der Primärfähigkeiten in einem Altersbereich zwischen 25 und 88 Jahren erheblich: Es gibt immer einen Anteil von Personen mit stabiler, mit zunehmender und mit abnehmender Leistungsfähigkeit. Der Blick auf die Durchschnittswerte sollte daher stets durch den Blick auf die individuellen Möglichkeiten einer Leistungssteigerung oder eines Leistungserhaltes ergänzt werden.

Praktische Intelligenz. Praktische Intelligenz (oder alltägliches Problemlösen) bezieht sich auf Aufgaben, die für eine selbstständige Bewältigung des Alltags erforderlich sind: etwa die Interpretation von Fahrplänen, Arzneimittel-Beipackzetteln oder Steuererklärungen. Hier zeigt sich ein hohes Maß an Stabilität über einen langen Zeitraum des Erwachsenenalters. Dies liegt daran, dass es sich bei den verwendeten Aufgaben um sehr einfache Fragen handelt, deren Beantwortung kaum die Gesamtheit aller intellektuellen Ressourcen erfordert. Die Abnahme der durchschnittlichen praktischen Intelligenz im sehr hohen Alter lässt sich möglicherweise durch den Anstieg des Anteils dementer Personen erklären.

Prozedurales Gedächtnis. Das prozedurale Gedächtnis bezieht sich auf das Lernen und Erinnern von kognitiven oder motorischen Fertigkeiten wie Autofahren, Zählen oder Lesen. Diese Fertigkeiten haben eine stark automatisierte Komponente und erfordern nicht die explizite Erinnerung an die Gelegenheit, bei der die Fähigkeit erworben wurde. Daher spricht man auch von impliziten Gedächtnisprozessen. Bei diesen treten typischerweise keine Altersveränderungen auf.

Primärgedächtnis. Das Primärgedächtnis bezieht sich auf das Behalten von einmal präsentierten Informationen. Hinsichtlich des Primärgedächtnisses, dessen Kapazität limitiert ist, ergeben sich nur geringe Altersunterschiede. Dagegen gibt es deutliche Altersunterschiede im Arbeitsgedächtnis, das für das Behalten und Verarbeiten von Informationen erforderlich ist.

Episodisches Gedächtnis. Das episodische Gedächtnis bezieht sich auf die Fähigkeit, sich an kürzlich geschehene Ereignisse zu erinnern. Für diese Gedächtnisleistungen werden durchgängig Altersveränderungen mit einer alterskorrelierten Verringerung der Wiedergabeleistung berichtet. Eine Unterstützung der Erinnerungsleistung ist durch zusätzliche Hinweise (*cues*) möglich, wobei alte Personen teilweise stärker davon profitieren als junge Personen. Dies lässt darauf schließen, dass alte Personen seltener von sich aus die Hinweise aus der Umgebung für des Einprägen und den Abruf nutzen.

Quellengedächtnis. Das Quellengedächtnis bezieht sich auf die Erinnerung an den Kontext, in dem eine Information zum ersten Mal gesehen wurde. Diese Erinnerung ist mit zunehmendem Alter erschwert.

Semantisches Gedächtnis. Als semantisches Gedächtnis wird die Fähigkeit bezeichnet, sich an objektives Faktenwissen erinnern zu können. Hier gibt es in Bezug auf das allgemeine Wissen keine Altersunterschiede, oder die Ergebnisse fallen sogar zugunsten der alten Personen aus. Allerdings sind Wortfindungsprobleme im Alter häufiger, und Schwierigkeiten, sich an Namen von Personen zu erinnern, gehören zu den von alten Personen am häufigsten genannten Gedächtnisproblemen.

Räumliches Gedächtnis. Das räumliche Gedächtnis bezieht sich auf die Erinnerung an die Lage von Räumen oder Gegenständen im Raum. Hier sind Altersunterschiede auch dann zu finden, wenn es sich um vertraute Umgebungen handelt.

Autobiografisches Gedächtnis. Das autobiografische Gedächtnis wird meist als intakt erlebt, weil Ereignisse aus der Kindheit in ihrer Klarheit besser erinnert vorkommen können als relativ kürzlich eingetretene Ereignisse.

Anscheinend sind Erinnerungen an Ereignisse aus der fernen Vergangenheit oft sehr viel präsenter als solche an kürzlich geschehene Ereignisse. Das kann einerseits damit zu tun haben, dass es sich bei den länger zurückliegenden Ereignissen um sehr markante handelt, andererseits werden frühe Ereignisse im Laufe des Lebens mehrfach erinnert.

Empirisch zeigt sich bei der Erfragung von autobiografischen Erinnerungen und deren anschließender Datierung – sowohl bei jungen und alten Personen – dass Ereignisse umso schlechter erinnert werden, je länger sie zurückliegen. Allerdings ist auffällig, dass, relativ gesehen, am häufigsten Ereignisse aus dem Lebensalter zwischen 10 und 30 Jahren berichtet werden.

Prospektive Gedächtnisleistung. Als prospektive Gedächtnisleistung bezeichnet man die Fähigkeit, sich selbstständig an zukünftige Dinge zu erinnern, beispielsweise zum richtigen Zeitpunkt eine Verabredung einzuhalten oder einer anderen Person eine Nachricht weiterzugeben. Sich nicht daran zu erinnern oder Abrufhinweise nicht zu nutzen, ist eines der am häufigsten berichteten Gedächtnisprobleme im Alltag, unabhängig vom Alter und der Lebenssituation einer Person. Innerhalb des prospektiven Gedächtnisses unterscheidet man Aufgaben, bei denen der Abrufhinweis ein Ereignis ist, als ereignisbasiert, und Aufgaben, bei denen der Hinweis ein

Zeitpunkt ist, als zeitbasiert. Aufgrund des hohen Maßes an selbstinitiiertem Abruf wird prospektives Erinnern als generell sehr ressourcenintensiv beschrieben.

Beispiel

Eine Studie zur Gedächtnisleistung

In der bislang größten Studie zur Entwicklung prospektiver Gedächtnisleistung im Alter untersuchten Huppert et al. (2000) 11.956 Personen im Alter von über 65 Jahren mit Hilfe eines Screeningverfahrens zum prospektiven Gedächtnis. Nur etwa 54 Prozent der Teilnehmerinnen und Teilnehmer konnten die Aufgabe erfolgreich bewältigen. Analysen des Alterseffektes zeigten einen deutlichen, linearen Abfall der Leistung mit steigendem Alter. Darüber hinaus konnte ein klarer Zusammenhang der prospektiven Gedächtnisleitung mit einer demenziellen Symptomatik gefunden werden. Selbst nach Berücksichtigung demografischer Variablen zeigten Personen, bei denen bereits eine leichte Demenz diagnostiziert worden war, ein um 88 Prozent erhöhtes Risiko, die prospektive Gedächtnisaufgabe nicht zu bewältigen.

Lernen. Ein Bereich, der eng mit den retrospektiven Gedächtnisleistungen verbunden ist (im Gegensatz zu den zuvor behandelten prospektiven), ist das Lernen. Dass das Lernen neuer Sachverhalte im Alter möglich ist und zu Leistungsverbesserungen beitragen kann, ist für eine Reihe von Fertigkeiten nachweisbar, wenn auch erhebliche Unterschiede zwischen Personen im Ausgangsniveau, dem Lerntempo und dem Lernergebnis zu finden sind (Zimprich et al., 2008). So fällt es älteren Menschen schwerer, unvertraute, neue Informationen zu erlernen und zu erinnern.

Inhibition. Unumstritten ist die Beobachtung, dass die Kapazität des Arbeitsgedächtnisses mit dem Alter abnimmt. Eine weitere, hiermit verbundene Theorie kognitiven Alterns, die Inhibitionstheorie, geht von der Annahme aus, dass zusätzlich zur Kapazitätsabnahme die Störanfälligkeit der Gedächtnisprozesse zunimmt, also die Inhibitionsleistung abnimmt. Mangelnde Inhibition führt zu einer Zunahme von Interferenzen und damit zu schnellerem Vergessen von Informationen.

10.2 Soziale Beziehungen

Soziale Beziehungen kennzeichnen das Potenzial zu einer instrumentellen oder emotionalen Unterstützung durch andere Personen, beispielsweise innerhalb einer Partnerschaft, einer Freundschaft, einer Familie oder einer Gruppe. Als soziale Beziehungen bezeichnet man dabei Faktoren und interpersonale Interaktionen, die sozialen Austausch zwischen Personen beschreiben. Dazu gehören beispielsweise der Erfahrungsaustausch oder die Reziprozität von unterstützenden Handlungen. Innerhalb der Erforschung sozialer Beziehungen werden zwei wesentliche Aspekte unterschieden: zum einen das soziale Netzwerk, zum anderen die soziale Unterstützung.

Soziales Netz und soziale Unterstützung. Das soziale Netzwerk bezeichnet die objektiven Charakteristika, die die Personen beschreiben, mit denen eine Person interpersonale Beziehungen unterhält, also etwa deren Alter, Geschlecht, die jeweilige Rollenbeziehung oder die empfundene

Nähe. Soziale Unterstützung bezieht sich auf die Qualität dieser sozialen Beziehungen im Sinne des Austauschs von Unterstützung. Diese kann durch instrumentelle Hilfeleistungen oder emotionale Unterstützung geschehen. Insgesamt stellen soziale Ressourcen einen der wesentlichen Aspekte einer erfolgreichen Entwicklungsregulation im Sinne der Bewältigung und Verarbeitung von altersspezifischen und alterstypischen Herausforderungen dar.

Charakteristika von sozialen Beziehungen im Alter. Bei den meisten Menschen bestehen die engsten Beziehungen zur Familie bzw. zu Familienmitgliedern. Grundthese ist, dass ältere Personen ihr soziales Umfeld aktiv und selektiv zusammenstellen und Kontakte zur Emotionsregulation gegenüber identitätsstiftenden und informationsbeschaffenden Kontakten nutzen.

Geschlechtereffekte. Frauen unterhalten insgesamt über die Lebensspanne intensivere soziale Netzwerke als Männer. Trotz der höheren Intensität sozialer Beziehungen bei Frauen zeigt sich, dass sie zugleich mehr positive als auch mehr negative Beziehungen unterhalten und dass die emotionale Bewertung ihrer sozialen Ressourcen – auch ein und derselben Beziehung – parallel starke positive wie negative Aspekte beinhaltet.

Sozioökonomischer Status. Die Zusammenstellung und die Qualität sozialer Ressourcen wird auch vom sozioökonomischen Status beeinflusst: Personen mit geringem sozioökonomischem Status haben kleinere soziale Netzwerke, die sich vorwiegend aus Familienangehörigen zusammensetzen. Ob diese kleineren sozialen Netze auch weniger intensive und unterstützende Kontakte beinhalten, ist bislang jedoch nicht geklärt.

Partnerschaft. Der Ehepartner scheint bis ins hohe Alter die bevorzugte Quelle sozialer und instrumenteller Unterstützung zu sein, und lang verheiratete Paare können regelrechte Zusammenarbeitsexperten sein (Martin & Wight, 2008). Dies bedingt im höheren und sehr hohen Alter eine markante Problematik, da die Wahrscheinlichkeit, verheiratet zu sein, mit fortschreitendem Alter beträchtlich abnimmt. Dann werden vor allem die eigenen Kinder oder Geschwister als Unterstützungsquelle gewählt, was wegen der zunehmenden Kinderlosigkeit in der Bevölkerung in absehbarer Zeit zu einer beachtlichen Veränderung der sozialen Ressourcenstruktur im Alter führen wird. Untersuchungen zu älteren Singles zeigen allerdings, dass diese Personen es oft verstehen, sich enge Netzwerke aus Freunden aufzubauen, die als soziale Unterstützungsressource zur Verfügung stehen.

Bewertung sozialer Kontakte. Vor allem die subjektiv empfundene Unterstützungsqualität kann eine erfolgreiche Entwicklungsregulation im Sinne von Gesundheit oder Wohlbefinden vorhersagen. Zentral ist hierbei, dass positiv empfundene Unterstützung zu einem Gefühl der Sicherheit führt, das als emotionale Basis den sicheren Ausgangspunkt für das Bewältigen der vielfältigen Herausforderungen im Alter zur Verfügung stellt. Wesentlich ist jedoch auch, dass diese Unterstützung in verschiedenster Art und Weise als reziprok gesehen werden kann. Hierbei gehen ältere Menschen dann davon aus, dass sie im Laufe des Lebens durch Unterstützungsleistungen ihrerseits z. B. an den Kindern eine Art Guthaben erworben haben, das sie im Alter aufbrauchen können. Mit diesem Modell im Hintergrund werden im Alter dann eher einseitige Unterstützungsverhältnisse zu Lasten der älteren Personen zu reziproken Verhältnissen umgedeutet.

10.3 Persönlichkeit

Ein psychologischer Entwicklungsbereich, bei dem bis heute darüber gestritten wird, ob und inwieweit er überhaupt von Veränderungen im Alter betroffen ist, ist die Persönlichkeit. Entwickelt sich die Persönlichkeit im Alter oder bleibt sie stabil? Hierbei soll zunächst an die in Teil II eingeführte Kategorisierung erinnert werden, die zwischen Persönlichkeitseigenschaften (*traits*) und externalen Ressourcen wie z. B. bildungsbezogenen Kompetenzen oder Bewältigungsstrategien unterscheidet.

Diese Ergebnisse sind im Großen und Ganzen konsistent und kompatibel mit der Ebene 1 des Dreiebenenmodells der Persönlichkeit nach McAdams (1995), nach dem basale Persönlichkeitseigenschaften (*traits*) hohe Stabilität aufweisen.

Persönlichkeitseigenschaften im Alter. Heute geht man davon aus, dass fünf generelle Dimensionen der Persönlichkeit eines alternden Menschen relativ stabil als Grunddimensionen erhalten bleiben (Allemand et al., 2007):

▶ Neurotizismus
▶ Extraversion
▶ Offenheit für Erfahrung
▶ Verträglichkeit
▶ Gewissenhaftigkeit

Leichte Veränderungen gibt es jedoch, so etwa nimmt Neurotizismus im Mittel über das Erwachsenenalter ab, um im höheren Alter wieder leicht zuzunehmen. Auch Offenheit und Extraversion nehmen leicht ab, während Verträglichkeit und Gewissenhaftigkeit leicht ansteigen.

Beispiel

Big Five oder Fünf-Faktoren Modell
Die Entwicklung der Big Five begann bereits in den 1930er Jahren (durch Allport & Odbert, 1936) mit dem lexikalischen Ansatz. Diesem lag die Auffassung zugrunde, dass sich Persönlichkeitsmerkmale in der Sprache niederschlagen. Auf der Basis von Listen mit über 10.000 Adjektiven wurden durch Faktorenanalyse fünf sehr stabile, unabhängige und weitgehend kulturstabile Faktoren, die Big Five, gefunden.

Persönlichkeit und Gesundheit im Alter. Der stärkste Zusammenhang zwischen einem stabilen Persönlichkeitsfaktor und dem Indikator einer erfolgreichen Entwicklungsregulation besteht zwischen Neurotizismus und Gesundheit. So zeigen ältere Personen mit hohen Neurotizismuswerten eine verstärkte Angstneigung, Depressionstendenzen, Hoffnungslosigkeitsgefühle, eine Neigung zum Grübeln, starke Gefühlsschwankungen und Abhängigkeitsgefühle. Personen mit niedrigem Neurotizismus werden dagegen eher als kohärente und optimistische Menschen beschrieben, die ein hohes Selbstvertrauen und hohe Selbstwirksamkeitserwartungen haben sowie eine hohe Lebenszufriedenheit zeigen. Personen mit einer hohen Gewissenhaftigkeit zeigen verstärkt ein gesundheitspräventives Verhalten; eine moderat hohe Gewissenhaftigkeit kann somit als eine die proaktive Bewältigung des Alterns fördernde Persönlichkeitsressource angesehen werden.

Persönlichkeit und Regulation. Zentral für die regulativen Kompetenzen ist die Verfolgung und adaptive Anpassung von kurz-, mittel- und langfristigen Zielen. Das Aufstellen, Verfolgen und

Aufrechterhalten von Lebenszielen wie z. B. dem Streben nach selbstständigem Leben und Autonomie tragen maßgeblich zum Erhalt von Gesundheit und Wohlbefinden im höheren Erwachsenenalter bei. Entscheidend hierbei ist, dass die Fortschritte bei der Zielverfolgung und nicht unbedingt das direkte Erreichen der Ziele mit dem positiven Effekt verbunden sind.

Coping im Alter. Ein wesentliches psychologisches Konstrukt der Persönlichkeit ist der Bereich der Copingstrategien (s. Teil II). Im Alter bestimmen zunehmend innere und äußere Belastungen, die als Stressoren wirken, den zu bewältigenden Alltag eines Menschen. Der gezielte Umgang mit diesen Belastungen wird als Coping bezeichnet. Ein Aspekt des Copings ist der Kontext, in dem Belastungen zu bewältigen sind. Während in jüngeren Jahren eher instrumentelle, problemorientierte Strategien dominieren, werden im höheren Erwachsenenalter immer häufiger intrapsychische, emotionsorientierte Strategien angewendet.

Beispiel

Copingveränderungen im hohen und sehr hohen Alter
Vergleicht man das Copingverhalten bei 60-, 80- und 100-Jährigen, können die Veränderungen und Stabilitäten im Bereich der Coping-Ressourcen auch im höheren Erwachsenenalter getestet werden. Vergleicht man die drei wichtigsten Coping-Verhalten in den drei Altersgruppen, nämlich
► aktives verhaltens- bzw. problemorientiertes Coping (z. B. versuchen, mehr über eine Bedrohungssituation herauszufinden),

► aktives eher emotions- bzw. kognitionsorientiertes Coping (z. B. sich selbst zu beruhigen) und
► passives Vermeidensverhalten (z. B. eine Bedrohungssituation zu leugnen),
in konkreten gesundheits- und familienbezogenen Situationen, dann zeigt sich nur beim aktiven Verhaltenscoping ein Altersunterschied.

Religiosität im Alter. Religiosität wird als einer der Aspekte der Persönlichkeit angesehen, die insbesondere im Alter eine große oder gar zunehmend wichtigere Rolle spielen. Für manche älteren Menschen stellen religiöse Erfahrungen und Glaubensvorstellungen sowie die Einbindung in eine religiöse Gemeinschaft wichtige Ressourcen dar, die eine positive Rolle bei der Aufrechterhaltung von Wohlbefinden und Lebenszufriedenheit spielen. So lassen religiöse ältere Menschen eine bessere emotionale Anpassung und weniger Depressivität und Angst erkennen, erleben geringere Körperbeschwerden und bewältigen Funktionseinschränkungen schneller (Allemand & Martin, 2007). Ebenso kann das religiös orientierte subjektive Erleben von Sinn und Verstehbarkeit gegenüber Krankheit, Leiden und Verlusten oder die mit der Zugehörigkeit in eine religiöse Gemeinschaft gegebene soziale Unterstützung subjektive Beschwerden besser bewältigen lassen. Auch im Hinblick auf den Umgang mit dem Sterben und dem eigenen Tod ist wiederholt eindrücklich auf die Bedeutung des Spiritualitätskonzeptes hingewiesen worden (Wilkening, 2007).

Sperling (2004) weist darauf hin, dass es sich bei der allgemein angenommenen zunehmenden Religiosität im Alter um Jahrgänge handelt, die bereits seit ihrer Jugend regelmäßig am kirchlichen Leben teilnehmen. Möglicherweise handelt es sich bei diesen Befunden weniger um einen Alters- als vielmehr um einen Kohortenunterschied (vgl. Martin & Kliegel, 2005).

Bewältigungsstile. Drei allgemeine religiöse Bewältigungsstile werden unterschieden. Ein Copingstil beschreibt, wie das Individuum selbstständig und eigenverantwortlich seine Probleme löst mit dem Glauben an einen Gott, der im Hintergrund da ist und dem Menschen Gelassenheit und Kompetenz gibt (Selbstmanagement). Ein Beispiel zur Erfassung dieses Stils wäre die Aussage „Ich muss mich schon selbst darum kümmern, dass mein Problem gelöst wird. Gott nimmt mir das nicht ab". Menschen, die in Problemsituationen den Delegationsstil anwenden im Sinne von „Ich überlasse es lieber Gott, die richtige Lösung für das Problem zu finden, als mich selbst damit zu beschäftigen", verhalten sich passiv und abwartend, was Ausdruck eines „Gottvertrauens" sein kann, das die Belastung reduziert und den Bewältigungs- und Anpassungsprozess fördern kann. Wer eine Kooperation mit Gott sucht, indem er Eigenverantwortung übernimmt und gleichzeitig auch Gott um Mithilfe bittet, handelt nach dem kooperativen Copingstil. Eine beispielhafte Aussage dazu wäre „Wenn ich mich entscheiden muss, wie ich das Problem lösen will, arbeiten Gott und ich zusammen wie Partner". Dieser Bewältigungsstil steigert bei der Konfrontation mit Lebensereignissen die Bewältigungsfähigkeit und führt zu mehr Selbstbewusstsein, mehr psychosozialer Kompetenz und weniger Angst und Depressivität.

Negative Copingstile – beispielsweise eine Überbewertung oder Vernachlässigung religiöser Werte – zielen in die falsche Richtung. Die religiöse Vermeidung gehört auch zu dieser Kategorie. Die zweite Dimension beinhaltet unangemessene oder „falsche" Wege zur Problembewältigung wie zum Beispiel die Deutung eines negativen Ereignisses als Strafe Gottes oder die religiös bedingte Ausübung von Rache. Schließlich wirken sich Konflikte mit der Religion, mit Gott oder einer höheren Wirklichkeit und mit sich selbst eher negativ auf die Problembewältigung aus.

10.4 Emotionen und Wohlbefinden

Erstaunlicherweise war lange die entwicklungspsychologische Untersuchung der emotionalen Entwicklung weitgehend auf das Kindesalter beschränkt. Erst seit kurzer Zeit zeigt sich, dass emotionale Ressourcen mit dem Alter nicht abnehmen, sondern in der Regel sogar effizienter werden.

Subjektive Emotionswahrnehmung. Verschiedene Forschungsarbeiten zum negativen Affekt haben Hinweise darauf geliefert, dass die Intensität der subjektiven Emotionswahrnehmung älterer Personen geringer ausfällt als die jüngerer Vergleichsstichproben. In der Regel haben diese Studien jedoch nach zurückliegenden Gefühlswahrnehmungen gefragt. Erfragt man mehrmals pro Tag über eine Woche hinweg alltägliche emotionale Erfahrungen, findet sich kein Alterseffekt in der subjektiven Emotionswahrnehmung.

Beispiel

Eine Studie zur Emotionswahrnehmung

In ihrer Studie über qualitative Aspekte der subjektiven Emotionswahrnehmung hat die *National Health and Nutrition Examination Study* (NHANES) in einer Stichprobe mit fast 5.000 Teilnehmenden im Alter von 24 bis 74 Jahren 2-mal pro Jahr über einen Zeitraum von 9 Jahren das subjektive Wohlbefinden und die Wahrnehmung von positiven und negativen Stimmungen erhoben. Die Ergebnisse zeigen, dass das Wohlbefinden annähernd stabil bleibt; auch bei positivem und negativem Affekt ergeben sich keine Alterseffekte.

Affektive Komplexität. Im Bereich der emotionalen Entwicklung – zumindest im jüngeren Seniorenalter – kommt es mit fortschreitendem Alter zu einer Vergrößerung der Komplexität. Diese wird durch eine Mischung verschiedener emotionaler Tönungen im Bericht über ein und dasselbe Ereignis oder Erlebnis abgebildet. Sogenannte „bittersüße" emotionale Erfahrungen sind demzufolge ein Ergebnis der immer bewusster werdenden Sterblichkeit, die jedoch im Kontext einer erfolgreichen Emotionsregulation zu einem differenzierten Ein- und damit Wertschätzen der eigenen Situation und erlebter Ereignisse führen kann. Theoretische Ansätze, die diese Befunde zu beschreiben und erklären suchen, sind der Ansatz zu differenziellen Emotionen sowie das Modell der kognitiv-affektiven Entwicklung. Bezüglich stabiler Aspekte wird postuliert, dass sich der qualitative Erlebensaspekt, der emotionale Gefühlsstatus und die mit den emotionalen Ressourcen verbundenen motivationalen Antriebskräfte über die lebenslange Entwicklung nicht verändern. Was sich dagegen verändert, sind die Verknüpfungen zwischen Emotionen, Kognitionen und Handlungen. Durch die über die Lebensspanne auftretende Ausbildung unterschiedlichster kognitiver Bewertungsmuster entwickeln sich auch die das emotionale Erleben betreffenden Gedanken, Bewertungen und Strategien. Die Fähigkeit zur emotionalen Anpassung verändert sich aber nicht „automatisch" als Folge des Alters, sondern ist an die individuelle kognitive Entwicklung gekoppelt.

Emotionsausdruck. Die Frage nach Altersveränderungen im Emotionsausdruck und vor allem bezüglich der Wahrnehmung von Emotionen bei anderen Personen ist noch wenig etabliert. Man geht davon aus, dass es drei expressive Emotionskanäle gibt:

► das Gesicht (Mimik)
► die Stimme
► andere Aspekte der Körpersprache (z. B. Gestik, Haltung)

In einzelnen Studien gibt es Hinweise auf eine stabile, über die Entwicklung hinweg eingeschliffene emotionale Grundmimik einzelner Personen, die dazu führen kann, dass unabhängige Beobachter den emotionalen Gesichtsausdruck von älteren Menschen in der Regel deutlich schwerer einschätzen können als den von jüngeren. Die „kristallisierte" Mimik dieser Personen überlagert das aktuelle Mienenspiel beim Erleben von Gefühlen.

Die Fähigkeit, den emotionalen Ausdruck bei anderen Personen einzuschätzen, nimmt im hohen Alter leicht ab. Es gibt hierbei allerdings einen differenziellen Effekt: Sind die Personen, bei denen der emotionale Gesichtsausdruck einzuschätzen war, ebenfalls ältere Menschen, gibt es keine Unterschiede.

Emotionsregulation. Über die Lebensspanne kommt es zu Veränderungen in den Strategien der Emotionsregulation: So neigen ältere Personen mehr zu Konfliktvermeidung, zu verstärkter emotionaler Kontrolle und zu verringerter aktiver Informationssuche bezüglich anstehender Herausforderungen oder emotionaler Belastungssituationen. Insgesamt besteht ein genereller Trend weg von instrumentellen, externalen Strategien der Emotionsregulation hin zu intrapsychisch-internalen Strategien im höheren Erwachsenenalter. Drei Aspekte können im Lauf der Entwicklung im Alter verändert werden:

▶ die Reaktivität auf emotionale Reize
▶ die Intensität emotionaler Erfahrungen
▶ der Einsatz von Selbstregulationsprozessen

Wohlbefinden im Alter. Die selbst berichtete Lebenszufriedenheit ebenso wie das subjektive Wohlbefinden zeigen sich bei den meisten Personen und über einen langen Zeitraum als relativ stabil – und dies auf hohem Niveau. Da diese Stabilität auf den ersten Blick im Widerspruch zu alterskorrelierten Leistungsveränderungen oder Verlusten steht, wird in der Literatur von einem Wohlbefindensparadox gesprochen (s. Teil II). Eine Ursache für diesen Befund ist, dass es Personen auch angesichts vieler gesundheitlicher Herausforderungen durch Prozesse der Um- oder Neubewertung oder der Kompensation durch Stärken in anderen Lebensbereichen gelingt, ein stabiles Niveau des Wohlbefindens zu erreichen. Dazu kommt, dass sich die Beurteilung des eigenen Wohlbefindens nicht ausschließlich an körperlichen Veränderungen orientiert und daher solange hoch bleiben kann, wie es gelingt, körperliche Verluste durch Heranziehung anderer Ressourcen auszugleichen.

Lebensqualität. Lebensqualität ist das Ausmaß, in dem körperliche Erkrankungen, Schmerzen und Belastungen aus subjektiver Sicht zur Beeinträchtigung von Alltagsverhalten, sozialen Aktivitäten und Wohlbefinden führen. Ryff et al. (2001) haben eine differenzierte Messung des Wohlbefindens vorgeschlagen, die sich mittlerweile etabliert hat. Sie enthält sechs Dimensionen des Wohlbefindens, die auch empirisch unterschiedliche Altersverläufe zeigen.

Tabelle 10.1 Ryffs Dimensionen positiven psychischen Funktionierens: Während „Selbstakzeptanz" und „Positive Beziehungen zu anderen" stabil bleiben, zeigen „Kontrolle über das Lebensumfeld" und „Autonomie" klare Aufwärtstrends mit zunehmendem Alter. „Lebenssinn" und „Persönliches Wachstum" schließlich zeigen deutliche Abwärtstrends

Dimension	Inhalt
Selbstakzeptanz	Positive Einstellungen zu sich haben, Einschränkungen akzeptieren
Positive Beziehungen zu anderen	Vertrauensvolle Beziehungen zu anderen pflegen
Kontrolle über das Lebensumfeld	Selbstständig den Alltag meistern und ein den Ressourcen angemessenes Lebensumfeld herstellen
Autonomie	Eigenen Überzeugungen auch gegen Widerstände folgen können
Lebenssinn	Sinn im Leben finden, Ziele haben und verfolgen
Persönliches Wachstum	Kontinuierliche Entwicklung und Verwirklichung von Talenten und Potenzialen

Zusammenfassung

Für den Bereich kognitiver Ressourcen zeigen Längsschnittdaten für das Alter durchschnittliche Leistungsveränderungen für die fünf Primärfähigkeiten der Intelligenz ab spätestens 46 Jahren und erhebliche mittlere Verringerungen nach 81 Jahren. Für Aufgaben praktischer Intelligenz oder Expertenwissen für die Lösung alltagspraktischer Probleme ist Stabilität der Leistung bis ins hohe Alter nachweisbar. Allerdings bestehen erhebliche interindividuelle Unterschiede; und schließlich sind die Verläufe durch Training beeinflussbar.

Soziale Beziehungen über die Lebensspanne sind von einem Wandel der Personen im Netzwerk und der sozialen Unterstützungsfunktion gekennzeichnet; die Funktionen des sozialen Kontextes sind dennoch eher stabil. Bei einer quantitativen Reduktion der Sozialkontakte mit zunehmendem Alter bleibt die Anzahl der als wirklich eng eingeschätzten sozialen Beziehungen bis in hohe Alter recht stabil.

Stabile Personeneigenschaften sind eine wichtige Ressource im Umgang mit Altersveränderungen. Zwar wird häufig berichtet, dass es im Alter keine oder nur sehr geringfügige Veränderungen gäbe, hier wird jedoch aufgezeigt, dass in wichtigen Bereichen ein erhebliches Veränderungspotenzial besteht.

Erst ab 85 Jahren gibt es geringe Veränderungen im Auftreten oder der Intensität negativer oder positiver Emotionen. Die Komplexität des emotionalen Empfindens und des Emotionsausdrucks nimmt zu, und die Interpretation des Emotionsausdrucks gelingt zunehmend besser – vor allem bei Personen gleichen Alters. Insgesamt zeigt sich im höheren Erwachsenenalter ein genereller Trend hin zu intrapsychisch-internalen Strategien.

Übungsaufgaben

► Welche Ressourcen bleiben mit zunehmendem Alter stabil?
► Wie können Personen bei verringerten Ressourcen im Alltag stabile Leistungen erbringen, etwa im Berufsleben oder bei der Regulation sozialer Beziehungen?
► Welche Fähigkeiten können im Alter zu den Stärken gezählt werden?
► Welche positiven und negativen Auswirkungen kann Religiosität im Alter haben und welche zukünftigen Veränderungen religiösen Copings können angesichts des demografischen Wandels erwartet werden?

Weiterführende Literatur

► Birren, J.E. & Schaie, K.W. (Eds.). (2006). Handbook of the psychology of aging (6. Aufl.). San Diego, CA: Academic Press.
► McFadden, S.H. (1999). Religion, personality, and aging: A lifespan perspective. Journal of Personality, 67, 1081–1104.

► Schaie, K.W. (2005). Developmental influences on adult intelligence: The Seattle Longitudinal Study. Oxford: University Press.
► Sperling, U. (2004). Religiosität und Spiritualität im Alter. In A. Kruse & M. Martin (Hrsg.), Enzyklopädie der Gerontologie (S. 627–642). Zürich: Huber Verlag.

11 Entwicklungspotenziale und Entwicklungsrisiken im Alter

Was Sie in diesem Kapitel erwartet

Welche Rolle spielt der frühere Lebensstil für die Erfahrung des Alterns? Kann durch die Erinnerung an frühere Erlebnisse Sinn erfahren oder sogar konstruiert werden? Warum sehen sich manche Menschen mehr, andere weniger mit sich „im Reinen"? Erlebt man im Alter eine veränderte Bedeutung von Religiosität oder Spiritualität?

Das eigene Erleben, Erinnerungen und Erfahrungen sind Bestandteile der Lebensgeschichte alter Menschen, die sich auf die jetzige Entwicklung auswirken. Das

Alter bietet Möglichkeiten zur Steigerung von Leistung, Lebensqualität und Wohlbefinden, es gibt jedoch auch eine Reihe von Risiken für die normale Entwicklung im Alter. In diesem Abschnitt werden die Anpassungs- und Entwicklungspotenziale alter Menschen skizziert und die wichtigsten Entwicklungsrisiken aufgezeigt; ferner wird Fragen nach den methodischen Zugangsweisen und den Befunden zum Alterserleben nachgegangen.

11.1 Alterserleben

Einstellungen zum Alter. Seit Langem wird der Einfluss von Stereotypen, Einstellungen, Vorurteilen, Selbstbildern und Selbstwertgefühl auf das Verhalten und Befinden erforscht. In den letzten Jahren werden dabei vermehrt automatische – implizite, nicht-intentionale, häufig unbewusste – kognitive Prozesse untersucht. Im Alter treten insbesondere Auswirkungen solcher Prozesse auf die körperliche und geistige Leistungsfähigkeit in den Vordergrund.

Aktivierung von Altersstereotypen und individuelle Leistungsfähigkeit. Experimentelle Studien, die den Zusammenhang zwischen aktivierten (impliziten oder expliziten) Altersstereotypen und der eigenen kognitiven und körperlichen Leistungsfähigkeit im Alter untersucht haben, zeigen einen starken Effekt von negativen Stereotypen auf die aktuelle Gedächtnisleistung, die Leistung bei mathematischen Aufgaben, die Selbstwirksamkeitsüberzeugung oder den Lebenswillen. Dies wird durch eine Internalisierung, also eine allmähliche Überführung von Fremd- in Selbststereotypen im Verlauf des Alterungsprozesses erklärt, die eine leistungsmindernde Wirkung negativer und eine entlastende und leistungssteigernde Wirkung positiver Stereotype erwarten lässt.

Einstellungen zum eigenen Altern. Für die Messung langfristiger Wirkungen von Selbstwahrnehmungen und -zuschreibungen wird in der Regel auf Methoden der Einstellungsforschung zurückgegriffen, auch wenn bekannt ist, dass implizite Einstellungen zum Alter(n) oft deutlich negativer sind als explizite und dass diese zudem vom Alter der Versuchspersonen unabhängig sind.

Levy (Levy et al., 2002) untersuchte den Einfluss positiver und negativer Einstellungen zum eigenen Altern auf die funktionale Gesundheit und auf das Überleben in einem Zeitraum von

20 bis 23 Jahren an einer Stichprobe von Personen im Alter von bei Untersuchungsbeginn 50 bis über 90 Jahren. Als Maß für die Einstellungen zum eigenen Altern bzw. die Selbstwahrnehmungen des Alterns wurde die *Attitudes toward own aging*-Subskala, bestehend aus fünf Items der *Philadelphia Geriatric Center Morale Scale* (PGCMS) verwendet. Sie konnte nachweisen, dass sowohl die funktionale Gesundheit als auch die Überlebensrate von den älteren Personen signifikant höher waren, wenn eine positive Wahrnehmung des eigenen Alters berichtet wurde. Dies ist umso bemerkenswerter, als dieser Effekt auch dann besteht, wenn man nur die Personen vergleicht, die zu Beginn der Studie eine genau gleiche Gesundheit aufwiesen und andere Einflussfaktoren statistisch kontrolliert wurden.

Lebensqualität als individuelles Merkmal

Definition

Unter **Lebensqualität** wird ein psychologisches Konstrukt verstanden, das die persönliche Zufriedenheit mit den körperlichen, psychischen, mentalen, sozialen und funktionalen Aspekten des Befindens und der Funktionsfähigkeit von Personen aus ihrer Sicht beschreibt. Sie ist das Ergebnis eines individuellen, multidimensionalen Bewertungsprozesses der Interaktion zwischen Person und Umwelt. Eine stabile Lebensqualität kann auch bei verschlechterten objektiven Lebensbedingungen erreicht werden – wenn es gelingt, adäquate Umbewertungsprozesse vorzunehmen.

Objektive und subjektive Lebensqualität. Lebensqualität umfasst *zwei* Dimensionen: Eine mithilfe „objektiver" Indikatoren gewonnene Einschätzung der Lebenslage sowie eine individuelle Einschätzung bzw. Interpretation dieser Lage, die Ausdruck der wahrgenommenen Lebensqualität ist. Wahrgenommene Lebensqualität wird mit einem Wohlbefinden gleichgesetzt, das emotionale, kognitive und evaluative Aspekte umfasst.

Unter den objektiven Aspekten der Lebensqualität werden die persönlichen und umgebungsbedingten, von außen beobachtbaren Ressourcen verstanden, die einer Person zugänglich sind.

Was die subjektiven Aspekte anbelangt, so kann die Lebensqualität von einer Person mit einer objektiv vorhandenen Erkrankung als hoch, von einer anderen Person mit der gleichen Erkrankung als niedrig bewertet werden. Dies wäre etwa dann der Fall, wenn die eine Person in die Bewertung auch ihr soziales Umfeld oder ihre finanzielle Situation einbezieht und in einer Gesamtwertung aufgrund erhaltener Unterstützung oder einer bestehenden kostendeckenden Versicherung zu einem sehr positiven Urteil kommt. Dagegen könnte die andere Person dazu neigen, die Sorge um eine weitere Verschlechterung ins Urteil einbeziehen und ihre Lebensqualität niedrig zu bewerten.

Dimensionen der Lebensqualität. Lebensqualität wird mittlerweile mehrdimensional verstanden. Zu den wichtigsten, unabhängigen Dimensionen gehören die körperliche, die emotional-affektive, die soziale und familiäre und die mental-kognitive Dimension.

Individualisierte Messung von Lebensqualität. Für jede Person sind ganz eigene Aspekte bei der Lebensqualitätsmessung wichtig. Das nimmt der **Quality of Life Assessment Schedule** (QUOLAS) auf, der jede Person erst danach fragt, was in den unterschiedlichen Dimensionen die Lebensqualität ausmacht, dann, in welchem dieser Bereiche Probleme vorhanden sind und schließlich, wie zufrieden sie mit dem jeweiligen Bereich sind.

Grenzen der Messung von Lebensqualität. Die Grenzen der Erfassbarkeit von Lebensqualität sind durch die Definition und die praktischen Gegebenheiten ableitbar. Angenommen, ein Heim möchte die Lebensqualität in der Einrichtung messen, um sie verbessern zu können, dann müssen wichtige Kriterien abgewogen werden:

▶ Ziel der Erhebung: Was soll eigentlich erreicht werden?
▶ Aufwand: Welche Zielgruppe soll wie häufig in welchem Umfang untersucht werden?
▶ Selektivität: Ist die untersuchte Gruppe oder Person systematisch selegiert und liefert sie dadurch überstark positive oder negative Eindrücke?
▶ Belastung: Wie belastend ist die Durchführung für Befragende und Befragte?
▶ Heterogenität der Gruppen: Sollen für einzelne Personen oder Gruppen von Personen Aussagen möglich sein?

Neben der Erklärung von Ungleichheiten in individuellen Alternsprozessen dürfte künftig die Erforschung von Lebensqualität bei Demenz an Bedeutung gewinnen. Demenzielle Erkrankungen gelten derzeit als die größte Gefahr für einen Verlust an Lebensqualität im Alter.

Sinn durch Lebensgeschichte. Berichte von Ereignissen in der Vergangenheit alter Personen können durch eine Reihe von Einflüssen verändert werden und daher selektive und verzerrte Informationen im Hinblick auf das tatsächliche Ereignis liefern. Ein wichtiger Untersuchungsgegenstand ist die Frage nach den im Laufe des Lebens veränderten Bewertungen früherer Sachverhalte. So wird im Rahmen der Biografieforschung untersucht, wie Personen zu einem bestimmten Zeitpunkt ihres Lebens ihre individuellen Erfahrungen in eine kohärente Repräsentation des Selbst integrieren. Dabei ist denkbar, dass ein bestimmtes Ereignis wie der Auszug des letzten Kindes aus dem Haushalt (*Empty-Nest*-Situation) im mittleren Alter so bewertet wird, dass man „von allen verlassen" wird, später jedoch als Ausgangspunkt für die Entwicklung neuer oder die Wiederaufnahme früherer Interessen gesehen wird.

Erinnern und Erzählen, Lebensrückblick und biografisches Nachdenken sind Schlüsselfunktionen im Prozess der produktiven Trauerarbeit, der Integration und des Neubeginns, den die Entwicklungsphase Alter fordert (Boothe, 2007). Die detaillierte Analyse lebensgeschichtlicher Interviews erlaubt genauen Aufschluss darüber, was gutes Leben für den Einzelnen ist, unabhängig von normativen Erwartungen. Die Erarbeitung und Erzählung der eigenen Biografie verschafft die Möglichkeit, sich seinen bisherigen Lebensverlauf wie auch auf die Zukunft gerichtete Überlegungen und Empfindungen zu eigen zu machen und damit Sinn zu verleihen.

Regulative Funktionen. Regulative Funktionen der Biografiearbeit (in Anlehnung an Boothe, 2007):

▶ Funktion der **sozialen Integration**: Die Mitteilung der eigenen Biografie fordert soziale und emotionale Reaktion von anderen und trägt zu einer Auseinandersetzung bei.
▶ Funktion der **psychischen Wiederherstellung**: Vergangenes kann im Sinne von Wünschbarem dargestellt und korrigiert und somit im Nachhinein in einen individuell sinnvollen Lebenszusammenhang gestellt werden.
▶ Funktion der **psychischen Neuorganisation**: Biografiekonstruktion versucht, psychische Belastungen im Nachhinein durch wiederholtes Erzählen zu integrieren, sie erhöht durch diesen gestaltenden Prozess im Nachhinein das Gefühl der Kontrolle über das eigene Leben.
▶ Funktion der **Vergegenwärtigung**: Erlebtes wird in Zusammenhang mit aktuellen Ereignissen und Beziehungen gesetzt, und Erfahrung kann im Hinblick auf die Nützlichkeit zur Interpretation der Gegenwart und zukünftiger Entwicklungen geprüft, genutzt oder auch verworfen werden.

Frühe Erlebnisse und Alterserfahrung. Die Erinnerung an Ereignisse aus der eigenen Lebensgeschichte, die jahrzehntelang zurückliegen, wird häufig als intakt erlebt, weil Ereignisse aus der Kindheit in ihrer Klarheit besser erinnert vorkommen können als vor Kurzem eingetretene Ereignisse (s. Kap. 10). Entweder gibt es in dieser Zeit viele herausragende Ereignisse oder sie sind mit emotionalen Inhalten verknüpft und dadurch besonders gut enkodiert.

Frühe traumatische Erfahrungen und Folgen im Alter. Frühere Lebensereignisse oder Belastungen können sich auf den weiteren Entwicklungsverlauf bis ins höchste Alter auswirken. Ein Beispiel dafür sind die Untersuchungen der Arbeitsgruppe von Maercker (2005), die für 4.9 Prozent der älteren Bevölkerung posttraumatische Belastungsstörungen oder deren subsyndromale Formen berichten. Ein erheblicher Teil der erlebten Traumen liegt teilweise sogar Jahrzehnte zurück. Dabei kann beobachtet werden, dass viele der Betroffenen über Jahre symptomfrei lebten, dass aber teilweise im Alter Traumen reaktiviert werden, bedingt durch alterskorrelierte Gedächtnisveränderungen.

Entwicklungspfade. Es lässt sich auch zeigen, dass psychische Erkrankungen im Alter durch belastende Ereignisse in der Kindheit und Jugend mit verursacht werden, vermutlich indem sie die Anfälligkeit für weitere Belastungen erhöhen. Dies wird als Vulnerabilitäts-Stress-Ansatz bezeichnet. Ob im Einzelfall tatsächlich Erkrankungen auftreten, hängt von einer Reihe weiterer Randbedingungen ab: Rutter (1989) hat dies im Modell der Entwicklungspfade aufgegriffen und empirisch untersucht.

11.2 Entwicklungschancen und Entwicklungsregulation im Alter

Die meisten theoretischen Konzepte zur Entwicklung im Alter fokussieren auf die Bewältigung von Belastungen, seien es antizipierte oder eingetretene Belastungen. Bedeutsam ist dabei die Tatsache, dass das Alter durch ein enormes adaptives Potenzial gekennzeichnet ist, also durch die Veränderbarkeit der Nutzung und des Managements von Fähigkeiten oder Bewertungen.

Plastizität

Grundlage für ein adaptives Potenzial im Alter ist die Veränderbarkeit von Verhalten und Erleben, die als Plastizität bezeichnet wird. Starke Belege für die Plastizität im Alter sind Untersuchungen, die zeigen, dass bei der Bearbeitung kognitiver Aufgaben alte Personen gleich gute Leistungen wie junge Personen erbringen können, die aktivierten Gehirnbereiche sich dabei jedoch unterscheiden.

Zöllig et al. (2007) haben die Prozesse untersucht, die zu einer erfolgreichen prospektiven Gedächtnisleistung bei Jugendlichen, jungen Erwachsenen und alten Personen beitragen. Ihre Ergebnisse, bei denen sie 11- bis 13-Jährige, 18- bis 25-Jährige und 64- bis 79-Jährige in der Fähigkeit zur Ausführung von Handlungsintentionen verglichen, zeigen zunächst typische Alterseffekte mit der geringeren prospektiven Leistung bei den Jugendlichen und den alten Versuchspersonen. Die genaue Analyse der Fehler zeigt jedoch, dass unterschiedliche Prozesse zu den Alterseffekten geführt haben. Während die Fehler bei den alten Personen das Ergebnis von Enkodierungs- und Abrufproblemen waren, vergaßen die Jugendlichen eher die Handlungsabsicht selbst. Auswertungen mithilfe von EEG- und Bildgebungsverfahren belegen darüber hinaus, dass unterschiedliche Hirnareale an der Leistungserbringung beteiligt waren. Damit wird beispielhaft demonstriert, wie die Erbringung gleich erfolgreicher Leistung (verglichen wurden nur die erfolgreichen Erinnerungsdurchgänge) in verschiedenen Altersgruppen durch die Beteiligung unterschiedlicher Prozesse zustande kommt.

Adoleszenz   Junges Erwachsenenalter   Alter

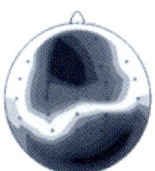  

Abbildung 11.1 Lokalisation von Hirnaktivierung mittels EEG (in Anlehnung an Zöllig et al., 2007): Die Abbildung illustriert die Aktivierungsunterschiede bei der Erbringung gleicher prospektiver Gedächtnisleistung bei Adoleszenten, jungen Erwachsenen und alten Erwachsenen, die mit Hilfe von EEG-Messungen erstellt wurden.

Lernen

Der Erwerb neuer Fähigkeiten und Fertigkeiten oder die Gewöhnung an neue Umgebungen erfordern die Fähigkeit zum Lernen. Dementsprechend sind Lernfähigkeiten im Alter ein zentraler Bereich der entwicklungspsychologischen Forschung.

Tatsächlich ist die geistige Leistungsfähigkeit in hohem Maße flexibel und plastisch – denn sie ist durch Lernen beeinflussbar. Für das Lernen gibt es keine Altersgrenze: Selbst bei längsschnittlich untersuchten 100-jährigen Personen verbessern sich einige der Personen über einen Untersuchungszeitraum von mehreren Monaten.

Unterschiede in der Lernleistung bei unterschiedlichem Material. Lerngewinne fallen bei Gedächtnisaufgaben deutlich größer aus als bei Aufgaben, bei denen das Bearbeitungstempo verbessert werden soll. Darüber hinaus kommt es darauf an, welche Lernaktivitäten wir selbst unternehmen. Dies beeinflusst direkt auch die Fähigkeit zum Lernen weiterer Inhalte. So zeigen Untersuchungen, dass mehrere Wochen eines motorischen Trainings nicht nur zu verbesserter motorischer Leistung führen, sondern diese auch in einer Umorganisation der Gehirnfunktionen gezeigt werden können. Einige Tage eines Gedächtnistrainings mit Vermittlung einer optimalen Strategie bewirken ebenfalls eine funktionale Umorganisation des Gehirns. Die Leistungsfähigkeit einer Person hängt also sehr stark mit den Tätigkeiten einer Person zusammen, für die sie Zeit aufzuwenden bereit ist.

Resilienz

Resilienz kennzeichnet die Eigenschaft und die Fähigkeit einer Person – auch im Alter – nach einem schädigenden Einfluss wie einer Erkrankung oder einem Verlust das vorherige Leistungsniveau wieder erreichen zu können. Inwiefern es sich hierbei um eine stabile Personeigenschaft handelt oder ob Lebenserfahrung oder frühere Bewältigungserfolge sich positiv auf die Resilienz im Alter auswirken, ist umstritten.

Kompensation

Hierbei werden die vorhandenen Fähigkeiten und Eigenschaften neu bewertet oder neue Verhaltensweisen und Mittel eingesetzt, um ein Ziel zu erreichen. Dies ist eine effiziente Strategie bei der Bewältigung von Fertigkeitsverlusten oder bei der Erreichung neuer Entwicklungsziele.

Die verloren gegangene Fähigkeit wird nicht wiederhergestellt, sondern ersetzt. Daher können alte Personen Leistungsverluste aufweisen, durch kompensatorische Anstrengungen jedoch gesetzte Entwicklungsziele erreichen. Dieser Ansatz ist für Forschungsfragen sehr produktiv.

Optimierung

Meist versuchen Menschen, mehrere Entwicklungsziele und Fähigkeitsbereiche gleichzeitig zu optimieren, während sich die Erforschung altersveränderter Fähigkeiten meist auf eine einzige zu untersuchende Fähigkeit konzentriert. Macht man sich bewusst, dass eine von kognitiver Minderleistung und sozialem Verlust betroffene Person beide Bereiche zu verbessern sucht, dann wird zweierlei deutlich:

- ▶ Durch individuell unterschiedliche Prioritätensetzung sind Verbesserungen voraussichtlich in einem Bereich stärker als in einem anderen, und
- ▶ die geringeren Verbesserungen von älteren Personen können sehr adaptiv sein, da eine Optimierung nur eines Bereichs insgesamt ungünstiger wäre.

Kalibrierung

Mit zunehmendem Alter sind Personen veränderten Lebensbedingungen ausgesetzt, sei es durch Veränderungen des Erlebens, der eigenen Fähigkeiten, der sozialen Rollen und sozialen Kontakte oder der finanziellen Absicherung. Zusätzlich treten völlig neue Lebensereignisse ein wie die Pensionierung oder die Großelternschaft, die neue Verhaltens- und Erlebensweisen erfordern. In solchen Situationen ist es adaptiv, verschiedene Denk- und Handlungsweisen zu erproben, um in einer neuartigen Situation zur effizientesten Handlung zu kommen. Die Suche nach geeigneten Verhaltensweisen ist hier ein Hinweis auf regulative Kompetenz im Alter, auch wenn es kurzfristig zu geringeren Leistungen bei bisherigen Verhaltensweisen kommt.

Antizipation

Eine Besonderheit des Alters ist, dass es in dieser Lebensphase lange vorhersehbare Ereignisse wie die der Pensionierung gibt. Diese Ereignisse führen bereits vorher zu neuen Verhaltens- und Denkweisen, die durch die momentane Situation nicht vorhergesagt werden. Tatsächlich ist also ein Verständnis der Erwartungen jüngerer Menschen ans Alter erforderlich, um deren zukunftsgerichtetes und planerisches Verhalten überhaupt erklären zu können. Schließlich unterstreicht dies, dass das Alter und die Vorhersehbarkeit der eigenen Langlebigkeit sich lange vor dem hohen Alter auswirken.

Lebensgestaltung

Als Lebensgestaltung im Alter kann das Gelingen der eigenständigen Herstellung von Lebenssinn verstanden werden. Anders als die Ansätze, die die Fähigkeit zur Bewältigung von Belastungen hervorheben, gilt das Konzept der Lebensgestaltung in gleicher Weise mit oder ohne belastende Ereignisse. Die vorhandenen Fähigkeiten von Personen dienen demnach unterschiedlichen Zwecken, je nachdem, ob ein Ereignis vorliegt, und die Übung von Bewertungsveränderungen oder Reflexionsfähigkeit sollte für Lebensgestaltung wie Belastungsbewältigung positive Wirkungen haben.

Kernbedingungen der Lebensgestaltung im Alter sind:

- ▶ Gestaltungsmöglichkeiten besitzen und erkennen
- ▶ Gestaltungsfähigkeiten besitzen

- ▶ Selbstreflektivität
- ▶ Handeln
- ▶ Wille, Absicht und Zielsetzung
- ▶ Entscheidungen treffen und Prioritäten setzen
- ▶ Identität
- ▶ Gelassenheit, sich behandeln lassen, abwarten können
- ▶ Genugtuung
- ▶ Verbundenheit mit anderen oder einem übergeordneten Ganzen, sozial oder spirituell

Management irreversibler Veränderungen. Als wichtige Fähigkeit im hohen Alter gilt auch, mit Problemsituationen zurechtzukommen und mit dauerhaft bestehenden Veränderungen oder Verlusten umzugehen. Die Fähigkeit zur flexiblen Zielanpassung, die im Alter häufiger eingesetzt wird, scheint dies zu ermöglichen.

Weisheit

Weisheit wird von Staudinger und Baltes (1996) als Expertenwissen in den grundlegenden Fragen des Lebens definiert. Weiser ist eine Person demnach dann, wenn sie bei der Beurteilung von Konfliktsituationen mehr Faktenwissen über die besonderen Umstände besitzt, mehr Strategiewissen über die Folgen getroffener Entscheidungen hat, mehr den Lebensspannenkontext (die individuellen Prioritäten und den Entwicklungsstand) berücksichtigt oder wertrelativ – also unter Berücksichtigung kultureller oder religiöser Kontexte – urteilt und die Ungewissheiten des Lebens besser kennt und reflektiert mit ihnen umgeht.

Weisheit und Expertenwissen. Expertenwissen in grundlegenden Lebensfragen lässt sich in Anlehnung an Staudinger und Baltes (1996) folgendermaßen differenzieren:
- ▶ Reiches Faktenwissen
- ▶ Reiches Strategiewissen
- ▶ *Lifespan*-Kontextualismus
- ▶ Relativismus
- ▶ Ungewissheiten

Einflussfaktoren hoher Weisheit. Die Einflussfaktoren lassen sich nach Staudinger und Baltes (1996) in drei Gruppen unterscheiden:
Allgemeine Faktoren:
- ▶ kognitive Mechanismen
- ▶ kulturelles Lernen
- ▶ geistige Gesundheit

Spezifische Faktoren:
- ▶ Lebenserfahrung
- ▶ Training
- ▶ motivationale Disposition

Modifizierende Faktoren:
- ▶ Alter
- ▶ Ausbildung/beruflicher Status
- ▶ geistige Gesundheit

Kernkonzepte von Weisheit. Die Motivation zur Erforschung des Weisheitskonstruktes kann darin gesehen werden, einen Bereich intellektueller Leistung zu untersuchen, in dem alte Personen aufgrund von längerer Lebenserfahrung und Vertrautheit mit entsprechenden Situationen vermutlich jungen Personen überlegen sind. Dies würde zeigen, dass intellektuelle Leistungen und ihre Erfassung im Lebensspannenkontext gesehen werden müssen und unterschiedliche Verfahren für das Alter zum Einsatz kommen sollten. Empirisch zeigt sich im Altersbereich zwischen 20 und 89 Jahren kein Alterseffekt; alte Personen scheinen jungen Personen in der Lösung von Weisheitsproblemen vergleichbar zu sein.

11.3   Entwicklungsrisiken im Alter

Altersveränderungen in der Hörleistung. Altersveränderungen in der Anatomie und Physiologie des Hörsystems beeinflussen die individuelle Hörleistung. Älteren Personen fällt es schwerer, einfache, niedrigschwellige Reize zu erkennen, geringe Frequenz- oder Intensitätsunterschiede wahrzunehmen, Hintergrundgeräusche auszublenden oder den Ort einer Geräuschquelle zu lokalisieren. Obwohl ein Teil der Hörverluste durch Hörgeräte ausgeglichen werden kann, wirkt sich die erschwerte Informationsaufnahme in sozialen Situationen oft auf den Erhalt oder Ausbau von sozialen Beziehungen oder sogar die Entwicklung der kognitiven Leistung aus. Ältere Menschen mit Hörschwierigkeiten meiden z. B. immer mehr solche Situationen, in denen sie hierdurch beeinträchtigt sind.

Altersveränderungen in der Sehleistung. Zum einen treten bei etwa der Hälfte der Über-75jährigen Sehschärfeverringerungen auf. Dazu können Veränderungen der Kontrastempfindlichkeit, Dunkeladaptation, Farbwahrnehmung, Akkommodationsleistung und des Gesichtsfelds kommen. Ein Teil dieser Sehverluste kann durch Sehhilfen ausgeglichen werden. Zusätzlich nutzen Personen z. B. beim Autofahren die Bewegungsinformation stärker oder vermeiden Fahrten bei Nacht, kompensieren also in Bezug auf ihr Ziel der Selbstständigkeit die Veränderungen in bisher genutzten Ressourcen durch Erfahrungswissen oder den Rückgriff auf andere Ressourcen.

Periphere versus zentrale Altersveränderungen. Eine der Kernfragen im Bereich der psychologischen Forschung zu Altersveränderungen in der sensorischen Leistung ist, ob es sich bei den in den verschiedenen Informationsverarbeitungstests gefundenen Unterschieden um periphere – also (ausschließlich) an den Sinnesorganen selbst zu lokalisierende – Altersveränderungen oder um solche in der zentralen Verarbeitung der aufgenommenen Informationen handelt.
Dies wird untersucht, indem man sensorische Veränderungen des Alters bei jungen Personen simuliert. Verhalten sich die jungen Personen so wie die alten, dann sind periphere Veränderungen ausschlaggebend, bleiben Unterschiede bestehen, dann sind zumindest auch zentrale Verarbeitungsprozesse beteiligt.

Psychomotorik

Psychomotorische Leistungen sind koordinierte willentliche Bewegungsabläufe, die situationsadäquat ausgeführt werden müssen. Bereits an dem Beispiel Autofahren wird deutlich, wie zentral die Ressource Psychomotorik für die Integration in die (soziale) Umwelt und Arbeitswelt ist und wie wichtig somit auch für das Entwicklungsziel des Erhaltens von Autonomie im Alter. Zu den in der psychologischen Forschung zur Psychomotorik untersuchten Bereichen gehören vor allem Reaktionszeiten und Bewegungszeiten.

Die Reaktionszeit ist die Dauer zwischen einer Reizdarbietung, beispielsweise einem Lichtsignal, und dem Beginn einer Bewegung als Reaktion darauf. Im Bereich der Forschung zu einfachen Reaktionszeiten lässt sich feststellen, dass Über-65jährige eine um etwa 25 Prozent längere Reaktionszeit aufweisen als junge Personen. In der Wahlreaktionszeit, bei der auf einen von mehreren möglichen Reizen unterschiedlich reagiert werden muss, ist möglichst schnell eine Reaktion auszuwählen. Hier werden die Reaktionszeiten bei jungen und alten Personen umso länger, je mehr unterschiedliche Reaktionen möglich sind. Es zeigt sich außerdem eine stärkere Zunahme der Reaktionszeiten mit zunehmendem Alter. Beide Altersgruppen profitieren aber in der Regel ähnlich, wenn eine Vorinformation gegeben wird.

Ein anderer Bereich der Psychomotorik, der für eine selbstständige Lebensführung im hohen Alter von entscheidender Bedeutung ist, ist das Halten des Gleichgewichts. Gleichgewichtsmessungen zeigen, dass Instabilitäten mit zunehmendem Alter häufiger sind und in einem deutlichen Zusammenhang mit dem Auftreten von Stürzen stehen. Eine langsamere Innervation oder eine verminderte Gesamtkraft der zur Stabilisierung erforderlichen Muskeln könnte für diese Effekte verantwortlich sein.

Psychische Belastungen

Von besonderer Bedeutung sind im Alter die psychischen Erscheinungen von Depressivität, von Ängsten und von Demenz mit ihren verschiedenen Erscheinungsformen, da sie sich direkt auf die Bewertung der eigenen Lebenssituation auswirken können. Aus den Daten der Berliner Altersstudie lassen sich für die Gruppe der Über-70jährigen folgende Häufigkeiten errechnen (für eine ausführlichere Darstellung der Ergebnisse und der Krankheitsbilder s. Maercker (2002):

▶ Depressionen: 9,1 Prozent, unter Einbezug subklinischer Bilder 31,1 Prozent
▶ Angststörungen: 1,9 Prozent, unter Einbezug subklinischer Bilder 10,4 Prozent
▶ Demenzen: 13,9 Prozent, unter Einbezug subklinischer Bilder 16,7 Prozent

In den Demenzen sind hier die verschiedenen Demenzformen wie die Alzheimersche Demenz, die Demenz vom vaskulären Typ und deren Mischformen zusammengefasst. Zu den subklinischen Formen der Demenzen gehören *mild cognitive impairment* (MCI), *age-associated memory impairment* (AAMI) und *age-associated cognitive decline* (AACD); eine Darstellung und Abgrenzung der einzelnen Konstrukte leisten Martin und Schelling (2005). Neben den genannten Bereichen gehören auch Schlafstörungen, somatoforme Störungen, Substanzmissbrauch, wahnhafte Störungen und Anpassungsstörungen zu den möglichen Belastungen psychischer Gesundheit im Alter.

Insgesamt sind 56 Prozent der Über-70jährigen durch Symptome psychischer Erkrankungen belastet, und es ist zurzeit unklar, inwieweit entsprechende therapeutische Maßnahmen zugänglich bzw. erfolgreich sind. Der hohe Anteil psychischer Belastungen ist dabei keine Besonderheit des hohen Alters. So weisen Ergebnisse der *Interdisziplinären Längsschnittstudie des Erwachsenenalters* (ILSE) (Martin & Martin, 2000) auf eine Zunahme depressiver Erkrankungen im jüngeren Alter und somit auf ein möglicherweise in zukünftigen Generationen alter Menschen wachsendes Belastungspotenzial hin.

Beratung und Therapie bei alten Menschen

Die Beratung von alten Menschen kann im Sinne einer Differenzierung, einer Prävention oder einer Begleitung geführt werden. Die Differenzierung dient dazu, die jeweilige Bedürfnis- oder Problemsituation von Personen im Hinblick auf verfügbare therapeutische Möglichkeiten festzustellen und möglichst rasch effiziente Behandlungsmöglichkeiten aufzuzeigen. Die Prävention ist im Sinne einer antizipatorischen Auseinandersetzung mit einer planbaren Veränderung oder einem planbaren Ereignis – wie Pensionierung oder Umzug – zu verstehen. Hier kann Beratung die Auseinandersetzung mit Aspekten der Situation fördern, die aufgrund der empirischen Befundlage als problematisch für diese Übergänge (Transitionen) gelten. Die Begleitung ist im Sinne einer zeitnahen und zeitlich begrenzten Unterstützung während einer Transition zu verstehen; sie dient zugleich der zeitlich begrenzten Entlastung und unterstützt die Problemfokussierung.

Übersicht

Wichtige Themen der Beratung im Alter

▶ Produktives Altern; Ressourcen- und Stärkenanalyse
▶ Partnerschaft im Alter
▶ Umgang mit belastenden Ereignissen
▶ Abklärung psychischer Veränderungen: Demenz, Depression
▶ Pflege, pflegende Angehörige, pflegendes Personal

▶ Umgang mit Tod und Sterben
▶ Sexualität
▶ Umgang mit chronischem Schmerz
▶ Umgang mit Erkrankungen
▶ Verlust und Trauer
▶ Vermittlung spezieller Angebote und Hilfen

Der Begriff der Psychotherapie umfasst Therapieansätze für kranke bzw. gestörte Menschen mit psychologischen Mitteln. Normalerweise ist eine Therapie indiziert, wenn danach mit Verbesserungen des Befindens und der Gesundheit zu rechnen ist. Bei der Psychotherapie mit alten Menschen können aber auch Situationen auftreten, bei denen es um die Therapie bei irreversiblen Altersprozessen geht, beispielsweise im Umgang mit demenziellen Erkrankungen (vgl. Maercker, 2002). Daher wird auch der Begriff der „klinischen Geropsychologie" verwendet, wenn es um die Alterspsychotherapie geht. Deren wichtigste Bereiche sind die Therapie von Depressionen (für einen Überblick s. Hautzinger, 2000) und Angststörungen (Wisocki, 2002) und die Betreuung von Demenzkranken.

Die psychotherapeutische Behandlung muss die altersspezifische Beeinflussung bekannter Störungsbilder berücksichtigen. Die wesentlichen Unterschiede liegen dabei in der Möglichkeit, dass eine beobachtbare Störung nicht nur auf momentane Auslöser hin betrachtet werden muss, sondern dass es sich um ein Wiederauftreten aus früheren Lebensphasen handeln kann. Alterstypisch kommen modifizierend einerseits ein höheres Maß an Multimorbidität, mehr Verlusterfahrungen, verringerte Ressourcen und eingeschränkte Restlebenszeit, andererseits eine umfangreichere Bewältigungs- und Lebenserfahrung, motivationale Veränderungen und eine angepasste Wohlbefindensregulation hinzu. Die Wirkung von Psychotherapien scheint bei Älteren geringer auszufallen als bei jüngeren Personen, allerdings kann dies gerade mit der geringen Inanspruchnahme von therapeutischen Angeboten der jetzigen Kohorten alter Personen zusammenhängen: Aufgrund von (früheren und aktuellen) Barrieren der Inanspruchnahme sind bei den alten Klienten häufiger die schwerer behandelbaren chronifizierten Störungen Behandlungsgegenstand als bei den jungen Klienten (vgl. Pinquart, 2000).

Hilfs- und Pflegebedürftigkeit

Pflegebedürftigkeit besteht, wenn eine Person ständig auf persönliche Hilfe bei regelmäßig wiederkehrenden Verrichtungen des täglichen Lebens angewiesen ist. Sie wird einerseits durch die im Kontext vorhandenen sozialen und räumlichen Ressourcen und andererseits durch die Wahrnehmung der eigenen Situation, der Qualität sozialer Beziehungen und der sozialen Aktivität beeinflusst. So zeigt sich beispielsweise, dass bei stärkerer Förderung unselbstständigen Verhaltens vermehrt Erkrankungen auftreten. Umgekehrt konnte gezeigt werden, dass bei konsistenter Belohnung selbstständigen Verhaltens eine deutliche Steigerung selbstständigen gegenüber unselbstständigen Verhaltens beobachtbar ist.

Beispiel

Daten zur Pflegebedürftigkeit

Nach der aktuellen Pflegestatistik des Statistischen Bundesamtes waren Ende 2005 in Deutschland 2,3 Mio. Menschen im Sinne des Pflegeversicherungsgesetzes pflegebedürftig; die Mehrheit (68 Prozent) waren Frauen. Die Wahrscheinlichkeit für Pflegebedürftigkeit verändert sich markant mit zunehmendem Alter: So liegt der Anteil der Pflegebedürftigen im Alter zwischen 75 und 85 bei 14 Prozent, zwischen 85 und 90 bei 36 Prozent und bei Über-90jährigen bei 60 Prozent. Zu Hause wurden mehr als zwei Drittel (1,45 Mio. Personen) gepflegt. Davon erhielten 980.000 Personen ausschließlich Pflegegeld, das heißt, sie wurden in der Regel zu Hause allein durch Angehörige gepflegt. Weitere 472.00 Pflegebedürftige lebten ebenfalls in Privathaushalten. Bei ihnen erfolgte die Pflege jedoch zum Teil oder vollständig durch ambulante Pflegedienste. 677.000 Personen wurden in Pflegeheimen betreut. Ende 2005 waren von den zu Hause Versorgten 63 Prozent Frauen. Der Frauenanteil im Heim war mit 77 Prozent deutlich größer. Die Heimbewohner waren zudem älter als die zu Hause Gepflegten: Etwa die Hälfte war 85 Jahre und älter, bei den zu Hause Gepflegten war es nur ca. ein Viertel. Mit zunehmendem Alter sind Menschen in der Regel eher pflegebedürftig. Während bei den 70- bis Unter-75jährigen nur jeder zwanzigste pflegebedürftig war, wurde für die 90- bis Unter-95jährigen die höchste Pflegequote ermittelt (61 Prozent). Auch hier sind Frauen in der Mehrheit: So beträgt zum Beispiel bei den 90- bis Unter-95jährigen Frauen die Pflegequote 66 Prozent, bei den gleichaltrigen Männern „nur" 44 Prozent.

Kruse und Schmitt (1999) konnten in einer Untersuchung von Bewohnern und Personal stationärer Einrichtungen die Bedeutung von Konflikten im Umgang mit anderen Bewohnern, mit den Kollegen, mit den Angehörigen und als Folge institutioneller Rahmenbedingungen aufzeigen. Die Untersuchung macht deutlich, dass geringere Arbeitsbelastung, Veränderungen der Arbeitsorganisation und des -klimas sowie Verbesserungen des Fortbildungs- und Supervisionsangebotes sich positiv auf die Kompetenzen und das Wohlbefinden professioneller Pflegekräfte und durch bedarfsorientierte Unterstützung der Bewohner auch auf den Umgang der Bewohner mit ihren Belastungen auswirken könnten.

Für den Erhalt oder zur Verbesserung von Fertigkeiten und Autonomie werden – auch bei dementen Menschen – verschiedene Maßnahmen eingesetzt, die auf den individuell vorhandenen Kompetenzen der Pflegebedürftigen aufbauen. Zu den bekanntesten Ansätzen, die direkt an den Kompetenzen der Bewohner ansetzen, gehört das *Realitätsorientierungstraining* (ROT), das auf lerntheoretischer Basis durch Einbindung expliziter Orientierungshilfen wie Kalendern, Markern oder Uhren in den Tagesablauf versucht, die persönliche, zeitliche und örtliche Orientierung von Pflegebedürftigen zu verbessern.

Zusammenfassung

Alterstypische Entwicklungsrisiken im Bereich des Sehens und Hörens, der Psychomotorik und der selbstständigen Lebensführung stellen erhebliche Anforderungen an das adaptive Potenzial alter Menschen. Kompensation ist durch Prävention und Früherkennung, Umweltveränderungen, Behandlung von Erkrankungen im mittleren Alter, Psychotherapie und individuelle Trainingsaktivitäten möglich.

Übungsaufgaben

▶ Welches sind die häufigsten Entwicklungsrisiken im Alter? Welcher Anteil Älterer ist davon betroffen und wie wahrscheinlich ist es, im Lauf des Lebens davon betroffen zu sein?

▶ Welche kompensatorischen und präventiven Möglichkeiten zur Verringerung von Entwicklungsrisiken sind denkbar?

▶ Sind Psychotherapien mit alten Personen möglich und wovon hängt ihre Wirksamkeit ab? Welche lebensgeschichtlichen Besonderheiten müssen bei der Therapie mit alten Personen berücksichtigt werden?

Weiterführende Literatur

▶ Levy, B.R., Slade, M.D. & Kasl, S.V. (2002). Longitudinal benefit of positive self-perceptions of aging on functional health. Journals of Gerontology: Psychological Sciences and Social Sciences, 57b, 409–417.

▶ Maercker, A. (2002). Alterspsychotherapie und klinische Gerontopsychologie. Berlin: Springer.

12 Spezielle Themen des Alters

Was Sie in diesem Kapitel erwartet

Mit flexibleren Altersgrenzen und den demografischen Veränderungen rücken die Kompetenzen und Bedürfnisse älterer Arbeitnehmender zunehmend in den Blickpunkt der Entwicklungspsychologie des Alters. Die wichtigsten dynamischen und lebensspannenbezogenen Modelle zur Förderung der Arbeitsfähigkeit älterer Arbeitnehmender werden dargestellt und anhand empirischer Daten illustriert.

Viele alterstypisch häufiger auftretende Lebensereignisse sind durch Verlusterleben gekennzeichnet. Der Umgang mit Ereignissen wie der Berufsaufgabe, Erkrankungen, Verwitwung, Sterben und Tod und die Möglichkeiten der Vorbereitung oder Begleitung werden dargestellt.

12.1 Ältere Arbeitnehmende und nachberufliche Lebensgestaltung

Arbeitswelt im Wandel. In Deutschland wird bis 2010 der Anteil der jüngeren Arbeitskräfte (im Alter von 15 bis unter 30 Jahren) deutlich abnehmen; wahrscheinlich werden erheblich mehr ältere Arbeitskräfte (50 Jahre und älter) zur Verfügung stehen und spätestens ab 2015 werden jüngere, gut qualifizierte Arbeitskräfte knapp werden.

Krankheitsrisiken im Alter. Ältere Arbeitnehmende haben ein höheres Krankheitsrisiko und ohne lebenslange berufliche Weiterqualifizierung auch ein höheres Beschäftigungsrisiko. Das Krankheitsrisiko kann durch dauerhafte Belastungen und Arbeitsanforderungen erhöht werden, wobei eine deutliche Zunahme psychischer Belastungen aus den steigenden Prävalenzzahlen psychischer Erkrankungen abgeleitet werden kann. Das kann teilweise durch Versetzungen oder Anpassungen des Arbeitsplatzes aufgefangen werden. Daher wird die Suche nach frühzeitig einsetzenden, belastungsreduzierenden Arbeitsplatzverbesserungen, einer lebensphasenorientierten Arbeitszeitgestaltung und einer vorausschauenden Laufbahngestaltung wichtiger (s. Behrend & Frerichs, 2004).

Lebenslange Bildung. Steigenden Anforderungen an Qualifikation und Flexibilität kann man gerecht werden, indem im Laufe der Arbeitsbiografie verschiedene Tätigkeiten und Aufgabenfelder genutzt werden und dadurch das vorhandene Qualifikationspotenzial erhalten wird.

Lebenslanges Lernen. Unter dem Begriff des lebenslangen Lernens werden vornehmlich Lernvorgänge im Zusammenhang mit der beruflichen Bildung verstanden. Dabei zeigt sich eine mit zunehmendem Alter geringere Beteiligung an beruflicher Weiterbildung (16 Prozent der 55- bis 64-Jährigen gegenüber 30 Prozent der 45- bis 54-Jährigen), sowie eine geringe Beteiligung an nachberuflicher Weiterbildung (ca. 10 Prozent der Über-65jährigen) (vgl. Kalbermatten, 2004).

Ziele von Bildung im Alter (nach Kalbermatten, 2004)

▶ kontinuierliche Erwachsenenbildung, z. B. Lernen des Umgangs mit Kommunikationstechniken

▶ Förderung psychischer Ressourcen zu präventiven Zwecken, z. B. Gedächtnistraining

▶ Sinngebung im Alter und Lebensplanung im Alter, z. B. Aufarbeiten der Biografie

▶ Bereitstellung von Informationen zur selbstständigen Lebensgestaltung z. B. Kochkurs für Singles

▶ Befähigung zur gesellschaftlichen Beteiligung, z. B. gesellschaftspolitische Bildung

▶ Gestaltung des sozialen Umfelds, z. B. Kurs über den Umgang mit Veränderungen im Zusammenhang mit Pensionierung oder Wohnortswechsel

Arbeitslosigkeit im Alter. Arbeitslosigkeit bringt für ältere Arbeitnehmende eine Reihe von finanziellen, psychosozialen und qualifikatorischen Folgebelastungen mit sich. Psychosoziale Folgeprobleme zeigen sich vor allem bei den „jüngeren" der älteren Arbeitslosen, namentlich den 45- bis 55-Jährigen. In der Folge von Arbeitslosigkeit erleben sich ältere Arbeitslose weniger sozial integriert und beurteilen ihren Gesundheitszustand pessimistischer als berufstätige ältere Arbeitnehmende. Erst mit der Nähe zum erstmöglichen Rentenbezugszeitpunkt sind psychosoziale Entlastungseffekte festzustellen.

Altersgemischte Zusammenarbeit. In der Diskussion zur alternsgerechten Arbeits- und Personalpolitik wird häufig empfohlen, altersgemischte Teams oder Tandems im Sinne eines Mentoring zu bilden. Dies soll

▶ eine rechtzeitige „Know-how"-Sicherung ermöglichen

▶ einer übermäßigen Polarisierung zwischen Jung und Alt entgegenwirken

▶ eine altersgerechte Aufteilung von Aufgaben innerhalb der Gruppe erleichtern

Sind aber altersheterogene Teams wirklich besser als altershomogene? Die Ergebnisse der Forschung deuten eher auf negative Effekte aufgrund von Altersheterogenität. Für Gruppen mit heterogener Altersstruktur beobachtet man in der Regel ein schlechteres Gruppenklima, oft eine höhere Fluktuationsrate (insbesondere die älteren Personen verlassen die Gruppe eher) und auch schlechtere Leistungen.

Wichtige Randbedingungen für positive Effekte altersheterogener Teamarbeit

Aufgabenkomplexität. Ein positiver Effekt von kognitiven Konflikten in Gruppen sollte sich insbesondere bei Aufgaben finden lassen, deren erfolgreiche Bearbeitung die Verfügbarkeit unterschiedlicher Perspektiven und Wissensbestände erfordert.

Team- und Kooperationsklima. Selbst bei erheblichen Unterschieden zwischen Personen innerhalb von Arbeitsgruppen ist eine leistungsfördernde Nutzung unterschiedlicher Fertigkeiten und verschiedenen Wissens innerhalb der Gruppe möglich, wenn die Gruppe altersunabhängig gemeinsame Werte und Ziele im Sinne einer übergeordneten Identität aufweist.

Wertschätzung von Heterogenität. Menschen, die der Heterogenität von Gruppen positiven Wert beimessen, reagieren mit zunehmender Gruppenverbundenheit, je mehr sie ihre Gruppe als heterogen wahrnehmen. Dabei werden die Altersunterschiede als positives Element bei der Bewältigung der Gruppenaufgaben geschätzt, und die positiven Effekte der Heterogenität dominieren.

***Age Awareness* bei Vorgesetzten.** Die Einstellungen und das Verhalten von Vorgesetzten spielen eine zentrale Rolle für die Arbeitsfähigkeit älterer Mitarbeiter, und empirische Studien zeigen, dass Vorgesetzte zur Altersdiskriminierung neigen. Die Grundidee eines Age-Awareness-Trainings besteht darin, den Vorgesetzten klar zu machen, dass derjenige, der Probleme mit dem eigenen Älterwerden hat, älteren Mitarbeitern schwerlich unbefangen gegenübertreten wird. Er bzw. sie wird ältere Mitarbeiter vor allem als Last empfinden, die es loszuwerden gilt. Dies kann aufgrund direkter (z. B. Entscheidungen zu Weiterbildungsaktivitäten) oder indirekter Prozesse (Kommunikation von negativen Erwartungen) wie einer sich selbst erfüllenden Prophezeiung wirken. Führungskräfte, die es schaffen, ältere Arbeitnehmer gesund und effektiv zu halten, nutzen hingegen die besonderen Fähigkeiten ihrer älteren Mitarbeiter (z. B. Gelassenheit, Überblick über komplexe Aufgabenstellungen, mehr Menschenkenntnis im Umgang mit Mitarbeitern). Wer bei sich selbst diese Potenziale entdeckt und gleichzeitig eingesteht, dass er zu den „Älteren" gehört (Top-Manager sind durchschnittlich 49,4 Jahre alt), wird auch bei seinen älteren Mitarbeitern mehr Stärken vermuten.

Prinzipien für die Trainingsgestaltung mit Blick auf ältere Arbeitnehmer sind:

▶ **Ausreichend Lernzeit einplanen:** Die Geschwindigkeit der Informationsverarbeitung ist mit dem Alter eher rückläufig. Im Training sollte sichergestellt werden, dass die Älteren beim Lernen nicht unter Zeitdruck geraten.

▶ **Übung und frühe Erfolge ermöglichen:** Ältere Personen sind in Trainingskontexten häufig unsicher und ängstlich. Das Training sollte daher so aufgebaut werden, dass die Älteren durch angemessene Übungsphasen frühe Erfolge erreichen können. Angst provozierende Wettbewerbssituationen sind zu vermeiden.

▶ **Vertrautheit herstellen:** Bei der Vermittlung von neuem Wissen oder neuen Fähigkeiten sollte an bereits vorhandenes Wissen angeknüpft werden.

▶ **Lerninhalte klar strukturieren und sequenzieren:** Ältere können ihre Aufmerksamkeit oft nicht gut auf verschiedene Informationen gleichzeitig verteilen. Lerninhalte sollten daher sequenziert vermittelt werden, so dass ein neues Themengebiet erst dann begonnen wird, wenn ein bereits behandeltes sinnvoll abgeschlossen wurde.

▶ **Organisation des Lernens fördern:** Im Training sollte (nebenbei) durch die Vermittlung von Lernstrategien gelehrt werden, wie man neues Wissen organisieren kann.

Nachberufliche Lebensphase. Der Übergang in den Ruhestand kann nicht als generell problematisches Lebensereignis angesehen werden. Die weitaus meisten der aus dem Erwerbsleben ausscheidenden älteren Arbeitnehmer sind mit der Situation im Ruhestand zufrieden. Allerdings können ungünstige materielle und gesundheitliche Bedingungen, eine ungünstige private/familiäre Situation, fehlende soziale Netzwerke sowie mangelnde Fähigkeiten zur Bewältigung ungewohnter Situationen den Einstieg in den Lebensabschnitt „Alter" erschweren. Je nach „Pensionierungsmodus" (Arbeitslosigkeit, Kurzarbeit, Altersteilzeit, Frühverrentung) kann zudem die Umstellungszeit unterschiedlich lang andauern und als unterschiedlich einschneidend erlebt werden. Noch fehlt es derzeit in vielen Betrieben und Verwaltungen an Erfahrungen mit einem altersbezogenen Personalmanagement. Grundvoraussetzung dafür ist eine altersgruppenübergreifende integrierte Personalpolitik. Maßnahmen, die der Förderung alternder Arbeitskräfte bzw. der Sicherung ihrer Beschäftigungsfähigkeit (*employability*) dienen, müssen dabei während der gesamten Erwerbsbiografie zum Einsatz kommen.

Maßnahmen altersübergreifender betrieblicher Personalpolitik

▶ Gefährdungs- und Belastungsanalyse
▶ Ergonomische Arbeitsplatzgestaltung
▶ Sensibilisierung Führungskräfte
▶ Biografieorientierte Arbeitszeitkonten
▶ Persönliche Bildung
▶ Weiterbildung

▶ Individuelle Arbeitsplatzgestaltung
▶ Gesundheitsförderung
▶ Zeitgutschriften
▶ Teilzeitarbeit
▶ Umschulung

12.2 Verlustereignisse

Alterstypische Ereignisse und Veränderungen

Das Alter wird häufig als eine Zeit der Verluste angesehen, und die Ereignisse des Verlustes von Partnern, Freunden, Rollen, Einkommen und Gesundheit werden oft in den Vordergrund empirischer Untersuchungen – insbesondere im Zusammenhang mit psychiatrischen Diagnosen – gestellt. Andere Arbeiten betonen dagegen, dass das Alter selbst ein normatives Ereignis ist und somit alle Personen betrifft; es muss daher einerseits nicht zwingend belastend sein, und es ist andererseits sehr gut planbar.

Altersbezogene Lebensereignisse. Saup (1991) unterscheidet eine Vielzahl altersbezogener Lebensereignisse; die folgende Auflistung benennt wichtige Ereignisse unter vier Aspekten.
Berufsbezogene Ereignisse:

▶ Persönliche Berufsaufgabe
▶ Berufsaufgabe des Partners

Veränderungen im sozialen Bereich:

▶ Partnerschaftskonflikte
▶ Empty-Nest
▶ Betreuung der Enkelkinder
▶ Neue soziale Kontakte/Freundschaften
▶ Wohnungswechsel

Freizeit:

▶ Wichtige Reisen
▶ Ehrenamtliche Tätigkeit
▶ Wichtige Geburtstage, Jubiläen
▶ Neue Freizeitaktivitäten

Gesundheitliche Ereignisse und Verluste:

▶ Eigene Erkrankung oder Erkrankung innerhalb der Familie
▶ Kuraufenthalte
▶ Hilfs-/Pflegebedürftigkeit
▶ Todesfall im engsten familiären Kreis

Die potenziell belastenden Lebensereignisse werden einerseits darauf untersucht, wie belastend sie für einzelne Personen sind und andererseits darauf, wie Personen diese Belastung bewältigen. Dabei spielen die subjektive Wahrnehmung der Situation, frühere Erfahrungen und die eingeschätzten zukünftigen Auswirkungen eine wichtige Rolle (s. Kap. 10.3). Ein wichtiger Aspekt der Bewältigung von Ereignissen ist die Erfahrung von Kohärenz, also dem Gefühl der Verstehbarkeit, Handhabbarkeit und Sinnhaftigkeit von Ereignissen im Zusammenhang mit dem eigenen Leben. Auch das bereits diskutierte Konzept der Resilienz wird in diesem Zusammenhang diskutiert. Dazu dienen vornehmlich die Bewertungs- und Interpretationsprozesse von Individuen, also die aktiv von alten Personen eingesetzten Strategien zur Integration von Ereignissen in die eigene Biografie.

Tod und Sterben

Die heutigen Sterbeszenarien haben sich gegenüber den letzten Jahrzehnten gravierend verändert. In der Schweiz sterben über 82 Prozent der Menschen im Alter von über 65 Jahren. Sterben ist dabei zunehmend Gegenstand ethischer Entscheidungen und selbstverantwortlicher Gestaltungsmöglichkeiten. 90 Prozent der Bevölkerung wünschen sich, zu Hause zu sterben. Entgegen dem eigenen Wunsch sterben jedoch 70 bis 80 Prozent der Menschen in Kliniken oder Einrichtungen der Altershilfe. Dem Wunsch entsprechend versuchen Einrichtungen der palliativen Pflege und Medizin, beispielsweise in Hospizeinrichtungen (vgl. hierzu Wilkening & Kunz, 2003) kranke Menschen in ihrer letzten Lebensphase mit ihren Bedürfnissen und Wünschen, Ängsten und Hoffnungen ins Zentrum aller Bemühungen zu stellen. Es werden neben körperlichen Belangen in einem interdisziplinären Ansatz psychische, soziale, religiöse und spirituelle Aspekte berücksichtigt, wobei die lebensbejahende Grundhaltung Formen der aktiven Sterbehilfe und Suizidbeihilfe ausschließt (vgl. Wilkening & Martin, 2003).

Eine besondere Belastung stellt die Prognose des tödlichen Ausgangs einer akuten Erkrankung dar. Hier geschieht die Bewertung und Auseinandersetzung nicht im Hinblick auf die Überwindung oder Heilung, sondern im Hinblick auf das eigene, vorhersehbare Lebensende. Kann auch angesichts des bevorstehenden Todes von Lebensqualität gesprochen werden? Wilkening (2007) weist darauf hin, dass im Sterben oft eine Verschiebung des Anpassungsniveaus im Hinblick auf die Lebensqualität besteht und dass häufig der subjektive Gesundheitszustand sterbender alter Menschen von ihnen selbst höher beurteilt wird als vom professionellen oder familiären Umfeld.

Die psychologischen Theorieansätze für die Erklärung der Auseinandersetzung mit dem eigenen Tod sind dadurch gekennzeichnet, dass der Prozess der Auseinandersetzung mit dem Sterben sich in einem Rahmen vollzieht, der auch angesichts von Verlusten Entwicklungsmöglichkeiten bietet, die unter Kontrolle der sterbenden Person stehen. Aus psychologischer Sicht wäre demnach das Sterben wesentlich dadurch bestimmt, dass man sich mit ihm auseinandersetzt und aktiv versucht, positive Gegengewichte, etwa im Sinne der erlebten Kontrolle oder der Auswahl der sozialen Interaktionspartner zu setzen und für die letztlich nicht kontrollierbaren Aspekte Einbettungen in sinnhafte Zusammenhänge zu finden.

Alter und Suizid. Die Suizidversuche und die erfolgreichen Suizide weisen im Alter charakteristische Unterschiede zu anderen Altersgruppen auf. Zwischen 70 und 80 Jahren nimmt die Suizidrate pro 100.000 Einwohner von etwa 43 bei den Männern und 20 bei den Frauen bis auf etwa 85 bei den Männern und 25 bei den Frauen deutlich zu. Dabei handelt es sich in den wenigsten Fällen um sogenannte Bilanzsuizide oder einen Freitod, es ist wahrscheinlicher, dass Suizide im Alter meist in einer bedrängten Lage ausgeführt werden – etwa bei unbehandelter psychischer oder langer chronischer Erkrankung. Als Risikofaktoren gelten Angst vor der Abhängigkeit fremder Hilfe, Gefährdungen der Geschlechtsidentität bei sexuellen Problemen und der Verlust von Einfluss und Selbstwertgefühl. Als Schutzfaktoren zeigen sich Einstellungen gegenüber dem Sterben und dem Suizid, emotionale Ausgeglichenheit sowie die Erfahrung, in der Lebensgeschichte Belastungen überwunden zu haben.

Verwitwung. Mit zunehmendem Alter werden die gemeinsamen Lebenszeiten älterer Paare immer länger, und Partner unterstützen sich häufig gegenseitig bei der Bewältigung von Alltagsproblemen und Belastungen (Martin & Wight, 2008). Bei erheblichen Belastungen eines Partners hängt auch das eigene Wohlbefinden zunehmend stärker vom Wohlbefinden des Partners ab, etwa so, dass es einem an einem Tag besonders gut geht, an dem der erkrankte Partner den Eindruck macht, sich wohl zu fühlen. Eine besonders kritische Belastung im Alter ist daher der Tod der Partnerin oder des Partners: Dies ist als Verlustereignis eine Belastung, gleichzeitig fällt die wichtigste Quelle der Unterstützung, eben die Partnerschaft, genau in diesem Moment weg.

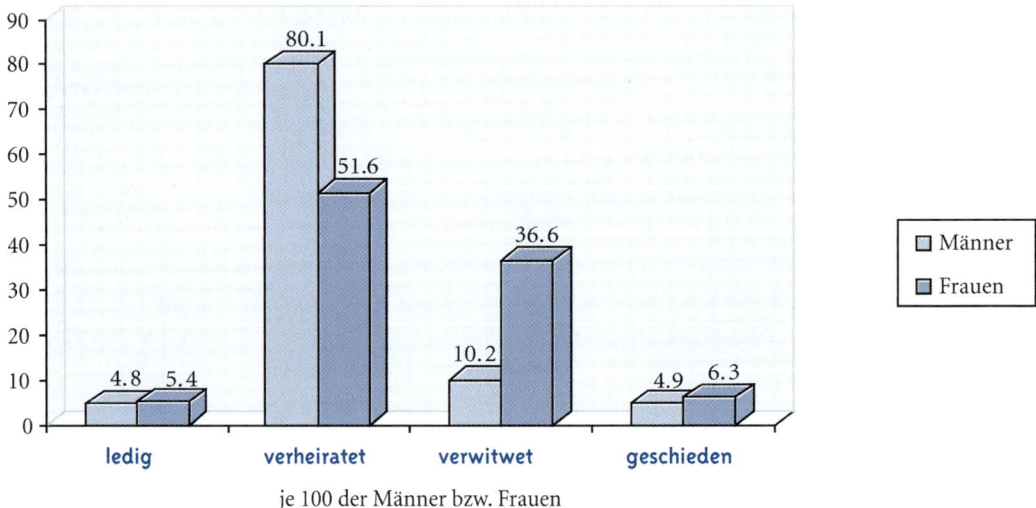

je 100 der Männer bzw. Frauen

Abbildung 12.1 Familienstandsstruktur der 60-jährigen und älteren Frauen und Männer in Deutschland 2004 (Datenquelle: Statistisches Bundesamt, Mikrozensus 2004). Signifikante Unterschiede nach der Geschlechtszugehörigkeit bestehen für die 60- und Über-60-Jährigen nur hinsichtlich ihrer Anteile an den Verheirateten (Männerüberschuss) und den Verwitweten (Frauenüberschuss).

Zusammenfassung. Jede Altersphase ist durch besondere Entwicklungsaufgaben und Lebenssituationen charakterisiert. Die Situation älterer Arbeitnehmer unterliegt dabei einem starken Wandel, da sich durch die demografischen Veränderungen der Stellenwert dieser Gruppe stark verändert und das berufliche Umfeld sich zunehmend besser auf diese neue Situation einstellt. Grundlegend für den weiteren Wandel ist die sachliche Auseinandersetzung mit den Fragen der individuellen und teambezogenen Stärken und Lernbedürfnisse älterer Arbeitnehmer.
Auch soziale Beziehungen im Alter unterliegen einem starken Wandel. So nimmt die Partnerschaftsdauer von Verheirateten immer mehr zu, und immer mehr ist die Auseinandersetzung mit den Entwicklungsaufgaben des Alters eine gemeinschaftliche Aufgabe. Besondere Gefahren für die Entwicklung im Alter bestehen daher bei Belastungen der Partnerschaft durch Krankheit oder Tod.

Tod und Sterben sind durch die demografischen Veränderungen zunehmend ein Phänomen des Alters und hohen Alters. Diese Lebensphase ist gestaltbar, und präventive Anstrengungen etwa bei der Behandlung psychischer Erkrankungen können zudem die Suizidhäufigkeit im Alter vermindern.

Übungsaufgaben

▶ Welches sind die besonderen Stärken älterer Arbeitnehmer? Wovon hängt die Nutzung dieser Stärken in einem Betrieb ab? Wovon hängt es ab, ob altersgemischte Arbeitsteams gute Leistungen erbringen?

▶ Welche Belastungen kommen im Alter häufiger vor als in anderen Altersgruppen? Wovon hängt der Grad der Belastung und die Konsequenzen für die weitere Entwicklung ab?

▶ Warum sind insbesondere Verluste nahestehender Personen für die Entwicklung im Alter bedeutsam?

▶ Welche Faktoren sind für die Gestaltung des Sterbens wichtig?

▶ Wie häufig sind Suizide im Alter und wodurch könnte die Zahl der Suizide im Alter vermindert werden?

Weiterführende Literatur

▶ Lawton, M.P. (2001). Quality of life at the end of life. In K.W. Schaie & J.E. Birren (Eds.), Handbook of the psychology of aging (5th Edition; pp. 592–616). San Diego, CA: Academic Press.

▶ Roth, C., Wegge, J., Schmidt, K.-H. (2007). Konsequenzen des demographischen Wandels für das Management von Humanressourcen. Zeitschrift für Personalpsychologie, 6 (3), 99–116.

▶ Wilkening, K. (2007). Spirituelle Dimensionen und Begegnungsebenen mit Tod und Sterben im Alter. In R. Kunz (Hrsg.), Religiöse Begleitung im Alter (S. 121–142). Zürich: TVZ.

Anleitung zur Nutzung des Internet-Supports

Zu diesem Workbook gibt es auf der Homepage von Beltz einen Internet-Support mit verschiedenen Elementen. Wie gelangt man zu diesem Support? Nun, das ist ganz einfach: Alle Elemente können Sie im Internet sehen und als pdf-Dateien downloaden, und zwar unter www.beltz.de, auf der Seite des jeweiligen Buchs (auffindbar auch über die ISBN im Suche-Feld).

Der Internet-Support zu diesem Workbook beinhaltet folgende Elemente:

▶ Übungsaufgaben: Hier finden Sie zu allen Kapiteln ausgewählte Fragen zur Selbstüberprüfung.

▶ Zusammenfassungen: Die Zusammenfassungen aller Kapitel können Sie auch ausdrucken.

▶ Definitionen: Zu den wichtigsten Termini der zeitgemäßen Entwicklungspsychologie finden Sie hier Definitionen.

Insgesamt bietet der Internet-Support detaillierte Informationen und ist als praktische Lernhilfe konzipiert, um geeignete psychologische, diagnostische und therapeutische Verfahren anzuwenden.

Achtung beim Ausdrucken. Bitte geben Sie im Druckmenü die jeweils gewünschten Seiten an. Andernfalls würde das gesamte Dokument gedruckt.

Glossar

A-nicht-B-Fehler. Die Tendenz des Babys, dorthin zu greifen, wo es ein Objekt zuvor gefunden hatte, und nicht dorthin, wo es zuletzt versteckt wurde. Nach Piaget charakteristisch für eine Vorstufe auf dem Weg zum Erwerb der Objektpermanenz.

Äquilibration. Der Prozess, durch den Menschen Assimilation und Akkomodation ausbalancieren, um stabiles Verstehen zu erreichen.

Ältere Arbeitnehmende. Erwerbsfähige Personen in der zweiten Hälfte der Berufslaufbahn, meist verwendet für 50+-jährige Personen.

Akkomodation. Der Prozess, durch den Menschen vorhandene Wissensstrukturen angesichts neuer Erfahrungen verändern. Eine der beiden Komponenten der Adaptation in Piagets Theorie der kognitiven Entwicklung.

Akkommodation sensu Brandtstädter. Flexible Zielanpassung: Anpassung der Ziele an gegebene Umstände durch das Aufgeben blockierter Ziele, die Anpassung des Aspirationsniveaus und das Abwerten von nicht erreichbaren Zielen.

Aktivitäts-Theorie. Gegenposition zur „Disengagement"-Theorie, die postuliert, dass die Aufrechterhaltung von sozialen Rollen und Kontakten sowie Aktivitäten zentral für das erfolgreiche Altern seien.

Animismus. Die Annahme, dass unbelebte Gegenstände Charakteristika aufweisen, die Lebewesen eigen sind, wie Gedanken, Wünsche, Gefühle und Ziele.

Anpassung (Adaptation). Positiv verstandener Begriff, der den Vorgang der Integration von neuen Erfahrungen und Lebenssituationen in einen sinnvollen Lebenszusammenhang bezeichnet.

Assimilation. Der Prozess, durch den Menschen eingehende Information in eine Form überführen, die sie an bestehende Wissensstrukturen anpassen und somit verstehen können. Eine der beiden Komponenten der Adaptation in Piagets Theorie.

Assimilation sensu Brandtstädter. Hartnäckige Zielverfolgung: Anpassung der Umstände an die eigenen Ziele durch problemorientiertes, instrumentelles Handeln.

Bereichsspezifische Entwicklung. Ein Prozess, der in seiner Charakteristik begrenzt ist auf einen spezifischen Inhaltsbereich (auch *Domäne* genannt), z. B. auf den Erwerb von Wissen über die belebte Welt.

Bindung (*attachment*). Eine über Raum und Zeit bestehende emotionale Beziehung zu einer bestimmten Person. Meistens ist die Bindung zwischen Kind und der primären Bezugsperson – das ist meist die Mutter – gemeint.

Bindungstheorie (*attachment theory*). Eine auf John Bowlbys Arbeiten zurückgehende Theorie, nach der Kinder aufgrund einer biologischen Veranlagung eine Bindung zur primären Bezugsperson entwickeln, um die eigenen Überlebenschancen zu erhöhen.

Common cause-Hypothese. Annahme, dass im hohen Alter eine einzige Ursache zur Erklärung einer Vielzahl von Veränderungen der Leistungsfähigkeit genügt.

Core knowledge. Wahrscheinlich angeborenes Wissen in umgrenzten Bereichen, die im Verlauf der Evolution von Bedeutung waren, sowie kognitive Fertigkeiten, mittels derer Kinder die sie umgebende Umwelt (Raum, Zeit, Objekte, Bewegung) begreifen.

Dedifferenzierung. Vorstellung des Vorgangs, dass einzelne Fähigkeiten und Eigenschaften sich im hohen Alter zunehmend ähnlicher, also undifferenzierter, entwickeln.

Demenz. Fortschreitende Erkrankung des Gehirns, die fast nur im Alter auftritt und mit typischen Verlusten an kognitiver Leistung einhergeht. Unter dem Begriff werden teilweise sehr unterschiedliche Symptomkonstellationen und Entwicklungsverläufe zusammengefasst.

Disengagement-Theorie. Historisch wichtige Theorie, die davon ausging, dass mit zunehmendem Alter die „psychische Energie" in Vorbereitung auf den eigenen Tod abnimmt und sich eine Wendung von der Gesellschaft und sozialen Beziehungen weg nach Innen vollziehe.

Display rules. Die informellen Normen und Erwartungen einer Gesellschaft darüber, welche Emotionen man wann zeigen und welche man wann nicht zeigen oder durch den Ausdruck anderer Emotionen überlagern sollte.

Egozentrismus. Die Tendenz, die Welt ausschließlich aus der eigenen Perspektive wahrzunehmen.

Emerging Adulthood. Historisch relativ neue Phase des beginnenden Erwachsenenalters zwischen 18 und 28 Jahren bzw. vom Schulabschluss bis vor die definitive Berufs- und Partnerwahl, die durch die eigentlich für das Jugendalter typische Exploration gekennzeichnet ist.

Emotionsregulation. Der Prozess der Initiierung, Hemmung oder Modulierung interner Gefühlszustände im Dienste des Erreichens von Zielen.

Enkodierung. Die Bildung einer internen Repräsentation von Information, die Aufmerksamkeit erregt hat oder für wichtig erachtet wurde, im Gedächtnis.

Entwicklungsaufgabe. Altersspezifische Anforderungen wie Berufswahl oder Lebensgestaltung nach der Pensionierung, deren erfolgreiche Bewältigung zu Zufriedenheit und zu Erfolg bei späteren Aufgaben führt, während Misserfolg zur Unzufriedenheit des Individuums, der Missbilligung der Gesellschaft und Schwierigkeiten mit späteren Aufgaben führt.

Erfolgreiches Alter. Kann objektiv durch das Ausmaß an Gesundheit, Leistungsfähigkeit und Langlebigkeit und subjektiv durch das Ausmaß an Autonomie und Lebenszufriedenheit bestimmt werden.

Erwartungsverletzungsmethode. Ein Verfahren zur Untersuchung des kindlichen Denkens. Dabei wird Kindern ein Ereignis gezeigt, das Überraschung oder Interesse auslösen sollte, falls es gegen eine Annahme oder ein Konzept des Kindes verstößt.

Essentialismus. Die Ansicht, dass lebende Individuen im ihrem Innern ein Wesen besitzen, das sie zu dem macht, was sie sind.

Ethologie. Die Erforschung der evolutionären Grundlagen des Verhaltens.

Exploration. Phase des Suchens und Testens von alternativen Interessen, Zielen, Werten und Lebensentwürfen, die für die Identitätsbildung zentral ist.

Formal-operationale Stufe. Die Phase (12 Jahre und älter) in Piagets Theorie, in der Menschen die Fähigkeit erwerben, über Abstraktionen und hypothetische Situationen nachzudenken.

Fremde Situation (*strange situation*). Eine von Mary Ainsworth entwickelte Labormethode zur Ermittlung der Bindungsqualität eines Kindes zu seiner primären Bezugsperson, bei der in einer strukturierten Sequenz von Episoden die kindlichen Reaktionen in An- und Abwesenheit der primären Bezugsperson und einer fremden Person beobachtet werden.

Generativität. Sorgetragen für das Wohlbefinden jüngerer oder künftiger Generationen durch die Weitergabe von Wissen oder das Schaffen guter Lebensbedingungen für nachfolgende Generationen. Generativität ist eine wichtige Entwicklungsaufgabe im mittleren Erwachsenenalter.

Genetische Epistemologie. Jean Piagets Begriff für seine Art der Untersuchung des kindlichen Wissens und seiner Veränderung im Verlauf der Entwicklung; eine Variante der Erkenntnistheorie, mit der er die Frage nach der Möglichkeit menschlicher Erkenntnis („Was können wir wissen?") empirisch zu beantworten versuchte.

Habituationsmethode. Ein Untersuchungsverfahren der Säuglingsforschung. Dem Baby wird wiederholt derselbe Reiz präsentiert, bis es sich an ihn gewöhnt (habituiert), was aus der Abnahme der Aufmerksamkeitsreaktion geschlossen wird.

Holophrase. Ein-Wort-Äußerung, die die Bedeutung eines ganzen Satzes trägt.

Identität. Wahrnehmung des Gleichseins der eigenen Person über die Zeit und über Situationen hinweg. Identität wird durch die Konstanz des „Selbst als wahrnehmendes Subjekt" vermittelt, auch wenn das „Selbst als Objekt der Wahrnehmung" sich verändert. Identitätsfindung im Sinne der Definition der eigenen Person mit Hilfe von Interessen, Zielen und Werten gilt als die zentrale Entwicklungsaufgabe des Jugendalters.

Immunisierung. Prozesse, die der Aufrechterhaltung der Selbstdefinition angesichts von Veränderungen dienen. Hierzu gehören kognitive Verzerrungen, die eine Wahrnehmung der bestehenden Selbstdefinition und der Realität verhindern.

Inhibition. Kognitiver Prozess der Unterdrückung der Verarbeitung von Informationen im Kontext der kognitiven Entwicklungsforschung.

Intuitive Physik. Gesamtheit des nicht auf formale Belehrung zurückgehenden Alltagswissens über die physikalische Welt, wobei die intuitive Physik in verschiedener Hinsicht systematisch von der Schulpsychologie abweicht.

Kategoriale Wahrnehmung. Die Fähigkeit, Unterschiede in sprachlichen Lauten so wahrzunehmen, dass sie relativ wenigen, abgrenzbaren Kategorien zugehören.

Kognitive Algebra. Umschreibt das Phänomen, nach dem die interne Verknüpfung von Informationen nach einfachen mathematischen Operationen wie der Addition oder der Multiplikation verläuft.

Kohorte. In der Entwicklungspsychologie eine Gruppe von Personen, die im selben Zeitraum geboren sind, z. B. innerhalb eines Jahres, und damit das gleiche Alter haben.

Kompensation. Erreichen der gleichen Leistung durch die Nutzung unterschiedlicher Verarbeitungsprozesse, Handlungen oder Hilfsmittel. Kompensation beschreibt Prozesse der Aufrechterhaltung des Funktions- oder Leistungsniveaus angesichts von Verlusten oder Einschränkungen.

Konkret-operationale Stufe. Die Phase (7 bis 12 Jahre) in Piagets Theorie, in der die Kinder fähig werden, über konkrete Objekte und Ereignisse logisch nachzudenken und mentale Operationen zu vollziehen.

Kontextualismus. Zentrale Annahme der Lebensspannenpsychologie, dass Entwicklung immer in einem historischen, kulturellen und sozialen Umfeld (Kontext) stattfindet, das für Entwicklungsprozesse konstituierend ist.

Kontinuität. Stetige, in eine Richtung fortschreitende Veränderung über die Zeit, die keine Brüche oder abrupten sprunghaften Entwicklungsverläufe aufweist.

Kontrolle. Die wahrgenommene oder tatsächliche Möglichkeit, Ereignisse zu beeinflussen. Im Rahmen des Modells von Heckhausen und Schulz wird zwischen primärer Kontrolle als der direkten Einflussnahme auf die Umwelt und sekundärer Kontrolle als der kognitiven Umbewertung von Situationen unterschieden.

Längsschnittmethode. Ein Verfahren, bei dem dieselben Personen wiederholt untersucht werden, meistens über längere Zeiträume. Im Gegensatz zur Querschnittmethode geeignet zur Ermittlung individueller Entwicklungsverläufe.

Lebenserwartung. Statistischer Wert, der für ein bestimmtes Alter und eine definierte Personengruppe angibt, wie viele Jahre im Mittel an Restlebenszeit zu erwarten sind. Die tatsächliche Lebenszeit einer einzelnen Person kann davon sehr stark abweichen.

Lebensspanne. Bezeichnet den Zeitraum von der Konzeption bis zum Tod eines Menschen. Der Begriff bezeichnet die Vorstellung, dass einzelne Lebensphasen nicht getrennt, sondern immer nur im Zusammenhang mit vorhergehenden und folgenden Lebensphasen verstanden werden können.

Lebensstilfaktoren. Lang anhaltende und wiederholte Verhaltensweisen, typischerweise im Zusammenhang mit Gesundheitsverhalten wie sportlicher Aktivität, Bildung oder Wahrnehmung von Vorsorgeuntersuchungen.

Looming. Verfahren zur Untersuchung der Tiefenwahrnehmung bei Säuglingen. Ein visueller Reiz wird schnell expandiert, wodurch der Eindruck entstehen kann, dass er sich auf das Kind zubewegt.

Midlife-Crisis. Die vermeintlich im mittleren Erwachsenenalter insbesondere bei Männern auftretende Lebenskrise, in der die eigenen Leistungen und Lebensziele sowohl in Bezug auf das in der Vergangenheit Erreichte als auch auf das in der noch verbleibenden Lebenszeit zu Erreichende in Frage gestellt werden. Empirisch ist eine solche Krise nicht nachweisbar.

Morbidität. Erkrankungen beziehungsweise die Anfälligkeit für Erkrankungen. Multimorbidität bezeichnet das Vorliegen mehrerer Erkrankungen.

Motive. Situationsübergreifende, überdauernde Beweggründe oder Dispositionen, bestimmte Zustände herbeizuführen oder zu vermeiden. Motive können implizit (nicht-bewusst) oder explizit (bewusst) sein. Grundlegende Motive werden sehr früh in der Entwicklung angelegt (vorsprachliche Entwicklung) und verändern sich dann kaum noch.

Multidimensionalität. Bezeichnet die Vorstellung, dass zur Beschreibung und Erklärung von lebenslanger Entwicklung unterschiedliche Fähigkeiten und Eigenschaften von Personen (= Dimensionen) herangezogen werden müssen.

Multidirektionalität. Bezeichnet die Vorstellung, dass die Entwicklung von Eigenschaften einer Person nicht gleichgerichtet stattfinden muss, sondern in jeder Lebensphase Zu- und Abnahmen und Stabilität von Leistungen möglich sind.

Nativismus-Empirismus. Nach dem Nativismus sind die Voraussetzungen der Wahrnehmung und des Denkens angeboren. Der Empirismus vertritt die gegensätzliche Ansicht, dass die Erfahrung die einzige Quelle des Wissens ist.

Objektpermanenz. Das Wissen darüber, dass Objekte auch dann weiter existieren, wenn sie sich außerhalb des Wahrnehmungsfeldes befinden.

Optimierung. Erwerb, Verfeinerung und Einsatz von Mitteln zum Erreichen von Zielen. Optimierung beschreibt Prozesse, die mit der Steigerung des Funktions- und Leistungsniveaus einhergehen.

Phoneme. Die kleinsten lautlichen Einheiten einer Sprache, deren Veränderungen mit Bedeutungsunterschieden einhergehen.

Phonologische Entwicklung. Der Erwerb (impliziten) Wissens über das Lautsystem einer Sprache.

Plastizität. Bezeichnet hier die Veränderbarkeit von Hirnstrukturen (= strukturelle Plastizität), ihrer Nutzung (= funktionale Plastizität) und des Erlebens und Verhaltens (= Verhaltens-Plastizität), etwa durch Training von Fähigkeiten.

Posturale Entwicklung. Die zunehmende Fähigkeit des Babys, die Bewegung seiner Körperteile unter willkürliche Kontrolle zu bringen, insbesondere Kopf und Rumpf.

Präferenzmethode (*preferential looking paradigm*). Methode zur Untersuchung der Wahrnehmungsentwicklung im vorsprachlichen Alter. Gleichzeitige Präsentation zweier unterschiedlicher Reize und Registrierung der Blickzeiten zu jedem Reiz. Durch deren Vergleich kann darauf geschlossen werden, welcher Reiz bevorzugt wurde.

Prägung. Ein biologischer Prozess, bei dem während eines in der Regel kurzen, genetisch festgelegten Zeitabschnitts (sensible Phase) Reize aus der Umwelt dauerhaft und irreversibel ins Verhaltensrepertoire aufgenommen werden.

Präoperationale Stufe. Die Phase (1½ bis 7 Jahre) in Piagets Theorie, in der Kinder zunehmend symbolische Repräsentationen ausbilden, ihr Denken aber noch von Animismus, Egozentrismus und Zentrierung geprägt ist.

Pragmatik. In der Psycholinguistik die Bezeichnung für den Gebrauch der Sprache im sozialen Kontext und in unterschiedlichen Situationen.

Psychosoziale Krise. Nach Eriksons Modell ist Entwicklung durch die Lösung einer fortschreitenden Sequenz psychosozialer Krisen gekennzeichnet, die sich jeweils durch die Auseinandersetzung mit zwei dialektisch aufeinander bezogenen, entgegengesetzten Polen ergibt (z. B. Integrität vs. Verzweiflung). Die Lösung umfasst die Integration beider Pole auf einer höheren Ebene der Synthese (z. B. Weisheit).

Querschnittmethode. Ein Verfahren, bei dem Gruppen von Personen verschiedenen Alters zur gleichen Zeit untersucht und bezüglich eines bestimmten Verhaltens oder eines bestimmten Merkmals miteinander verglichen werden.

Reflex. Angeborenes Verhaltensmuster als festgelegte Antwort auf eine spezifische Stimulation.

Rekapitulationstheorie. Eine in der Folge der Evolutionstheorie entstandene Annahme, später von Stanley Hall für die Entwicklungspsychologie übernommen, wonach die Entwicklung des menschlichen Individuums die Entwicklung der Spezies wiederholt.

Ressourcen. Die Eigenschaften, Fähigkeiten und Mittel, die einer Person zur Verfügung stehen oder prinzipiell genutzt werden können, um Entwicklungsanforderungen zu bewältigen.

Sandwich-Generation. Bezeichnet die Phase im mittleren Erwachsenenalter, während der man sich sowohl um seine heranwachsenden Kinder als auch um seine älter werdenden Eltern kümmern muss. Obwohl diese doppelte familiäre Anforderungssituation von einigen als stressvoll erlebt wird, meistern sie die meisten Erwachsenen gut.

Selbstdefinition. Teilmenge des selbstbezogenen Wissens, das biografisch bedeutsam ist, Kontinuität besitzt und einen von anderen Personen unterscheidet.

Selektion. Fokussierung von Ressourcen durch das Entwickeln, Setzen und Festlegen auf eine Teilmenge der einer Person möglichen Ziele. Selektion ist ein zentraler Prozess der Richtungsgebung für Entwicklung.

Sequenzmethode, auch: Kohortensequenzmethode. Eine Kombination aus Quer- und Längsschnittverfahren, ermöglicht den Vergleich von Personengruppen gleichen Alters aus verschiedenen Kohorten und damit die Abschätzung von Kohorten- und Testzeiteffekten.

„Social Clock"-Theorie. Nach Neugarten zeigen soziale Normen und Erwartungen an, ob eine Person in Bezug auf ihre Entwicklung „on-time" (d. h. pünktlich) oder „off-time" (d. h. zu früh oder zu spät) ist. Damit bieten soziale Normen und Erwartungen einen zeitlichen Orientierungsrahmen für die eigene Entwicklung.

Social referencing. Das kindliche Verwenden von Hinweisreizen aus dem Ausdrucksverhalten anderer (oft der Eltern) zur Regulation des eigenen Verhaltens, insbesondere hinsichtlich der Einschätzung der Gefahr uneindeutiger Situationen.

Speed-Hypothese. Annahme, dass Veränderungen in der Geschwindigkeit der Informationsverarbeitung sich als höhere geistige Leistungen auswirken, da eine schnellere Verarbeitung vorhandene Gedächtniskapazitäten besser nutzt und Interferenzen bei der Aufgabenbearbeitung verringert.

Stabilität. Unveränderbarkeit eines bestimmten psychologischen Merkmals über die Zeit und über Situationen hinweg. Entwicklungspsychologisch kann es theoretisch ebenso bedeutsam sein, die Stabilität eines Merkmals zu erklären wie dessen systematische Veränderung über die Zeit.

Synapse. Verbindung zwischen Neuronen, über die die Kommunikation von einer Nervenzelle auf die andere erfolgt.

Syntax. Die Regeln einer Sprache, die bestimmen, wie Wörter zu größeren funktionellen Einheiten (wie Phrasen und Sätzen) kombiniert werden können.

Theory of mind. Das kindliche Verständnis davon, wie der Verstand funktioniert und wie er das Verhalten beeinflusst.

Trennungsangst. Bei Kindern am Ende des ersten Lebensjahrs und im zweiten Jahr aufkommendes Gefühl des Unbehagens, oft von extremen Gefühlsausbrüchen begleitet, wenn sie von der primären Bezugsperson getrennt werden (oder eine Trennung befürchten). Ein Indikator für eine starke Bindung zu der Bezugsperson.

Überextension (Überdehnung). Die Verwendung eines Wortes in einem zu weiten, bedeutungsunangemessenen Kontext (z. B. über die bezeichnete Kategorie hinaus).

Überregulationen (Übergeneralisierungen). Kindliche Fehler in der Sprachproduktion, bei denen unregelmäßige Formen (z. B. bei Verben) so gebildet werden, als wären sie regelmäßig.

Universalgrammatik. Abstrakte, für die sprechende und wahrnehmende Person unbewusste grammatische Regeln, die allen Sprachen gemeinsam sind.

Universelle Entwicklung. Gesetzmäßigkeiten oder Charakteristika von Entwicklungsverläufen, die in allen Kulturen der Welt gleich sind.

Work-Life Balance. Ausgewogenes Verhältnis der beiden im jungen und mittleren Erwachsenenalter zentralen Lebensbereiche Beruf und Familie. Aufgrund der hohen Anforderungen in beiden Bereichen und der limitierten Ressourcen wie Zeit und Energie werden die beiden Lebensbereiche häufig als konfligierend erlebt. Neuere Forschung befasst sich zunehmend auch mit möglichen positiven Auswirkungen des Engagements in beiden Lebensbereichen.

Zentrierung. Nach Piaget die kindliche Tendenz, sich in einer Situation auf einen Aspekt zu konzentrieren und andere wichtige Aspekte zu ignorieren.

Ziele. Überdauernde, kognitive Repräsentationen von erwünschten, zu erreichenden Zuständen (Annäherungsziele) oder unerwünschten, zu vermeidenden Zuständen (Vermeidungsziele) sowie den notwendigen (Handlungs-)Mitteln. Ziele entwickeln sich vor allem im Jugendalter und verändern sich in Abhängigkeit von den jeweiligen altersbezogenen und Umwelt-Anforderungen.

Literatur

Ainsworth, M.D.S., Blehar, M. C., Waters, E. & Wall, S. (1978). Patterns of attachment: A psychological study of the strange situation: Hillsdale, NJ: Erlbaum.

Allemand, M. & Martin, M. (2007). Religiöse Ressourcen im Alter. In R. Kunz (Hrsg.), Religiöse Begleitung im Alter (S. 25–43). Zürich: Theologischer Verlag Zürich.

Allemand, M., Zimprich, D. & Martin, M. (2007). Long-term correlated change in personality traits in old age. Manuskript in Revision (Psychology and Aging).

Allport, G. & Odbert, H. (1936). Trait-names: a psycho-lexical study. Psychological Review Monographs, 47(211).

Anderson, N.H. (1996). A functional theory of cognition. Mahwah, NJ: Erlbaum.

Anderson, N.H. & Cuneo, D.O. (1978). The height + width rule in children's judgments of quantity. Journal of Experimental Psychology: General, 107, 335–378.

Antonovsky, A. (1987). Unraveling the mystery of health how people manage stress and stay well. San Francisco: Jossey-Bass.

Ariès. P. (1975). Die Geschichte der Kindheit. München: Hanser.

Arnett, J.J. (2000). Emerging adulthood: A theory of development from the late teens through the twenties. American Psychologist, 55, 469–480.

Baillargeon, R. (1987). Object permanence in 3.5- and 4.5-month-old infants. Developmental Psychology, 23, 655–664.

Baillargeon, R. (1994). How do infants learn about the physical world? Current Directions in Psychological Science, 3, 133–140.

Baltes, P.B. & Baltes, M.M. (1990). Psychological perspectives on successful aging: The model of selective optimization with compensation. In P.B. Baltes & M.M. Baltes (Eds.), Successful aging: Perspectives from the behavioral sciences (pp. 1–34). New York: Cambridge University Press.

Baltes, P.B., Reese, H.W. & Lipsitt, L.P. (1980). Life-span developmental psychology. Annual Review of Psychology, 31, 65–110.

Baltes, P.B., Lindenberger, U. & Staudinger, U.M. (2006). Life span theory in developmental psychology. In W. Damon (Series Ed.) & R.M. Lerner (Vol. Ed.), Handbook of child psychology: Vol. 1. Theoretical models of human development (6th ed., pp. 569–664). New York: Wiley.

Baron-Cohen, S., Cosmides, L. & Tooby, J. (1997). Mindblindness: An essay on autism and theory of mind. Cambridge, MA: MIT Press.

Baumeister, R.F., Shapiro, J.P. & Tice, D.M. (1985). Two kinds of identity crisis. Journal of Personality, 53, 407–424.

Behrend, C. & Frerichs, F. (2004). Arbeit und Alter. In A. Kruse & M. Martin (Hrsg.), Enzyklopädie der Gerontologie (S. 97–109). Bern: Huber.

Bengtson, V.L. & Schaie, K.W. (Hrsg.)(1999). Handbook of theories of aging. New York: Springer.

Berk, L.E. (1997). Child Development (4th ed.). Needham Heights, MA: Allyn & Bacon.

Berndt, T.J. (1997). Child Development (2nd ed.). Madison, WI: Brown & Benchmark Publishers.

Bloom, L. (1991). Language development from two to three. Cambridge, UK: Cambridge University Press.

Boothe, B. (2007). Vertrauen und Fragilität: Erzählungen alter Menschen vom guten Leben. In R. Kunz (Hrsg.), Religiöse Begleitung im Alter (S. 99–120). Zürich: TVZ.

Bowlby, J. (1969). Attachment and loss: Vol. 1. Attachment. New York: Basic Books.

Brandtstädter, J. (2007). Das flexible Selbst: Selbstentwicklung zwischen Zielbindung und Ablösung. Heidelberg: Elsevier/Spektrum Akademischer Verlag.

Brandtstädter, J. & Renner, G. (1990). Tenacious goal pursuit and flexible goal adjustment: Explication and age-related analysis of assimilative and accommodative strategies of coping. Psychology and Aging, 5, 58–67.

Brandtstädter, J. & Greve, W. (1994). The aging self: Stabilizing and protective processes. Developmental Review, 14, 52–80.

Brandtstädter, J. & Lindenberger, U. (Hrsg.) (2007). Entwicklungspsychologie der Lebensspanne. Stuttgart: Kohlhammer.

Bretherton, I. (1992). The origins of attachment theory: John Bowlby and Mary Ainsworth. Developmental Psychology, 28, 759–775.

Bukatko, D. & Daehler, M.W. (2004). Child Development. A thematic approach (5th ed.). Boston, MA: Houghton Mifflin.

Buss, D.M. (1999). Evolutionary psychology: The new science of the mind. Boston: Allyn & Bacon.

Carey, S. (1985). Conceptual change in childhood. Cambridge, MA: MIT Press.

Carstensen, L.L., Isaacowitz, D.M. & Charles, S.T. (1999). Taking time seriously: A theory of socioemotional selectivity. American Psychologist, 54, 165–181.

Case, R. (1992). The mind's staircase: Exploring the conceptual underpinnings of children's thought and knowledge. Hillsdale, NJ: Erlbaum.

Caspi, A., Elder, G.H., Jr. & Bem, D.J. (1987). Moving against the world: Life-course patterns of explosive children. Developmental Psychology, 23, 308–313.

Charles, S.T., Mather, M. & Carstensen, L.L. (2003). Aging and emotional memory: The forgettable nature of negative images for older adults. Journal of Experimental Psychology: General, 132, 310–324.

Chi, M. (1978). Knowledge structures and memory development. In R. S. Siegler (Ed.), Children's thinking: What develops? (pp. 73–96). Hillsdale, NJ: Erlbaum.

Chomsky, N. (1959). A review of B.F. Skinner's Verbal Behavior. Language, 35, 26–58.

Clark, E.V. (1973). What's in a word? On the child's acquisition of semantics in his first language. In T.E. Moore (Ed.), Cognitive development and the acquisition of language (pp. 27–63). New York: Academic Press.

Costa, P.T., Jr. & McCrae, R.R. (1988). Personality in adulthood: A six-year longitudinal study of self-reports and spouse ratings on the NEO Personality Inventory. Journal of Personality and Social Psychology, 54, 853–863.

Cowan, P.A. & Cowan, C.P. (2000). When partners become parents (2nd ed.). Mahwah, NJ: Erlbaum.

Cumming, E. & Henry, W.E. (1961). Growing old: The process of disengagement. New York: Basic Books.

DeCasper, A.J. & Fifer, W.P. (1980). Of human bonding: Newborns prefer their mothers' voices. Science, 208, 1174–1176.

Dempster, F.N. (1981). Memory span: Sources of individual and developmental differences. Psychological Bulletin, 89, 63–100.

Duvall, E. (1957). Marriage and family development. New York: Lippincott.

Dweck, C.S. & Leggett, E. (1988). A social-cognitive approach to motivation and personality. Psychological Review, 95, 256–273.

Eimas, P.D., Siqueland, E.R., Jusczyk, P. & Vigorito, J. (1971). Speech perception in infants. Science, 171, 303–306.

Elliot, A.J. (1999). Approach and avoidance motivation and achievement goals. Educational Psychologist, 34, 169–189.

Erikson, E.H. (1959). Identity and the life cycle. New York: International Universities Press.

Erikson, E.H. (1982). The life cycle completed. New York: Norton.

Fantz, R.L. (1961). The origin of form perception. Scientific American, 204, 66–72.

Filipp, S.-H. & Klauer, T. (1986). Conceptions of self over the life span: Reflections on the dialectics of change. In M.M. Baltes & P.B. Baltes (Eds.), The psychology of control and aging (pp. 167–205). Hillsdale, NJ: Erlbaum.

Freund, A.M. (2007). Selektion, Optimierung und Kompensation im Kontext persönlicher Ziele: Das SOK-Modell. In J. Brandtstädter & U. Lindenberger (Hrsg.), Entwicklungspsychologie der Lebensspanne (S. 367–388). Stuttgart: Kohlhammer.

Freund, A.M. & Smith, J. (1999). Content and function of the self-definition in old and very old age. Journals of Gerontology Series B: Psychological Sciences and Social Sciences, 54, P55–P67.

Freund, A.M. & Baltes, P.B. (2005). Entwicklungsaufgaben als Organisationsstrukturen von Entwicklung und Entwicklungsoptimierung. In S.-H. Filipp & U.M. Staudinger (Hrsg.), Enzyklopädie der Psychologie, Serie V Entwicklung, Bd. 6: Entwicklungspsychologie des mittleren und höheren Erwachsenenalters (S. 35–78). Göttingen: Hogrefe.

Freund, A.M. & Ebner, N.C. (2005). The aging self: Shifting from promoting gains to balancing losses. In W. Greve, K. Rothermund & D. Wentura (Eds.), The adaptive self: Personal continuity and intentional self-development (pp. 185–202). New York: Hogrefe.

Frith, U. (1989). Autism: Explaining the enigma. Oxford: Blackwell.

Gelman, S. (2003). The essential child: Origins of essentialism in everyday thought. New York: Oxford University Press.

George, L.K. & Okun, M.A. (1985). Self-concept content. In E. Palmore, E.W. Busse, J.L. Maddox, J.B. Nowlin & J.C. Siegler (Eds.), Normal aging III: Reports from the Duke Longitudinal Studies 1975–1984 (pp. 267–282). Durham, NC: Duke University Press.

Gibson, E.J. & Walk, R.D. (1960). The "visual cliff". Scientific American, 202, 64–71.

Gilligan, C. (1982). In a different voice: Psychological theory and women's development. Cambridge, MA: Harvard University Press.

Gloger-Tippelt, G. (1988). Schwangerschaft und erste Geburt: Psychologische Veränderungen der Eltern. Stuttgart: Kohlhammer.

Goldstein, E.B. (1999). Sensation and Perception (5th ed.). Pacific Grove, CA: Brooks/Cole.

Gottman, J.M. & Levenson, R.W. (1992). Marital processes predictive of later dissolution: Behavior, physiology, and health. Journal of Personality and Social Psychology, 63, 221–233.

Grossmann, K.E. & Grossmann, K. (1990). The wider concept of attachment in cross-cultural research. Human Development, 33, 31–47.

Haeckel, E. (1866). Generelle Morphologie der Organismen. Berlin: Reimer.

Hall, G.S. (1904). Adolescence: Its psychology and its relations to physiology, anthropology, sociology, sex, crime, religion, and education (Vols. 1 and 2). New York: Appleton.

Harlow, H.F. & Harlow, M.K. (1969). Learning to love. American Scientist, 54, 244–272.

Hautzinger, M. (2000). Depression im Alter erkennen, bewältigen, behandeln ein kognitiv-verhaltenstherapeutisches Gruppenprogramm. Weinheim: Beltz PVU.

Havighurst, R.J., (1948/1972). Developmental tasks and education. New York: Mac Kay.

Heckhausen, H. (1989). Motivation und Handeln. Berlin: Springer.

Heckhausen, J. (1999). Developmental regulation in adulthood: Age-normative and sociostructural constraints as adaptive challenges. New York: Cambridge University Press.

Heckhausen, J. & Krueger, J. (1993). Developmental expectations for the self and most other people: Age-grading in three functions of social comparison. Developmental Psychology, 29, 539–548.

Heckhausen, J. & Schulz, R. (1995). A life-span theory of control. Psychological Review, 102, 284–304.

Helson, R. & Wink, P. (1992). Personality change in women in the early 40s to the early 50s. Psychology and Aging, 7, 46–55.

Hoff, E. (2005). Arbeit und berufliche Entwicklung. In S.-H. Filipp & U.M. Staudinger (Hrsg.), Enzyklopädie der Psychologie, Serie V Entwicklung, Bd. 6: Entwicklungspsychologie des mittleren und höheren Erwachsenenalters (S. 525–557). Göttingen: Hogrefe.

Hofsten, C. von (1980). Predictive reaching for moving objects by human infants. Journal of Experimental Child Psychology, 30, 369–382.

Holland, J.L. (1997). Making vocational choices: A theory of vocational personalities and work environments (3rd ed.). Odessa, FL: Psychological Assessment Resources.

Hommers, W. (1990). Strafe und Schadensersatz: Zur Entwicklung zweier Urteils-Schemata. Zeitschrift für Entwicklungspsychologie und Pädagogische Psychologie, 22, 75–86, 1990.

Hommers, W. & Anderson, N.H. (1991). Moral algebra of harm and recompense. In N.H. Anderson (Ed.), Contributions to information integration theory. Vol. 2: Social (pp. 101–141). Hillsdale, NJ: Erlbaum.

Hummert, M.L. (1999). A social cognitive perspective on age stereotypes. In T.M. Hess & F. Blanchard-Fields (Hrsg.), Social cognition and aging (S. 175–196). San Diego, CA: Academic Press.

Huppert, F.A., Johnson, T. & Nickson, J. (2000). High prevalence of prospective memory impairment in the elderly and in early-stage dementia: Findings from a population-based study. Applied Cognitive Psychology, 14, 63–81.

Izard, C.E. (1991). The psychology of emotions. New York: Plenum.

Izard, C.E. (1994). Innate and universal facial expressions: Evidence from developmental and cross-cultural research. Psychological Bulletin, 115, 288–299.

Jüttemann, G. & Thomae, H. (1999). Biographische Methoden in den Humanwissenschaften (Vol. 43). Weinheim: PVU.

Kagan, J. (1989). Temperamental contributions to social behavior. American Psychologist, 44, 668–674.

Kagan, J. & Snidman, N. (1991). Temperamental factors in human development. American Psychologist, 46, 856–862.

Kalbermatten, U. (2004). Bildung im Alter. In A. Kruse & M. Martin (Hrsg.), Enzyklopädie der Gerontologie (S. 110–124). Bern: Huber.

Kellman, P.J. & Spelke, E.S. (1983). Perception of partly occluded objects in infancy. Cognitive Psychology, 15, 483–524.

Kienbaum, J. & Wilkening, F. (2008). Children's and adolescents' intuitive judgements about distributive justice: Integrating need, effort, and luck. European Journal of Developmental Psychology, 5 (in press).

Klahr, D. & Robinson, M. (1981). Formal assessment of problem sovling and planning processes in preschool children. Cognitive Psychology, 25, 111–146.

Kohlberg, L. (1969). Stage and sequence: The cognitive-developmental approach to socialization. In D.A. Goslin (Ed.), Handbook of socialization theory and research (pp. 347–480). Chicago: Rand McNally.

Kracke, B. (2004). Berufsbezogene Entwicklungsregulation im Jugendalter. In B.S. Wiese (Hrsg.), Individuelle Steuerung beruflicher Entwicklung: Kernkompetenzen in der modernen Arbeitswelt (S. 35–60). Frankfurt/Main: Campus.

Krist, H. (2003). Knowing how to project objects: Probing the generality of children's action knowledge. Journal of Cognition and Development, 4, 383–414.

Kruse, A. & Schmitt, E. (1999). Konfliktsituationen in Alten- und Altenpflegeheimen. In A. Zimber & S. Weyerer (Hrsg.), Arbeitsbelastung in der Altenpflege (S. 155–169). Göttingen: Hogrefe.

Kruse, A. & Martin, M. (Hrsg.)(2004). Enzyklopädie der Gerontologie. Bern: Huber.

Lachman, M.E. (Ed.). (2001). Handbook of midlife development. New York: Wiley.

Lang, F.R. (2004). Social motivation across the life span. In F.R. Lang & K.L. Fingerman (Eds.), Growing together: Personal relationships across the lifespan (pp. 341–367). New York: Cambridge University Press.

Lawton, M.P. (1985). Quality of life in Alzheimer's disease. Alzheimer's Disease and Associated Disorders, 8, 138–150.

Lawton, M.P. & Nahemow, L. (1973). Ecology and the aging process. In C. Eisdorfer (Hrsg.), The psychology of adult development and aging. Washington, DC: American Psychological Association.

Lemon, B.W., Bengtson, V.L. & Peterson, J.A. (1971). An exploration of the activity theory of aging: Activity types and life satisfactions among in-movers to a retirement community. Journal of Gerontology, 27, 511–523.

Leon, M. (1980). Integration of intent and consequence information in children's moral judgments. In F. Wilkening, J. Becker & T. Trabasso (Eds.), Information integration by children (pp. 71–97). Hillsdale, NJ : Erlbaum.

Leon, M. (1984). Rules mothers and sons use to integrate intent and damage information in their moral judgments. Child Development, 55, 2106–2113.

Levinson, D.J. (1977). The mid-life transition. Psychiatry, 40, 99–112.

Levy, B.R., Slade, M.D. & Kasl, S.V. (2002). Longitudinal benefit of positive selfperceptions of aging on functional health. Journals of Gerontology: Psychological Sciences and Social Sciences, 57b, 409–417.

Lewis, M. (1993). Self-conscious emotions: Embarrassment, pride, shame, and guilt. In M. Lewis & J. Haviland (Eds.), The handbook of emotions. New York: Guildford.

Maercker, A. (2002). Alterspsychotherapie und klinische Gerontopsychologie. Berlin: Springer.

Maercker, A. & Karl, A. (2005). Posttraumatische Belastungsstörung. In Perez, M. & Baumann, U. (Hrsg.). Lehrbuch Klinische Psychologie – Psychotherapie (3. Aufl.). Bern: Huber, S. 970–1009.

Main, M. & Solomon, J. (1990). Procedures for identifying infants as disorganized/disoriented during the Ainsworth Strange Situation. In M.T. Greenberg, D. Cicchetti & E.M. Cummings (Eds.), Attachment in the preschool years (pp. 121–160). Chicago: University of Chicago Press.

Marcia, J.E. (1980). Identity in adolescence. In J. Adelson (Ed.), Handbook of adolescent psychology (pp. 159–187). New York: Wiley.

Markman, E. (1989). Categorization and naming in children: Problems of induction. Cambridge, MA: MIT Press.

Martin, M. (2005). Entwicklungskontexte des mittleren und höheren Erwachsenenalters: Pflegeinstitutionen. In S.-H. Filipp & U.M. Staudinger (Hrsg.), Enzyklopädie der Psychologie, Serie V Entwicklung, Band 6: Entwicklungspsychologie des mittleren und höheren Erwachsenenalters (S. 595–622). Göttingen: Hogrefe.

Martin, P. & Martin, M. (2000). Design und Methodik der Interdisziplinären Längsschnittstudie des Erwachsenenalters.

In P. Martin, U. Lehr, K.-U. Ettrich, D. Roether, M. Martin & A. Fischer-Cyrulies (Hrsg.), Aspekte der Entwicklung im mittleren und höheren Erwachsenenalter (S. 17–27). Darmstadt: Steinkopff.

Martin, M. & Kliegel, M. (2005). Psychologische Grundlagen der Gerontologie. Stuttgart: Kohlhammer.

Martin, M. & Schelling, H.R. (2005). Demenz in Schlüsselbegriffen. Bern: Huber.

Martin, M. & Wight, M. (2008). Dyadic cognition in old age: Paradigms, findings, and directions. In S.M. Hofer & D. Alwin (Hrsg.), Handbook on Cognitive Aging: Interdisciplinary Perspectives (S. 629–646). Thousand Oaks, CA: Sage.

McAdams, D.P. (1990). Unity and purpose in human lives: The emergence of identity as a life story. In A.I. Rabin, R.A. Zucker, R.A. Emmons & S.J. Frank (Eds.), Studying persons and lives (pp. 148–190). New York: Springer.

McAdams, D.P. (1995). What do we know when we know a person? Journal of Personality, 63, 365–396.

McAdams, D.P. (2006). The redemptive self: Stories Americans live by. Oxford: Oxford University Press.

McAdams, D.P., de St. Aubin, E. & Logan, R.L. (1993). Generativity among young, midlife, and older adults. Psychology and Aging, 8, 221–230.

McClelland, D.C. & Pilon, D.A. (1983). Sources of adult motives in patterns of parent behavior in early childhood. Journal of Personality and Social Psychology, 44, 564–574.

McCloskey, M. (1983). Intuitive physics. Scientific American, 248(4), 122–130.

McCrae, R.R. & Costa, P.T., Jr. (1990). Personality in adulthood. New York: Guilford.

Meltzoff, A.N. (1995). Understanding the intentions of others: Re-enactment of intended acts by 18-month-old children. Developmental Psychology, 31, 838–850.

Miller, L.T. & Vernon, P.A. (1997). Developmental changes in speed of information processing in young children. Developmental Psychology, 33, 549–554.

Mortimer, J.T., Finch, M.D. & Kumka, D. (1982). Persistence and change in development: The multidimensional self-concept. In P.B. Baltes, D.L. Featherman & R.M. Lerner (Eds.), Life-span development and behavior (Vol. 4, pp. 263–313). New York: Academic Press.

Munakata, Y. & McClelland, J.L. (2003). Connectionist models of development. Developmental Science, 6, 413–429.

Murray, H.A. (1943). Thematic apperception test. Boston: Harvard University Press.

Neugarten, B. (1972). Personality and the aging process. The Gerontologist, 12, 9–15.

Nurmi, J.-E. (1991). How do adolescents see their future? A review of the development of future orientation and planning. Developmental Review, 11, 1–59.

Oerter, R. (1986). Developmental tasks through the life-span: A new approach to an old concept. In P.B. Baltes, D.L. Featherman & R.M. Lerner (Eds.), Life span development and behavior (Vol. 7, pp. 233–269). Hillsdale, NJ: Erlbaum.

Olsho, L.W., Koch, E.G., Carter, E.A., Halpin, C.F. & Spetner, N.B. (1988). Pure-tone sensitivity of human infants. Journal of the Acoustic Society of America, 84, 1316–1324.

Perner, J., Ruffman, T. & Leekam, S.R. (1994). Theory of mind is contagious: You catch it from your sibs. Child Development, 65, 1228–1238.

Piaget, J. (1983). Das moralische Urteil beim Kinde. Stuttgart: Klett-Cotta (franz. Original 1932: Le jugement moral chez l'enfant. Paris. Alcan).

Pinquart, M. (2000). Ergebnisse der Psychotherapieforschung. In H.-W. Wahl & C. Tesch-Römer (Hrsg.), Angewandte Gerontologie in Schlüsselbegriffen (S. 109–113). Stuttgart: Kohlhammer.

Plomin, R. (1994). Genetics and experience: The interplay between nature and nurture. Thousand Oaks, CA: Sage.

Preyer, W. (1882). Die Seele des Kindes. Leipzig: Barth.

Riediger, M. & Freund, A.M. (2006). Focusing and restricting: Two aspects of motivational selectivity in adulthood. Psychology and Aging, 21, 173–185.

Roffwarg, H.P., Muzio, J.N. & Dement, W.C. (1966). Ontogenetic development of the human sleep-dream cycle. Science, 152, 604–619.

Rothbart, M.K. & Bates, J.E. (1998). Temperament. In N. Eisenberg (Ed.), Handbook of child psychology: Vol. 3. Social, emotional, and personality development (5th ed., pp. 105–176). New York: Wiley.

Rutter, M. (1989). Pathways from childhood to adult life. Journal of Child Psychology and Psychiatry, 30(1), 23–51.

Ryff, C.D., Kwan, C.M. L. & Singer, B.H. (2001). Personality and aging: Flourishing agendas and future challenges. In K.W. Schaie & J.E. Birren (Hrsg.), Handbook of the psychology of aging (5. Aufl., S. 477–499). San Diego, CA: Academic Press.

Salthouse, T.A. (1996). The processing-speed theory of adult age differences in cognition. Psychological Review, 103(3), 403–428.

Santrock, J. W. (2007). Child development (11th ed.). New York: McGraw-Hill.

Saup, W. (1991). Konstruktives Altern. Göttingen: Hogrefe.

Schlottmann, A., Tring, J. (2005). How children reason about gains and losses: Framing effects in judgement and choice. Swiss Journal of Psychology, 64, 153–171.

Schneewind, K.A. & Grandegger, C. (2005). Familienbeziehungen im mittleren Erwachsenenalter. In S.-H. Filipp & U.M. Staudinger (Hrsg.), Enzyklopädie der Psychologie, Serie V Entwicklung, Bd. 6: Entwicklungspsychologie des mittleren und höheren Erwachsenenalters (S. 457–499). Göttingen: Hogrefe.

Schulz, R. & Heckhausen, J. (1999). Emotion and control: A life-span perspective. In K.W. Schaie & M.P. Lawton (Hrsg.), Annual Review of Gerontology and Geriatrics (Bd. 17, S. 185–205). New York: Springer.

Seiffge-Krenke, I. (1995). Stress, coping, and relationships in adolescence. Mahwah, NJ: Erlbaum.

Settersten, R.A. & Hagestad, G.O. (1996a). What's the latest? Cultural age deadlines for educational and work transitions. The Gerontologist, 36, 602–613.

Settersten, R.A. & Hagestad, G.O. (1996b). What's the latest? Cultural age deadlines for family transitions. The Gerontologist, 36, 178–188.

Shaffer, D.R. (2000). Social and Personality Development (4th ed.) Belmont, CA: Wadsworth/Thomson Learning.

Shweder, R.A., Goodnow, J.J., Hatano, G., LeVine, R.A., Markus, H.R. & Miller, P.J. (2006). The cultural psychology of development: One mind, many mentalities. In W. Damon (Series Ed.) & R.M. Lerner (Vol. Ed.), Handbook of child psychology: Vol. 1. Theoretical models of human development (6th ed., pp. 716–792). New York: Wiley.

Siegler, R.S. (1978). The origins of scientific reasoning. In R.S. Siegler (Ed.), Children's thinking: What develops? (pp. 109–149). Hillsdale, NJ: Erlbaum.

Siegler, R.S. (1996). Emerging minds: The process of change in children's thinking. New York: Oxford University Press.

Siegler, R.S. (1998). Children's thinking (3rd ed.). Upper Saddle River, NJ: Prentice-Hall.

Siegler, R., DeLoache, J. & Eisenberg, N. (2003). How Children develop. New York, NY: Worth Publishers.

Skinner, B.F. (1957). Verbal behavior. New York: Appleton-Century-Crofts.

Solomon, J. & George, C. (1999). The measurement of attachment security in infancy and childhood. In J. Cassidy & R.P. Shaver (Eds.), Handbook of attachment: Theory, research, and clinical applications (pp. 287–316). New York: Guildford.

Spelke, E. (2000). Core knowledge. American Psychologist, 55, 1233–1243.

Sperling, U. (2004). Religiosität und Spiritualität im Alter. In A. Kruse & M. Martin (Hrsg.), Enzyklopädie der Gerontologie (S. 627–642). Zürich: Huber.

Sroufe, L.A. (1996). Emotional development: The organization of emotional life in the early years. Cambridge, UK: Cambridge University Press.

Staudinger, U.M. & Baltes, P.B. (1996). Weisheit als Gegenstand psychologischer Forschung. Psychologische Rundschau, 47, 57–77.

Staudinger, U.M., Marsiske, M. & Baltes, P.B. (1995). Resilience and reserve capacity in later adulthood: Potentials and limits of development across the life span. In D. Cicchetti & D.J. Cohen (Eds.), Developmental psychopathology (Vol. 2, pp. 801–847). New York: Wiley.

Super, D.E. (1993). Der Lebenszeit-, Lebensraumansatz der Laufbahnentwicklung. In D. Brown (Hrsg.), Karriere-Entwicklung (S. 211–280). Stuttgart: Klett-Cotta.

Surber, C.F. (1982). Separable effects of motives, consequences, and presentation order on children's moral judgments. Developmental Psychology, 18, 257–266.

Swann, W.B., Jr. (1996). Self-traps: The elusive quest for higher self-esteem. Freeman: New York.

Thomae, H. (1974). Anpassungsprobleme im höheren Alter: Aus psychologischer Sicht. Aktuelle Gerontologie, 4, 649–662.

Thomas, A. & Chess, S. (1986). The New York Longitudinal Study: From infancy to early adult life. In R. Plomin & J. Dunn (Eds.), The study of temperament: Changes, continuities, and challenges (pp. 39–52). Hillsdale, NJ: Erlbaum.

Tomasello, M. (1995). Language is not an instinct. Cognitive Development, 10, 131–156.

Vasta, R., Haith, M.M. & Miller, S.A. (1999). Child psychology. The modern science (3rd ed.). New York, NY: Wiley.

Vasta R., Miller, S.A. & Ellis, S. (2003). Child psychology (4th ed.). New York: Wiley.

Wahl, H.-W. & Heyl, V. (2004). Gerontologie – Einführung und Geschichte. Stuttgart: Kohlhammer.

Waterman, A.S. & Archer, S.L. (1990). A life-span perspective on identity formation: Developments in form, function, and process. In P.B. Baltes, D.L. Featherman & R.M. Lerner (Eds.), Life-span development and behavior (Vol. 11, pp. 29–57). Hillsdale, NJ: Erlbaum.

Whitbourne, S.K., Zuschlag, M.K., Elliot, L.B. & Waterman, A.S. (1992). Psychosocial development in adulthood: A 22-year sequential study. Journal of Personality and Social Psychology, 63, 260–271.

Wiese, B.S. (2008). Work-Life-Balance. In K. Moser (Hrsg.), Wirtschaftspsychologie (pp. 245–264). Heidelberg: Springer.

Wilkening, F. (1978). Beachtung und Addition zweier Dimensionen: Eine Alternative zu Piagets Zentrierungsannahme. Zeitschrift für Entwicklungspsychologie und Pädagogische Psychologie, 10, 99–102.

Wilkening, F. (1979). Combining of stimulus dimensions in children's and adults' judgments of area: An information integration analysis. Developmental Psychology, 15, 25–33.

Wilkening, F. (1981). Integrating velocity, time, and distance information: A developmental study. Cognitive Psychology, 13, 231–247.

Wilkening, F. (1982). Children's knowledge about time, distance, and velocity interrelations. In W.J. Friedman (Ed.), The developmental psychology of time (pp. 87–112). New York: Academic Press.

Wilkening, F. (1983). Entwicklung der Informationsintegration: Eine Antwort auf Gigerenzers Kritik. Zeitschrift für Entwicklungspsychologie und Pädagogische Psychologie, 15, 207–215.

Wilkening, F. & Anderson, N.H. (1982). Comparison of two rule-assessment methodologies for studying cognitive development and knowledge structure. Psychological Bulletin, 92, 215–237.

Wilkening, F. & Anderson, N.H. (1991). Representation and diagnosis of knowledge structures in developmental psychology. In N.H. Anderson (Ed.), Contributions to information integration theory. Vol. 3: Developmental (pp. 45–80). Hillsdale, NJ: Erlbaum.

Wilkening, F., Huber, S. & Cacchione, T. (2006). Intuitive Physik im Kindesalter. In W. Schneider & B. Sodian (Eds.), Enzyklopädie der Psychologie: Entwicklung, Vol. 2, Kognitive Entwicklung (pp. 823–859). Göttingen: Hogrefe.

Wilkening, K. (2007). Spirituelle Dimensionen und Begegnungsebenen mit Tod und Sterben im Alter. In R. Kunz (Hrsg.), Religiöse Begleitung im Alter (S. 121–142). Zürich: TVZ.

Wilkening, K. & Kunz, R. (2003). Sterben im Pflegeheim: Perspektiven und Praxis einer neuen Abschiedskultur. Göttingen: Vandenhoeck und Ruprecht.

Wilkening, K. & Martin, M. (2003). Lebensqualität am Lebensende: Erfahrungen, Modelle und Perspektiven. Zeitschrift für Gerontologie und Geriatrie, 36, 333–338.

Willis, S.L. & Martin, M. (Eds.). (2005). Middle adulthood: A lifespan perspective. Thousand Oaks, CA: Sage.

Wimmer, H. & Perner, J. (1983). Beliefs about beliefs: Representation and constraining function of wrong beliefs in young children's understanding of deception. Cognition, 13, 103–128.

Wisocki, P.A. (2002). Angststörungen. In A. Maercker (Hrsg.), Alterspsychotherapie und klinische Gerontopsychologie (S. 167–194). Berlin: Springer.

Wood, C.C. (1976) Discriminability, response bias, and phoneme categories in discrimination of voice onset time. Journal of the Acoustic Society of America, 72, 1381–1389.

Wrosch, C. & Heckhausen, J. (1999). Control processes before and after passing a developmental deadline: Activation and deactivation of intimate relationship goals. Journal of Personality and Social Psychology, 77, 415–427.

Zaleski, Z., Cycón, A., Kurc, A. (2001). Future time perspective and subjective well-being in adolescent samples. In P. Schmuck & K.M. Sheldon (Eds.), Life goals and well-being: Towards a positive psychology in human striving (pp. 58–67). Ashland, OH: Hogrefe & Huber.

Zimprich, D., Rast, P. & Martin, M. (2008). Individual differences in verbal learning in old age. In S.M. Hofer & D. Alwin (Hrsg.), Handbook on cognitive aging: Interdisciplinary perspectives (S. 224–243). Thousand Oaks, CA: Sage.

Zöllig, J., Kliegel, M., Martin, M., Altgassen, M., Lemke, U. & West, R. (2007). Neural correlates of prospective memory across the lifespan. Neuropsychologia, 45, 3299–3314.

Sachwortverzeichnis

Das bewährte deutschsprachige Lehrbuch in neuer Auflage am Puls der Zeit – inhaltlich und didaktisch auf dem neuesten Stand ...

Rolf Oerter • Leo Montada (Hrsg.)
Entwicklungspsychologie
6., vollst. überarb. Auflage 2008
Gebunden. XXXII, 1078 Seiten.
ISBN 978-3-621-27607-8

... alle klassischen Entwicklungsthemen über den gesamten Lebenslauf

- ▶ alle Lebensalter, von der vorgeburtlichen Entwicklung bis ins hohe Alter
- ▶ die wesentlichen Einflussgrößen auf menschliche Entwicklung
- ▶ alle Bereiche psychischer, geistiger und sozialer Entwicklung
- ▶ wichtige Anwendungsbereiche der Entwicklungspsychologie wie etwa die schulische Förderung

Neu in der 6. Auflage:
Neue Themen, u. a.

- ▶ neurologische Grundlagen
- ▶ Bindung, Bindungsstörungen in der frühen Kindheit
- ▶ Elternschaft und Betreuung kleiner Kinder
- ▶ Lernstörungen in Teilleistungsbereichen
- ▶ Umgang mit Medien
- ▶ Delinquenz und antisoziales Verhalten

Neue didaktische Elemente

- ▶ Denkanstöße und kniffelige Fragen in jedem Kapitel zum Nach- und Weiterdenken
- ▶ zentrale Botschaften auf einen Blick und Zusammenfassungen am Kapitelende
- ▶ umfangreiches Glossar für wichtige Begriffe
- ▶ CD-ROM mit Informationen, Definitionen, Zusammenfassungen und Fragen

Verlagsgruppe Beltz • Postfach 100154 • 69441 Weinheim • www.beltz.de

Vom Neugeborenen zum Teenie:
Die faszinierende Entwicklung des Kindes in einer verständlichen und vielfältigen Darstellung.

In keinem anderen Lebensabschnitt verändert sich der Mensch so rasant wie in Kindheit und Jugend. Inhaltlich breit, verständlich und anschaulich geschrieben vermittelt dieses Buch einen guten Zugang zur psychologischen Entwicklung im Kindes- und Jugendalter.

Wann erkennt ein Baby seine Mutter an der Stimme? Sind Kleinkinder schon in der Lage, soziale Beziehungen zu Gleichaltrigen aufzubauen? Wovon hängt es ab, ob ein Jugendlicher früh oder spät sexuelle Erfahrungen macht? Diese und weitere spannende Fragen der Entwicklungspsychologie beantwortet dieses Buch verständlich, aber mit Tiefgang. Es beginnt mit der Zeugung menschlichen Lebens, behandelt dann die frühe Kindheit und das Schulalter und schließt mit dem jungen Erwachsenen ab. Schwerpunkte der Darstellung sind jeweils die intellektuelle, die soziale und emotionale und die körperliche Entwicklung in verschiedenen Lebensaltern. Mit vielen Beispielen und über die Psychologie hinausweisenden Themen spricht dieses Buch alle Leser an, die die Entwicklung von Kindern und Jugendlichen verstehen lernen wollen.

Gerd Mietzel
**Wege in die
Entwicklungspsychologie**
Kindheit und Jugend
4., vollst. überarb. Auflage 2002
Gebunden. XII, 454 Seiten.
ISBN 978-3-621-27477-7

Verlagsgruppe Beltz • Postfach 100154 • 69441 Weinheim • www.beltz.de

Jugend:
ein turbulenter Lebensabschnitt

Alexander Grob • Uta Jaschinski
Erwachsen werden
Entwicklungspsychologie des
Jugendalters
2003. Gebunden. XII, 232 Seiten.
ISBN 978-3-621-27500-2

Kindheit gilt als schön, Erwachsensein als Ziel. Ist dann Jugend als Zwischenetappe ein Mangelzustand: nicht mehr niedlich, noch nicht gesellschaftstauglich? Dieses Buch gibt eine Übersicht über die „Regel-Entwicklung" dieses Lebensabschnitts und mögliche Entwicklungsprobleme. Aktuellste wissenschaftliche Kenntnisse werden erständlich dargestellt.

Das Jugendalter ist ein ständiger Übergang: vom Kind zum Jugendlichen zum Erwachsenen. Das ist eine wertvolle, eigenständige Lebensphase, die allerdings für Jugendliche als unangenehmes Zwischenstadium erlebt werden kann: kein stundenlanges Spielen mit Sand und Puppen, kein Ausweinen in den Armen der Mutter mehr – aber auch noch kein selbständiges Agieren. So gilt bis zum Alter von 15 ein Arbeitsverbot, und es besteht kein politisches Mitbestimmungsrecht. Probleme wie Gewalt, Alkoholmissbrauch, Essstörungen, Depression können auftreten.

Die Autoren Grob und Jaschinski legen ein in seiner Art konkurrenzloses Adoleszenz-Buch vor, das einen Überblick über die jugendliche Entwicklung gibt und Probleme (sowie Lösungen) aufzeigt.

Verlagsgruppe Beltz • Postfach 100154 • 69441 Weinheim • www.beltz.de

Soziale Beziehungen im Lebenslauf

Ulrich Schmidt-Denter
Soziale Beziehungen im Lebenslauf
Lehrbuch der sozialen Entwicklung
4., vollst. überarb. Auflage 2005
XII, 321 Seiten. Broschiert.
ISBN 978-3-621-27563-7

Wie gestalten und verändern sich die verschiedenen sozialen Beziehungen, die im Laufe unseres Lebens eine Rolle spielen? Und warum? — Hat z.B. die Berufstätigkeit der Mutter Einfluss auf die spätere eigene Bindungsfähigkeit? Woran lässt sich erkennen, ob eine Ehe stabil ist? Wie verändern sich Eltern-Kind-Beziehungen? Was macht langjährige Freundschaften aus?

Von Geburt an bewegen wir uns in sozialen Kontexten, und von Geburt an sind unsere Beziehungen von immenser Bedeutung. Im Laufe des Lebens werden sie komplexer, vielfältiger, und sie beginnen, sich gegenseitig zu beeinflussen: Frühkindliche Bindungserfahrungen wirken in spätere Partnerschaften hinein; Jugendfreundschaften verlaufen im Sande oder haben Bestand bis ins hohe Alter usw.

Verständlich und lebendig geschrieben, vermittelt das Lehrbuch das breite Spektrum an Beziehungsformen und -verläufen, behandelt nachvollziehbar zentrale Forschungsthemen wie soziale Kompetenzen im Säuglingsalter, Bindungsverhalten, soziale Beziehungen an sog. Lebensübergängen, etwa von der Post-Adoleszenz zum frühen Erwachsenenalter oder beim Eintritt in den Ruhestand.

Ein Lehrbuch, das nicht nur Wissen vermittelt, sondern durchweg sinnstiftend, die eigene Beziehungsgeschichte erhellend zu lesen ist.

Verlagsgruppe Beltz · Postfach 100154 · 69441 Weinheim · www.beltz.de

Pädagogische Psychologie Workbook

Wolfgang Schnotz
Pädagogische Psychologie
Workbook
2006. X, 204 Seiten. Broschiert.
ISBN 978-3-621-27534-7

Sie suchen einen Einstieg in die Pädagogische Psychologie, ohne in der Fülle des Stoffs den Überblick zu verlieren und ohne auf wesentliche Inhalte zu verzichten? Sie schätzen ein verständlich und didaktisch gut geschriebenes Lehrbuch? Dann sollten Sie sich unbedingt das Workbook „Pädagogische Psychologie" von Schnotz ansehen!

Das Lehrbuch macht vor allem die Grundstruktur des Fachs deutlich; es vermittelt die Grundkonzepte, mit denen man sich in diesem komplexen Fach zurecht finden kann und stellt die zentralen Denkweisen dar.

Die Kapitel sind verständlich und aufeinander bezogen geschrieben. Immer wieder zeigt Schnotz die wesentlichen Argumentationslinien der Pädagogischen Psychologie, die sich durch alle Teilthemen des Fachs ziehen, und macht die Zusammenhänge zwischen den einzelnen Teilgebieten – etwa Lernstrategien, Motivation und Erziehungseinfluss – deutlich.

Alle Kapitel greifen gleich zu Beginn Alltagsfragen auf und enden mit Zusammenfassungen, Literaturtipps und Fragen zur Selbstevaluation.

Studenten und Praktiker aus Lehre und Weiterbildung werden dieses kompakte Lehrbuch mit Freude und Gewinn lesen.

Verlagsgruppe Beltz • Postfach 100154 • 69441 Weinheim • www.beltz.de

Psychologie für die Schule

Hans-Peter Langfeldt
Psychologie für die Schule
2006. Gebunden. IX, 262 Seiten.
ISBN 978-3-621-27525-5

Was soll mein Unterricht bewirken? Welche Ziele stecke ich mir, welche sind mir vorgegeben? Welche Voraussetzungen muss ich schaffen, welche finde ich vor? Wie kann ich mit Schwierigkeiten umgehen, Schüler erfolgreicher fördern und schließlich prüfen, ob wir, Schüler und Lehrer, die Unterrichtsziele erreicht haben? – Fragen, die sich vor allem junge Lehrerinnen und Lehrer stellen.

Psychologisches Know-how erleichtert ihnen den Einstieg wesentlich. Das System Schule ist viel zu komplex, die Realität zu vielschichtig, um mit Pauschalrezepten bestehen zu können. Darum verfolgt Langfeldt, der die Praxis aus seiner täglichen Arbeit kennt, mit der pädagogischen Psychologie für die Schule konsequent das Motto „Viel zu wissen hilft, besser zu verstehen, was passiert". Anschaulich, etwa mit dem „Blick ins Klassenzimmer" (Fallbeispielen am Kapitelbeginn), und praxisnah verbindet er psychologischen Sachverstand mit Schulerfahrung.

Eine verständliche Sprache, viele Beispiele, Visualisierungen und Fotos, Hervorhebungen wesentlicher Punkte und nicht zuletzt ein Glossar psychologischer Fachbegriffe machen *Psychologie für die Schule* zum Standardwerk – Pflichtlektüre (nicht nur) für Berufseinsteiger, die Spaß macht!

Verlagsgruppe Beltz • Postfach 100154 • 69441 Weinheim • www.beltz.de

Der Standard der Pädagogischen Psychologie

Andreas Krapp •
Bernd Weidenmann (Hrsg.)
Pädagogische Psychologie
5. Auflage 2006
XVIII, 844 Seiten. Gebunden.
ISBN 978-3-621-27564-4

**„Ein vorzügliches und uneingeschränkt empfehlenswertes Lehrbuch auf internationalem Niveau."
(Praxis der Kinderpsychologie und -psychiatrie)**

**„Ein konkurrenzloses Angebot für Studierende."
(Wissenschaftlicher Literaturanzeiger)**

Der „Krapp/Weidenmann" bietet eine wissenschaftlich solide Einführung in die Forschungs- und Anwendungsgebiete der Pädagogischen Psychologie. Ein modernes Layout mit Merksätzen und Beispielen, weiterführende Fragen am Kapitelende und ein neu hinzugekommenes umfangreiches Glossar erleichtern das Lernen mit diesem Standardwerk. Jedes Kapitel enthält zudem zahlreiche Hinweise auf weiterführende Literatur. Auf diese Weise eignet es sich auch als Nachschlagewerk, um sich schnell einen Überblick zu verschaffen.

Für die 5. Auflage wurden die Inhalte der einzelnen Kapitel gründlich überarbeitet und dem aktuellen Stand der internationalen wissenschaftlichen Diskussion angepasst. Das Buch wird dem interdisziplinären Charakter dieses Fachs und den unterschiedlichen Bedürfnissen und Erwartungen der verschiedenen Leserkreise gerecht.

Verlagsgruppe Beltz • Postfach 100154 • 69441 Weinheim • www.beltz.de

DAS Nachschlagewerk —
von „Aggression in der Schule" über
„Burnout bei Lehrern" bis zu „Zensuren"

Von „Anstrengungsvermeidung" bis „Zielorientierung" — das Handwörterbuch Pädagogische Psychologie bietet mit 120 Stichwörtern einen umfassenden Überblick über die Pädagogische Psychologie. Ein unverzichtbares Nachschlagewerk für Studium und Praxis!

Durch seine zahlreichen Querverweise und vielfältigen Hinweise ist das Handwörterbuch eine benutzerfreundliche Alternative zu allzu knapp gefassten Wörterbüchern und voluminösen Enzyklopädien.

Neu in der 3. Auflage:
▶ neue Stichwörter
▶ noch anschaulicher durch beispielhafte Untersuchungen

„… Zusammenfassend bleibt festzuhalten, dass das Handwörterbuch … von großem informativem Nutzen für den Leser ist, sowohl für die schnelle Orientierung des Fachpublikums als auch zur Seminar- und Prüfungsvorbereitung für Studierende. …"
Zeitschrift für Pädagogische Psychologie

Detlef H. Rost (Hrsg.)
**Handwörterbuch
Pädagogische Psychologie**
3., überarbeitete und erweiterte
Auflage 2006.
Gebunden. XVI, 936 Seiten.
ISBN 978-3-621-27585-9

Verlagsgruppe Beltz • Postfach 100154 • 69441 Weinheim • www.beltz.de